零基础学会计

（第二版）

郑豪民◎编著　马靖昊◎审订

電子工業出版社
Publishing House of Electronics Industry
北京 · BEIJING

内 容 简 介

本书按先整体后局部的顺序，全面、系统地介绍了与会计人员日常工作相关的基本会计知识。通过阅读本书，读者能从“完全不知道会计是怎么回事”提高到“独立完成基本会计实务工作”。本书是一本通俗、浅显易懂的会计入门读物，共分八章，介绍了会计工作的内容、会计工作的理论基础、会计凭证的使用和管理、账簿的使用和管理、具体业务的账务核算、财产清查、月底账务处理、财务报表的编制。

本书可作为会计新手入门的教材，也可作为对会计知识略知皮毛，但从未真正接触过会计实务的新手学习使用。

图书在版编目（CIP）数据

零基础学会计 / 郑豪民编著. —2 版. —北京：电子工业出版社，2020.5

ISBN 978-7-121-37166-0

Ⅰ. ①零… Ⅱ. ①郑… Ⅲ. ①会计学 Ⅳ. ①F230

中国版本图书馆 CIP 数据核字（2019）第 160786 号

责任编辑：王陶然
印　　刷：三河市鑫金马印装有限公司
装　　订：三河市鑫金马印装有限公司
出版发行：电子工业出版社
　　　　　北京市海淀区万寿路 173 信箱　邮编 100036
开　　本：720 × 1000　1/16　印张：16.75　字数：329 千字
版　　次：2017 年 6 月第 1 版
　　　　　2020 年 5 月第 2 版
印　　次：2020 年 5 月第 1 次印刷
定　　价：55.00 元

凡所购买电子工业出版社图书有缺损问题，请向购买书店调换。若书店售缺，请与本社发行部联系。联系及邮购电话：（010）88254888，88258888。

质量投诉请发邮件至 zlts@phei.com.cn，盗版侵权举报请发邮件至 dbqq@phei.com.cn。

本书咨询联系方式：（010）57565890，meidipub@phei.com.cn。

前 言

在现代经济社会中，财务部门是企业的核心管理部门，是企业经营不可或缺的组成部分。会计人员是企业财务信息的处理者和加工者，会计人员素质与工作能力的高低直接关系到企业呈现财务信息质量的好坏，因此，一名合格的会计人员应该认真、谨慎、客观地处理财务工作中的每一项业务，以免出现差错，给企业造成损失。

为了方便广大读者学习，我们查阅了大量资料，结合 2018 年新颁布的《企业会计准则》，并以大量的财务工作实践为基础编写本书。本书以清晰的脉络，从会计的理论到会计凭证、账簿和报表，再到相应的实际操作，详细地讲述了企业最基本的会计常识。

本书是一本财会入门教程，是搭建万丈高楼的第一块砖，介绍了最基础的财会知识。书中将常见的会计操作分成八个章节分别叙述，并配以相应的实例和图片，力求还原最真实的会计工作现场，以加深读者的阅读印象和读者对相应知识、概念的理解程度。

本书特色

本书偏重于会计在企业中的实务操作，理论部分仅做简单概括。本书的特色主要有以下几个方面:

- 内容全: 针对各种会计科目给出详尽的账务处理方法，即使会计初学者也能清晰明了。
- 重操作: 避免大量的文字叙述，将浅显易懂的文字与实际工作经验相结合，使读者能够轻松愉快地阅读并掌握其中的精华，有利于读者在实际工作中操作检验。
- 图示化: 对于会计日常工作用到的图表、账册工具，运用生动形象的图示与文字相结合进行阐述，使读者感受到会计工作的实践氛围。
- 轻松学: 语言描述力求简洁精练，富有趣味性，有助于读者在轻松的阅读过程中学习会计知识。

本书内容

第 1 章　会计工作的内容，包括会计工作需要掌握的技能、会计人员的工作职责，以及相关的职业资格证书等内容。

第 2 章　会计工作的理论基础，包括会计的基本假设、会计核算的八项原则、会计恒等式，以及会计科目的设置和使用等内容。

第 3 章　凭证的使用和管理，包括原始凭证、记账凭证的种类和填制方法，以及凭证的保管、装订和传递规则等内容。

第 4 章　账簿的使用和管理，包括账簿的启用和登记规则、对账和结账方法，以及更换、保管账簿的方法等内容。

第 5 章　具体业务的账务核算，介绍了二十多个公司业务的账务处理方法，并给出相关的实例说明。

第 6 章　财产清查，介绍了财产清查的组织制度和具体方法，并给出了财产清查结果的处理程序和账务登记规范。

第 7 章　月底账务处理，包括计提与摊销、结转成本、各种税金的计算、结转利润的登记等内容。

第 8 章　财务报表的编制，包括资产负债表、利润表、现金流量表、所有者权益变动表及财务报表附注的编制方法。

读者对象

本书适合以下读者使用:

- 会计职场新手。
- 会计专业学生。
- 企业管理人员。
- 中小公司老板。

目 录

第1章 会计工作的内容

会计是企业的语言。现代经济社会中的企业无论大小，其经营状况越来越需要用一种简单、严谨、明晰的方式反映给经营管理者和社会公众，以便各方信息需求者对企业的现状和发展做出明确的分析和判断，这种方式就是通过会计信息进行反映的。不管你从事何种工作，身居企业何职，了解一定的会计知识都将给你带来巨大的帮助。另外，会计作为一种职业，其稳定的收入、良好的发展前景，也越来越受到人们的追捧。从本章开始，我们将带领你进入会计职场。

1.1 初步了解会计

初入职场，我们不禁会想，到底什么是会计呢？如果选择了会计之路，它的发展前景如何？我们又将如何从众多的会计从业者中迅速地脱颖而出呢？

1.1.1 什么是会计

会计是一门科学，也是一门艺术，它与我们的生活息息相关。举个简单的例子，我们在日常的家庭理财中会根据近期资金的使用情况，选择存款、为自己买保险、投资股票等。企业也是如此。通过一段时间的经营，收入多少资金，付出多少成本，资金周转周期长短，简单地说，企业是赔了还是赚了，下一步是扩大经营规模还是吸引投资，或是改变经营管理方式等。这些都与会计相关，都需要准确的会计信息为我们提供判断的依据。

1.1.2 会计职业资格的取得

古语云，“术业有专攻”。会计作为一个独立的行业，如果你想从这个行业中迅速地脱颖而出，通过不同层级的会计资格考试可以说是一条捷径。它不但可以提高你的专业水平，取得的相关证书还可以成为你进入一家好企业的“敲门砖”。

下面我们就目前我国主要的财会资格考试做一个大致的介绍，希望对你的职业规划有所帮助。

1. 会计从业资格证书

2017 年 11 月 4 日，第十二届全国人民代表大会常务委员会第三十次会议表决通过了关于修改《中华人民共和国会计法》（以下简称《会计法》）的决定，正式将“从事会计工作的人员，必须取得会计从业资格证书”的规定改为 “会计人员应当具备从事会计工作所需要的专业能力”。自此，会计从业资格证书正式取消。

2. 会计职称

取得会计职称意味着你获得了某一专业技术职务的任职资格，可以申请相应级别的专业技术职务。目前，我国会计职称考试分为初级、中级和高级三个级别，实行全国统考，具体的报考条件参见每年的报考通知。为了让大家对会计职称有一个简单、大致的了解，我们将会计职称考试基本情况进行了汇总，如表 1.1 所示。

表 1.1　会计职称考试基本情况汇总表

级别 事项	初级	中级	高级
适合人群	具有高中以上学历	根据学历，对会计工作年限有不同要求： 大学专科学历，从事会计工作满 5 年 大学本科学历，从事会计工作满 4 年 双学士学位或研究生班毕业，从事会计工作满 2 年 硕士学位，从事会计工作满 1 年 博士学位，无工作年限要求	高级会计师任职资格评审条件各地区规定有所不同，可查阅当地的报考条件
考试科目	《经济法基础》 《初级会计实务》	《经济法》《财务管理》《中级会计实务》	《高级会计实务》
资格认定	考生须在一个考试年度内通过全部考试科目	考生须在两个连续考试年度内通过全部考试科目	采用考评结合的方式。申请参加高级会计师资格评审的人员，须持有高级会计师资格考试成绩合格证或本地区、本部门当年参评使用标准的成绩证明，由各地区根据相关规定进行评审

3. 注册会计师

这项考试对报名条件的要求并不是很高，考生只要具有高等专科以上学历或者会计相关专业中级以上技术职称即可；但是，这项考试对实践业务能力的考核较强，对于一个工作经验尚浅的人来说，千万不可抱着考过了就可以拿高薪的想法。

注册会计师的考试科目分两个阶段：专业阶段考试包括《审计》《财务成本管理》《经济法》《会计》《公司战略与风险管理》《税法》六个科目；综合阶段考试设置《职业能力综合测试》（试卷一、试卷二）一个科目。

注意：注册会计师考试有严格的时间限制，参考人员必须在连续 5 个年度考试中通过专业阶段全部科目考试，取得专业阶段考试合格证书后 5 个年度内，通过综合阶段考试，才能取得财政部考委会颁发的注册会计师全国统一考试全科考试合格证书。

4．国际注册会计师

随着我国经济国际化程度的提高，会计工作也在逐步与国际接轨，目前由全球最大的国际会计师组织特许公认会计师公会认可的一项会计资格证书，越来越受到会计行业的关注。它的国际认可度非常高，在国内被称为国际注册会计师，即 ACCA（The Association of Chartered Certified Accountants）。

从会计的发展过程来看，国外无论是会计学理论研究还是会计的实践经验，都比国内的发达和先进，因此通过认识 ACCA 考试，我们可以深入地了解会计发展的前景，以及在实践当中我们应如何借鉴这些先进的理论和经验，从而提高我们会计工作的效率、发挥更大的管理职能，进而推动会计事业的发展。

ACCA 考试与国内会计资格考试的不同主要体现在两个方面：一方面是考试内容的不同；另一方面是考试流程和制度的不同。

首先是考试内容的不同，ACCA 的考试内容分为两个部分：

第一部分为基础阶段，主要包括知识课程和技能课程两个部分。知识课程包括《会计师与企业》《管理会计》《财务会计》三门，为接下来进行技能课程的学习搭建了一个平台。技能课程共有六门，涵盖了作为一名会计师应当了解的知识领域和必须掌握的技能，具体课程包括《公司法与商法》《业绩管理》《税务》《财务报告》《审计与认证业务》《财务管理》。

第二部分为专业阶段，主要包括核心课程和选修课程（四选二）。核心课程包括《公司治理、风险管理及职业操守》《公司报告》《商务分析》，所有学员必须完成这三门核心课程的学习。选修课程包括《高级财务管理》《高级业绩管理》《高级税务》《高级审计与认证业务》，学员在这四门中任选两门适合自己的课程通过考试即可。

从以上会计考试的科目来分析可以看出，现代的会计分科很细，并且与企业的管理密切相关，这与大多数人所认为的“会计就是记账”“老板怎么说就怎么做”是完全不同的。越是到了高级阶段，会计越趋向于管理，而且这种管理也是有明细分科的，如财务管理、税务管理、企业内部审计管理等。它并不要求学员学习所有课程，只要选择两门适合自己的即可，这为选拔和重用专项会计提供了重要途径。

其次是考试流程和制度的不同：学员在报名后的 10 年内完成全部考试即可，可以自愿停考，补考次数不限，而且可以在全世界任何一个考场参加考试；学员无须脱产，不耽误工作，以自学为主；考试内容相对灵活，主要是以案例为主的计算、分析题，在充分考核学员能力的同时，并不强求学员的标准化，鼓励学员的创新思维；中国学员可以选考中国税法或英国税法、中国公司法或英国公司法，也可以选考国际会计准则或英国（欧洲）会计准则；考生在取得该资格证书后，可以得到社会广泛的尊重和认可，而且考试对考生报名条件要求也不是很高，凡是具有教育部承认的专科以上学历，均可报名参加。

从考试要求来看，它注重会计工作的实践，对于想进入知名大型企业或外企的会计人员来说，要相信“十年磨一剑”，踏实地做好每项工作。不管你现在处于择业的迷茫阶段，还是已经有了满意的工作，实践出真知，只要一步一个脚印地工作，相信你一定会取得成功。

注意：财会行业的各类考试可谓种类繁多，大家千万不能盲目跟从，一定要根据自己的情况，选择适合自己的财会成长之路。无论准备哪项考试都要耗费大量的精力和财力，各种证书也能作为“敲门砖”，大家一定要在各方面条件允许的范围内参加这些考试。当然，活到老学到老，不断地学习会计知识，将为你的工作带来源源不断的能量。会计是一门实践的科学，只有学以致用，才能让你做起会计工作来游刃有余。

1.1.3 会计核算和会计监督职能

会计基本职能是指会计在经济管理中固有的、内在的客观功能。马克思曾将会计的基本职能概括为“对过程的控制和观念的总结”，简言之，就是对经济业务活动过程的核算和监督。《会计法》中将会计的基本职能进一步明确为进行会计核算和实施会计监督。

1. 进行会计核算

会计的核算贯穿于经济活动的全过程，是会计最基本的职能，也称反映职能。会计核算职能是指以货币为主要计量单位，通过确认、计量、记录、报告，对特定主体一定时期的经济活动进行记账、算账、报账，为各有关方面提供会计信息的职能。确认是指运用特定的会计方法，用文字和金额同时描述某一交易或事项，使其金额反映在特定主体财务报表中的会计程序。计量是指确定某一交易或事项的金额的会计程序。记录是指对特定主体的经济活动采用一定的记账方法，并在账簿中进行登记的会计程序。报告是指在确认、计量和记录的基础上，对特定主体的财务状况、经营成果和现金流量，以财务报表的形式向有关方面提供信息的行为。

会计核算的具体内容为用货币表现的各种经济活动，即会计的对象，如表 1.2 所示。

表 1.2　会计核算的具体内容

会计核算的具体内容	举例
款项和有价证券的收付	如企业的销货款、购货款和其他款项的收付
财物的收发、增减和使用	如原材料的购进与领用，固定资产的增加与减少
债权、债务的发生和结算	如应收账款、应付账款、其他应收应付款的发生和结算
资本、基金的增减	如实收资本和盈余公积的增加和减少
收入、支出、费用、成本的计算	如企业的经营业务收入、管理费用和销售产品成本的计算
财务成果的计算和处理	如所得税费用计算、净利润的分配
需要办理会计手续、进行会计核算的其他事项	略

2．实施会计监督

会计监督职能也称控制职能，是指会计人员通过会计工作对经济活动的真实性、合法性和合理性进行审查的功能。会计监督的具体内容包括：

（1）监督经济业务内容是否真实、数字是否准确、资料是否可靠。

（2）监督各项经济业务是否符合国家的有关法律法规，是否遵守了各项财经纪律。

（3）监督各项财务收支是否符合特定主体的财务收支计划，是否有贪污、盗窃、营私舞弊等行为，企业财产是否安全完整。

会计核算和会计监督两项基本职能是相辅相成、辩证统一的关系。会计核算是会计监督的基础，没有会计核算提供的各种信息，会计监督就失去了可靠的依据；会计监督是会计核算的延续和深化，也是会计核算质量的保障，只有核算没有监督，就难以保证核算所提供信息的真实性、可靠性，也就不能发挥会计应有的作用。

1.1.4　如何成为适应现代企业所需的会计人才

拿破仑说："不想成为将军的士兵不是好士兵。"初入职场的你，也许正准备施展抱负，也许正一头雾水。那么，如何在激烈的竞争中把握机遇，让自己成为一名出色的会计工作者，并从基层岗位走向高层岗位，成为财务管理人员甚至首席财务官呢？如何以财务岗位为跳板，转而成为企业的管理者呢？

请你记住下面 20 个字：脚踏实地、业务扎实、注重实践、多方发展、敢于创新。

- 脚踏实地。财务工作是一项细致的工作，无论你处在哪个财务岗位，所做的工作都与企业整体的财务工作相关，因此一定不要好高骛远，要放低姿态做好本职工作。另外，还要虚心向老会计、上级主管等学习，他们的经验可以让你少走很多弯路。

- 业务扎实。会计工作是一项技术工作，你需要在实践中不断积累自己的业务经验。随着社会经济的发展，会计准则和各项经济法规更新速度很快，要想做好自己的业务，必须时刻进行知识更新，一步一步地提高自己的业务能力。另外，要根据自己的学习和工作情况，适时地考取相关的资格证书，这将为你走向成功增加更多的筹码。
- 注重实践。会计理论对于任何行业、企业都是适用的，但是每个行业，甚至同行业内的不同企业因为经营模式不同，在财务工作方面多少存在差异。只有实践多了，才能积累丰富的经验，因此，一定要多接触实务工作，这样你才能在日常工作中游刃有余。比如，如何根据企业实际情况合理避税、调节纳税，为企业争取更多的流动资金，就是一项实践性很强的工作。
- 多方发展。要想成为高层次的财务管理人员，仅仅拥有财务知识是远远不够的，必须多方发展才能适应企业的需要。比如，加强自己对企业文化的深层次理解、培养良好的沟通能力、学习企业管理所需的人事管理和销售管理的知识，以及发展领导能力等。
- 敢于创新。会计是一门管理科学，不要认为只要学会一套做账方法就可以了。在现实工作中，财务管理的工作要与整个企业相吻合。好的财务管理制度和流程，能提高整个企业的办事效率。比如，在设有销售部门的企业中，若财务部门能及时为销售部门提供回款信息、简化部门各项费用报销流程、与客户形成良好的财务沟通关系，销售部门的签单率将大大提高；相反，销售工作则举步维艰。

没有一蹴而就的成功，也没有满是荆棘的征途，只要摆正心态、积极面对，会计工作并不难。有志者事竟成，相信有朝一日，你也能成为会计职场中的精英。

1.1.5 会计人员继续教育管理

为了贯彻落实《会计法》关于“会计人员应当遵守职业道德，提高业务素质。对会计人员的教育和培训工作应当加强”的规定，进一步推进会计人员继续教育工作，财政部根据《会计法》和《会计从业资格管理办法》，在 2006 年 11 月 20 日发布了《会计人员继续教育规定》（财会〔2006〕19 号）并开始执行。2013 年 8 月 27 日，财政部印发了《会计人员继续教育规定》（财会〔2013〕18 号），该规定自 2013 年 10 月 1 日起施行，2006 年的规定同时废止。

会计人员继续教育的对象，是取得并持有会计职称证书的人员和未持有证书，但实际从事会计工作的人员。

对会计人员来讲，应当接受继续教育。会计人员参加继续教育采取学分制管理制度，每年参加继续教育取得的学分不得少于 24 分。会计人员参加继续教育取得的学分，在全国范围内有效。继续教育方式可以选择网上培训或远程教育，当年度通过注册会计师、税务师、注册资产评估师等可以折算相应的继续教育学分。继续教育工作一般由授权培训机构开展，教学和考核都不是很严格，但要提醒大家的是：继续教育一定要每年进行一次。目前，由于国家对会计人员继续教育的管理还不是很严格，因此很多人疏于继续教育。为了不断提高自身的业务能力，希望大家每年抽出一定时间，进行业务充电。

1.1.6　会计人员的法律责任

由于会计人员知晓企业的财务机密、接触企业的货币资金，因此会计人员触犯法律的事件屡屡发生；但是“天网恢恢，疏而不漏”，所有不法行为都会受到应有的制裁。美国著名的安达信会计公司的倒闭，成为提醒会计从业人员洁身自好的经典案例。可见，会计人员不仅要了解那些与自己切身相关的法律知识，还要在实践中严格执行，千万不可以身试法。

根据现行《会计法》的规定，应承担法律责任的违法会计行为包括：

（1）不依法设置会计账簿的行为。

（2）私设会计账簿的行为。

（3）未按照规定填制、取得原始凭证，或者填制、取得的原始凭证不符合规定的行为。

（4）以未经审核的会计凭证为依据登记会计账簿，或者登记会计账簿不符合规定的行为。

（5）随意变更会计处理方法的行为。

（6）向不同的会计资料使用者提供的财务会计报告编制依据不一致的行为。

（7）未按照规定使用会计记录文字或者记账本位币的行为。

（8）未按照规定保管会计资料，致使会计资料毁损、灭失的行为。

（9）未按照规定建立并实施单位内部会计监督制度、拒绝依法实施的监督，或者不如实提供有关会计资料及有关情况的行为。

（10）任用的会计人员不符合《会计法》规定的行为。

对于有以上行为之一的，由县级以上人民政府财政部门责令限期改正，可以对单位并处 3000 元以上 5 万元以下的罚款；对直接负责的主管人员和其他直接责任人员，可以处 2000 元以上 2 万元以下的罚款；属于国家工作人员的，还应当由其所在单位或者有关单位依法给予行政处分。

根据《会计法》的规定，对于伪造、变造会计凭证、会计账簿，或者编制虚假财务会计报告的行为，构成犯罪的，依法追究刑事责任；尚不构成犯罪的，由县级以上人民政府财政部门予以通报，可以对单位并处5000元以上10万元以下的罚款，对其直接负责的主管人员和其他直接责任人员，可以处3000元以上5万元以下的罚款；属于国家工作人员的，还应当由其所在单位或者有关单位给予撤职直至开除的行政处分；其中的会计人员，5年内不得从事会计工作。

根据《会计法》的规定，授意、指使、强令会计机构、会计人员及其他人员伪造、变造会计凭证、会计账簿，编制虚假财务会计报告或者隐匿、故意销毁依法应当保存的会计凭证、会计账簿、财务会计报告的行为，构成犯罪的，依法追究刑事责任；尚不构成犯罪的，可以处5000元以上5万元以下的罚款；属于国家工作人员的，还应当由其所在单位或者有关单位依法给予降级、撤职、开除的行政处分。

1.2 会计部门的岗位设置

清楚了会计的基本内容，下面就让我们结合企业的会计部门，更加全面地了解一下其岗位设置。

1.2.1 会计部门的组织架构是如何设置的

《会计基础工作规范》中规定，各单位应当根据会计业务的需要设置会计机构；不具备单独设置会计机构条件的，应当在有关机构中设置专职会计人员；没有配备专职会计人员的，应当根据财政部发布的《代理记账管理暂行办法》的要求，委托会计师事务所或者持有代理记账许可证书的其他代理记账机构进行代理记账，以使单位的会计工作有序进行，不影响正常的经营管理工作。

一个企业会计机构内部根据业务分工而设置的职能岗位就是我们所说的会计工作岗位，它可以一人一岗、一人多岗或一岗多人，应根据企业的实际情况而定。这里要注意的是，出纳人员不能兼管稽核、会计档案保管和收入、费用、债权债务账目的登记工作。设置会计工作岗位不仅有利于明确分工和确定岗位职责，还有利于提高会计人员的工作效率和质量。出纳、会计、会计主管是企业必须设置的岗位，如果企业的规模和业务量较大，还可以设置更多的岗位，如材料物资核算、库存商品核算、往来结算、工资核算、成本费用核算、稽核、固定资产核算等岗位。下面我们就来具体了解一下会计工作岗位的内容。

1.2.2　出纳岗位的工作内容

企业的现金收付、银行结算及有关账务，保管库存现金、有价证券、财务印章及有关票据等工作都必须由出纳办理。简单来说，出纳岗位是负责一切与企业货币资金相关业务的岗位。出纳工作是会计工作的重要环节，涉及现金收付、银行结算等活动，直接关系到职工个人、单位乃至国家的经济利益，一旦工作出现差错，就会造成不可挽回的损失。出纳岗位的工作内容一般包括：

（1）负责企业与银行相关的现金、银行存款的收付、结算和对账业务。比如，提取现金、支票入账、电汇支付货款等。

（2）企业账户、现金、转账支票、有价证券、空白收据及印鉴等的管理和保管。比如，对企业银行账户每年都要接受银行年检等情况的管理；又如，企业财务印鉴是极其重要的，若遗失了对企业会造成一定的影响。

（3）对于员工报销，务必要审核凭证单据无误且已经有相关负责人签字审核后再付款，若凭证单据有误或者责任人签字不全等，出纳有权拒付。

（4）遵循企业财务制度的规定发放支票，做好登记工作。限期收回支票存根，以便月末及时对账。

（5）及时登记现金日记账和银行存款日记账，做到日清月结。

（6）认真执行现金管理制度，每天进行现金的清点结账，做到账款相符。库存现金不能超过规定的限额，注意现金安全，确认公款不受损失。

（7）定期核对证券，并接受会计主管对有价证券等的不定期监盘。

（8）负责编制现金周报表及现金流量表。

1.2.3　往来结算岗位的工作内容

企业在正常经营活动中必然有与外单位的往来结算，如购进材料物资等产生应付账款，销售货物、提供劳务等产生应收账款。无论企业的业务量大小，会计人员都必须及时与供应商或客户进行联系，甚至有些业务量特别大的企业，还要分别设置应收账款和应付账款的会计岗位。往来结算岗位的工作内容一般包括：

（1）根据企业实际情况，建立往来款项的结算制度。

（2）按公司财务制度的要求，依据其他岗位传递来的合法、完整的凭证，办理与外单位往来款项的对账和结算业务。

（3）办理往来款项的结算业务（包括开票及与销售部门核对出货等业务）。

（4）负责往来款项结算的明细核算。

（5）定期给客户或供应商发送询证函，及时与对方核对账务。

1.2.4 成本费用核算岗位的工作内容

成本费用核算是企业会计工作中最繁杂、最重要的内容之一。对于生产流程复杂或劳动密集的工业企业来说，成本核算工作占整个会计工作的比重非常大，且成本核算的准确性与企业产品市场定价水平、毛利润测算及利润估算等直接相关。成本费用核算岗位的工作内容一般包括:

（1）根据企业自身的生产特点，拟定成本核算办法。

（2）制订成本费用的计划、评估计划执行情况，并及时做出调整。

（3）负责成本费用的归集、分配，核算产品成本和期间费用。

（4）编制成本费用报表并进行分析。

（5）协助管理在产品和自制半成品。

（6）保证与库房的关联性，做到账务存货与库房存货一致。

流程分析:

生产部门日常费用报销的工作流程，如图 1.1 所示。

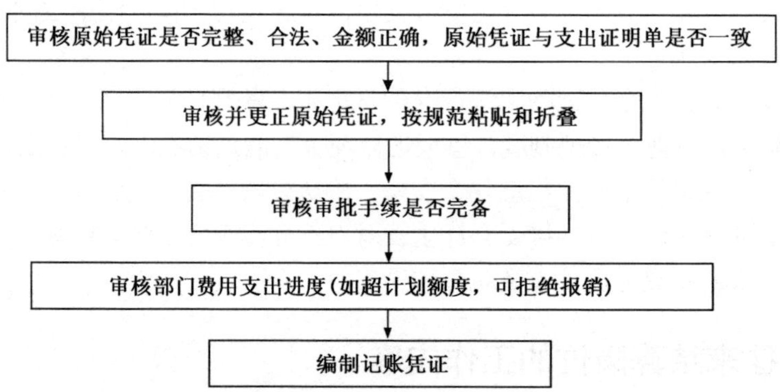

图 1.1 生产部门日常费用报销的工作流程

成本会计完成这一程序后编制的会计分录如下:

借: 制造费用——车间部门——相关明细科目

　贷: 库存现金/银行存款/其他应收款

这一程序看似简单，完成过程却不能掉以轻心，以下几点是必须注意的:

（1）除工资外的费用支出都必须取得国家税务总局监制的发票或收据，并且填写要规范，大小写金额要一致，无涂改痕迹。

（2）凭证及其附件左上角要对齐，附件长宽折叠以记账凭证大小为度，不能带有订书钉。

（3）费用的审核必须经过报销人员所在部门的负责人审批。

（4）做账时一定要准确使用明细科目，避免错误。

（5）如果报销人员有前期欠款，则报销费用一律先冲抵欠款，由出纳开具还款收据。

1.2.5　材料物资核算岗位的工作内容

每个企业的生存和发展都是以货币资金转化为可以交换的物质形态的“商品”为起点的，即工业企业只有用资金购买原材料才能生产，商业企业只有购进商品才能卖出。材料物资核算岗位负责企业商品交换的核算，其与库房管理员及公司采购部门有着紧密的联系。材料物资核算岗位的工作内容一般包括：

（1）与相关部门（如采购部门、生产部门及销售部门等）一同拟定材料物资的核算及管理办法。

（2）审查汇编材料物资的采购资金计划。

（3）负责材料物资的明细核算。

（4）与相关部门（如采购部门、生产部门等）一同编制材料物资计划成本目录。

（5）配合有关部门确定材料物资消耗定额。

（6）参与材料物资的清查盘点，填制库存材料盘点表。

库存材料盘点表，如表 1.3 所示。

表 1.3　库存材料盘点表

制表日期：　　　　年　　月　　日　　　　单位：元

序号	品名	单位	规格	单价	上月库存		本月购进		本月消耗		本月应存		月末实存		本月损耗		备注
					数量	金额	数量	金额	数量	金额	数量	金额	数量	金额	数量	金额	
					1		2		3		4=1+2-3		5		6=4-5		
1																	
2																	
3																	
4																	
5																	
6																	
7																	
8																	
9																	
10																	
	合计																

管理员：　　　　会计：　　　　盘点人：　　　　审批：

1.2.6 工资核算岗位的工作内容

人力资源是企业存在和发展的必需元素，为人力资源支付费用也是企业必须执行的。员工的工资核算、确认人工成本等都是会计人员的基本工作内容。工资核算岗位的工作内容一般包括：

（1）制定工资发放的实施细则，如工资分类、考勤计算、工时工资计算等。

（2）根据国家法律规定，核算、扣缴并办理企业员工的住房公积金、基本社会保险事项。

（3）审核发放员工的工资、奖金。

（4）负责工资的明细核算（包括各个部门的工资分布情况及生产部门的工资分配）。

（5）计提应付福利费和工会经费等费用。

（6）根据工资发放表编制相关会计凭证。

1.3 了解几种常见的说法

在日常生活中，人们往往一提及财务工作就联想到会计，有的人甚至认为会计工作就是进行简单的记账。这些误解源于大家对会计概念并不是很清楚，下面我们就现实中容易混淆的几个概念做一下区分。

1.3.1 会计和出纳是一回事吗

《会计基础工作规范》第十二条明确规定："会计工作岗位，可以一人一岗、一人多岗或一岗多人，但出纳人员不得兼管稽核、会计档案保管和收入、费用、债权债务账目的登记工作。"从中可以看出，会计和出纳的岗位职责是不同的。用行业内常讲的话来说，就是"出纳管钱不管账，会计管账不管钱"。

两者的不同其实是财务工作的分工不同造成的，为了保证财务工作的严谨性、规避财务风险，必须将钱、账分开。其实，两者有着密切的联系，既互相依赖又互相牵制。出纳和会计核算的依据都是会计原始凭证和会计记账凭证，两者按照一定的顺序传递这些会计凭证，它们相互利用对方的核算资料来共同完成会计任务。举个例子来说：

出纳的现金和银行存款日记账的金额=总账会计的现金和银行存款总分类账的金额=总分类账所属的明细分类账的总额

这样，出纳、明细账会计、总账会计就构成了相互牵制与控制的关系，三者必须相互核对，保持一致。明白了出纳和会计的区别和联系，我们就能很好地区分它们了。

1.3.2　会计和财务的工作一样吗

由于会计和财务这两个概念经常一起出现，因此很多人认为会计等同于财务，其实两者是有明显不同的。我们先来明确一下它们的概念：财务是在一定的整体目标下，关于企业资产的购置、投资、融资和管理的决策体系；会计是以货币为主要计量单位，运用专门的方法，通过对交易或事项的确认、计量、记录、报告，对经济活动进行核算和监督，并提供有关单位财务状况、经营成果和现金流量等信息资料的一种管理活动。从概念中我们不难发现，两者有以下四点不同。

1. 工作职能不同

会计工作侧重于根据日常的业务记录登记账簿，定期编制有关的财务报表；财务工作侧重于针对企业经营管理遇到的特定问题进行分析研究，以便向企业内部各级管理人员提供预测、决策和控制考核所需要的信息资料，它更多的是进行预测、决策、计划和控制。

2. 时间范畴不同

会计工作的目的主要在于反映过去，以过去的交易或事项为依据，强调客观性原则和历史成本原则；财务工作则基于一定的假设条件，不仅限于分析过去，还注重利用会计资料进行预测和规划未来，同时控制现在。财务工作将面向未来的作用时效摆在第一位，而分析过去是为了控制现在与更好地指导未来。

3. 工作流程不同

会计工作必须执行固定的会计工作流程，从制作凭证到登记账簿，再到编制财务报表，都必须按规定的程序进行，不得随意变更其工作内容或颠倒工作顺序，同类企业的会计工作流程往往大同小异；财务工作则不讲究程序性，没有固定的工作模式和流程，企业可根据自己的实际情况设计财务工作的流程，因此，不同企业的财务工作有着较大差异。

4. 工作目的不同

会计工作的目的在于如何真实、准确地反映企业生产经营过程中人、财、物要素在供、产、销各环节中的分布及使用、消耗情况，重视定期报告企业的财务状况和经营成果的质量；财务工作不仅着重实施管理行为的结果，而且更为关注管理的过程，从财务目标的发展来看，其经历了三个过程，即筹资最大化—利润最大化—股东财富最大化。

会计与财务既有区别，又有相互作用、相互影响的联系。会计是财务的基础，财务离不开会计。会计基础薄弱，财务管理必将缺乏坚实的基础，财务预测、决策、计划和控制将缺乏可靠的依据；财务制度不健全，必定会影响会计工作的正常开展。

1.3.3 会计就是记账吗

很多人都把会计简单地理解为记账，通过前面我们对会计比较全面的介绍，可以清楚地看出，会计的基本工作包括编制凭证、登记明细账和总账、编制财务报表等一系列账务处理工作，也就是我们通常理解的记账过程。

会计的财务管理工作包括企业资产与负债的分析、成本与费用的分析、投资与筹资的分析等，这些工作越来越多地融入会计的日常工作中，有些企业的会计工作还涉及内部、外部的财务审计。只要理解了这些概念，会计和记账就很好区分了。

第 2 章
会计工作的理论基础

通过学习第 1 章的内容，我们对会计的含义及会计人员的基本任职要求有了初步的认识。在开始建账、登记账簿之前，首先应该对会计的基本概念有较为深入的了解和认识，才能为成为一名合格的会计人员打下基础。本章所涉及的基本概念包括会计工作的基本假设、会计核算的原则、六大会计要素和基本会计科目等。

2.1 会计工作的四大基本假设

会计假设是会计核算的基本前提，是组织会计核算工作应具备的前提条件，也是会计准则规定的各种程序和方法适用的前提条件。会计假设包括会计主体假设、持续经营假设、会计分期假设和货币计量假设。

会计假设为会计核算设定了一个理想的、便于核算的外部和内部环境。现实环境是每时每刻都在变化的，而且是多种多样的，而会计假设则营造了一个相对稳定的环境。在会计核算时，我们还常常需要将时间静止在某个点上，以方便核算。

2.1.1 会计主体假设

会计主体是会计核算与监督的对象，即所提供的会计信息是哪个单位的信息。与会计主体相关的一个概念是法律主体，两者有所不同。法律主体一般都是会计主体，而有的会计主体并不具有法律上的独立身份与地位，如企业内部独立核算的部门就属于会计主体，而不属于法律主体。

我们在确认会计主体时，应判断其是否具备以下三个条件:

（1）具有一定数量的经济资源。

（2）能够进行独立的生产经营活动或其他活动。

（3）能够实行独立核算，提供反映本主体经济情况的财务报表。

2.1.2　持续经营假设

所谓持续经营假设，是指在进行会计活动时，假定企业是可以维持正常经营的。试想一下，如果企业不能维持正常经营，那么进行会计核算工作的意义也就不存在了。根据《企业会计准则》的规定，当企业确实不能满足正常经营的条件、面临破产清算的风险时，就不能采用一般的会计核算方法了，而应该进行特殊的会计处理。

注意：持续经营假设为会计核算确定了时间范围，在确定会计主体后，只有假定生产和经营活动是持续、稳定的，才能建立起会计确认和计量的原则（如历史成本原则、权责发生制原则等），也才能使企业在信息的收集和处理上所采用的会计方法保持稳定。

2.1.3　会计分期假设

会计分期是指企业在持续发展的过程中，人为地划分一个个间距相等、首尾相接的会计期间，以便确定每一个会计期间的收入、费用和盈亏，确定该期间期初和期末的资产、负债和所有者权益的数量，并据以结算账目和编制财务报表。

大多数国家的会计制度将会计期间定为一年，但起讫时间不同。在中国，我们将公历 1 月 1 日起至 12 月 31 日止的一个年度作为会计期间，然后再以自然月度和季度划分较短的会计期间。

2.1.4　货币计量假设

我们知道，会计是一项专业性较强的经济管理活动，采用专门的方法反映经济业务事项。财务报表和账簿中的数字，反映的均是实实在在的货币。经济活动是复杂多样的，计量的尺度也是多样的，如货币、实物等，但只有货币计量尺度才具有广泛的可比性和统一性。

注意：货币计量隐含币值稳定假设，即使有所变动，也应不足以影响会计计量和会计信息的正确性。在恶性通货膨胀环境下，货币价值的波动给会计计量带来很大的困难，按常规方法编制的财务报表会严重失实，引起报表使用者的误解。在这种情况下，应采用通货膨胀会计来解决。

总之，会计的四项基本假设是相互依存、相互补充的关系，即会计主体假设确定了会计核算的空间范围，持续经营假设与会计分期假设确定了会计核算的时间范围，货币计量假设为会计核算提供了必要手段。

2.2　会计核算的八项原则

会计核算的原则，就是在进行会计核算活动中，会计人员应该坚持的工作标准。为了规范会计核算行为，保证会计信息质量，《企业会计准则》（2006）对会计信息质量进行了明确的要求，提出了八项会计核算的原则，下面我们就来依次进行介绍。

2.2.1　可靠性原则

可靠性原则是会计核算的基本原则，要求会计处理活动所提供的会计信息是真实可靠、内容完整的，能够如实反映各项交易或事项的相关信息。企业应当以实际发生的交易或事项为基础进行确认、计量，不得根据虚构的、没有发生或者尚未发生的交易或事项进行确认、计量和报告。

2.2.2　相关性原则

相关性原则是指会计信息要与经济决策相关联，有助于信息使用者做出决策。只有相关的会计信息，才能实现会计的职能和目标，相关性是以可靠性为基础的，两者并不矛盾。

注意：相关性与可靠性是对立统一的关系，会计信息在可靠性的前提下，应尽可能做到相关性，以满足投资者等财务报表使用者的决策需要。

2.2.3　可理解性原则

可理解性原则的要求比较明显，是指在进行会计处理时，所填制的凭证、登记的账簿、编制的报表都应该清晰明了，便于财务报表使用者理解与使用。比如，应该以清晰的楷体字填制账簿，不允许出现连笔字，不应当随意涂抹，摘要应简单易读等，这些都是为了保证会计信息的可理解性。

2.2.4　可比性原则

可比性原则要求企业提供的会计信息应当相互可比。它主要包括两层含义：

（1）同一企业不同时期可比

同一企业不同时期的可比性，要求在对同一企业不同时期的相同交易或事项进行会计处理时，必须采用相同的会计政策，不能够随意变更，以满足会计信息的可比性。

（2）不同企业相同会计期间可比

会计信息质量的可比性，要求不同企业同一会计期间发生的相同或相似的交易或事项，应当采用规定的会计政策，确保会计信息口径一致、相互可比，以使不同企业按照一致的确认、计量和报告要求提供有关会计信息。

2.2.5 实质重于形式原则

实质重于形式原则是指在进行会计处理时，不能仅仅以交易的形式来处理，而应该以其经济实质作为会计计量和确认的依据。比如企业融资租入的固定资产，按照形式分析，该项资产属于出租方的资产，承租方只享有使用权，不能将该项目确认为资产；但分析该项业务的经济实质可以看出，出租方虽然拥有该项资产的所有权，但承租方基本上可以控制融资租入的固定资产的收益权，符合资产的确认条件，应该予以列报。

2.2.6 重要性原则

重要性原则是指在进行会计处理时，财务人员要做出适当的判断，编制的财务报表要能够反映所有对企业具有重要性的交易或事项。在会计实务中，一般从项目的性质和涉及金额的大小两个方面判断其重要性程度。

2.2.7 谨慎性原则

谨慎性原则是指在进行会计处理时，对所处理的事项要保持必需的谨慎，不能高估资产或取得的收入，也不能低估负债或发生的支出和费用。

在市场经济环境下，企业的生产经营活动面临着许多风险和不确定性，如应收款项的可收回性、固定资产的使用寿命、无形资产的使用寿命、售出存货可能发生的退货或者返修等。会计信息质量的谨慎性原则，要求企业在面临不确定性因素的情况下做出职业判断时，应当保持应有的谨慎，充分估计各种风险和损失，既不高估资产或者收益，也不低估负债或者费用。

注意：企业对可能发生的资产减值损失计提资产减值准备、对售出商品可能发生的保修义务等确认预计负债等，就体现了会计信息质量的谨慎性原则。

2.2.8 及时性原则

及时性原则，顾名思义，是指应该及时地进行会计处理活动，将所发生的事项及时填制凭证、登记账簿，按照要求及时编制财务报表，不能提前或者延后。信息的价值就在于及时性，如果不能及时地提供有效的会计信息，会计信息就没有意义了。

2.3　掌握六大会计要素

2.3.1　会计要素的概念

提到会计要素，人们可能并不熟悉，可要说起会计要素的那些成员，大家又都耳熟能详，如资产、负债等。

会计要素又称会计对象要素，是根据交易或事项的经济特征所做的基本分类，也是对会计对象按经济性质所做的基本分类。

通俗地讲，会计要素实际上就是把经济活动中需要做会计处理的各项事务进行分类形成的。由于各会计要素在属性上有其共通性，所以在会计处理上也能够进行相似的处理，这样可以方便会计核算中的分类核算。

2.3.2　会计要素的分类

会计要素分为以下两大类。

1．反映企业财务状况的会计要素

反映企业财务状况的会计要素由资产、负债和所有者权益三项组成，这三项会计要素还是资产负债表的重要组成部分，所以也被称为资产负债表要素。资产负债表要素，如图 2.1 所示。

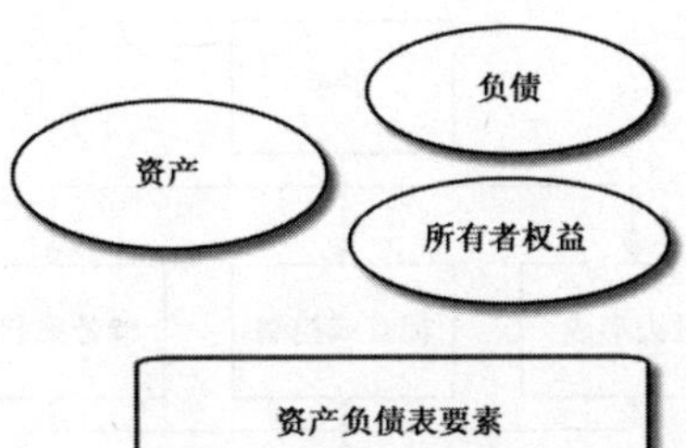

图 2.1　资产负债表要素

2．反映企业经营成果的会计要素

反映企业经营成果的会计要素由收入、费用和利润三项组成，这三项会计要素是组成利润表的重要因素，所以也被称为利润表要素。

注意：事业单位会计要素分为五大类，即资产、负债、净资产、收入和支出。

会计要素的分类，如图 2.2 所示。

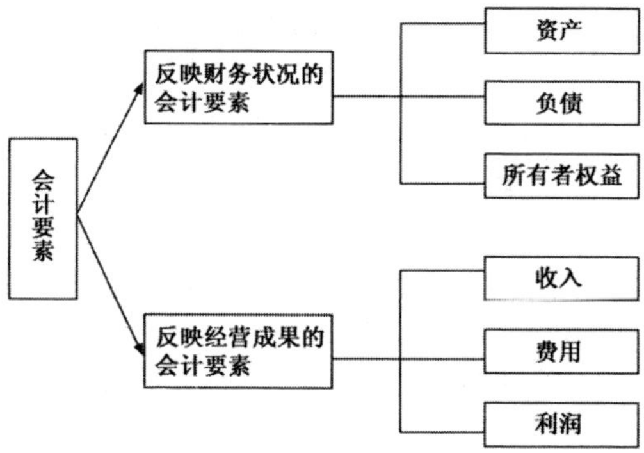

图 2.2 会计要素的分类

2.3.3 会计要素的内容

会计要素的内容包括以下六项。

1. 资产

资产是指企业过去的交易或事项形成的、由企业拥有或控制的资源，且该资源会给企业带来经济利益。它是企业在过去某一时期里，通过交易或事项所产生的结果，更是企业从事生产经营活动的物质基础。资产的定义，如图 2.3 所示。

资产可以分为流动资产、非流动资产及其他资产，其中非流动资产又可以分为长期投资、固定资产和无形资产等。流动资产和非流动资产包括的内容，如表 2.1 所示。

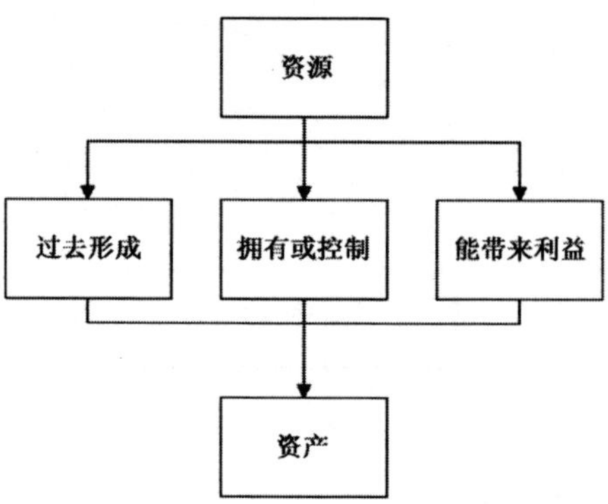

图 2.3 资产的定义

表 2.1　流动资产和非流动资产包括的内容

流动资产	非流动资产
货币资金	债权投资
交易性金融资产	其他债权投资
衍生金融资产	长期应收款
应收票据	长期股权投资
应收账款	其他权益工具投资
预付款项	其他非流动金融资产
其他应收款	投资性房地产
存货	固定资产
合同资产	在建工程
持有待售资产	生产性生物资产
一年内到期的非流动资产	油气资产
其他流动资产	无形资产
	开发支出
	商誉
	长期待摊费用
	递延所得税资产
	其他非流动资产

2．负债

负债是指企业过去交易或事项形成的现时义务，履行该义务预期会导致经济利益流出企业。负债是企业承担的、在将来以货币计量的资产或劳务偿还的债务，同时也代表着企业偿债责任和债权人对资产的求索权。负债的定义，如图 2.4 所示。

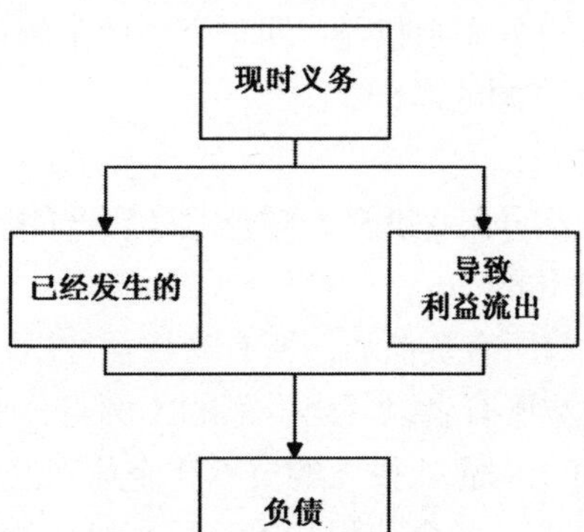

图 2.4　负债的定义

负债按其流动性可分为流动负债和非流动负债。

注意：负债必须是已经发生的，这样才能记入会计系统中，债务入账的时候要格外慎重，因为入账的债务必须通过合法手续才能销账，即使是实在无力支付、对方已做了坏账处理的债务，对企业来说仍然存在。

流动负债和非流动负债包括的内容，如表 2.2 所示。

表 2.2　流动负债和非流动负债包括的内容

流动负债	非流动负债
短期借款	长期借款
交易性金融负债	应付债券
衍生金融负债	其中：优先股
应付票据	永续债
应付账款	长期应付款
预收款项	预计负债
合同负债	递延收益
应付职工薪酬	递延所得税负债
应交税费	其他非流动负债
其他应付款	
持有待售负债	
一年内到期的非流动负债	
其他流动负债	

3．所有者权益

所有者权益是指所有者在企业资产中享有的经济利益，其金额为资产减去负债后的余额。它是所有者享有的剩余权益，即一个会计主体在一定时期所拥有或可控制的、具有未来经济利益资源的净额。

所有者权益的特征如下：

（1）所有者权益是表明企业投资人对企业净资产的所有权，它是随着总资产和总负债的增减而发生变化的。

（2）企业只有在清偿所有负债后，所有者权益才返还给所有者。

（3）所有者权益是按所有者以其出资额的比例来分享企业利润的。

所有者权益包括投资人向企业投入的资本和企业在经营过程中形成的盈余，具体包括实收资本、资本公积、盈余公积和未分配利润，如图 2.5 所示。

4．收入

收入是指企业在销售商品、提供劳务及让渡资产使用权等日常活动中形成的、

会导致所有者权益增加的、与所有者投入资本无关的经济利益的总流入。它有广义和狭义之分:

- 广义的收入是指企业日常活动及其之外的活动形成的经济利益流入，如营业收入、投资收益、营业外收入等。
- 狭义的收入是指企业在生产经营过程中所取得的营业收入，如主营业务收入、其他业务收入等。

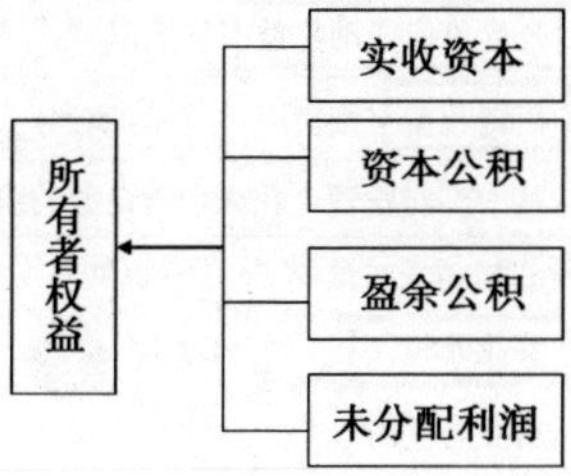

图 2.5　所有者权益包括的内容

收入的特征如下:

(1) 收入是企业在日常活动中产生的，而不是从偶然的交易事项中产生的。例如，工商企业的收入是从销售商品、提供劳务等日常活动中产生的，而不是从处置固定资产等非正常活动中产生的。

(2) 收入可能表现为企业资产的增加，如增加银行存款、应收账款等；同时也可能表现为企业负债的减少，如以商品或劳务抵偿债务。

(3) 收入可能导致所有者权益的增加。

(4) 收入只包括本企业经济利益的流入，不包括为第三方或客户代收的款项，如企业代国家收取增值税、商业银行代委托贷款企业收取利息等。

企业的收入一般有三种，如图 2.6 所示。

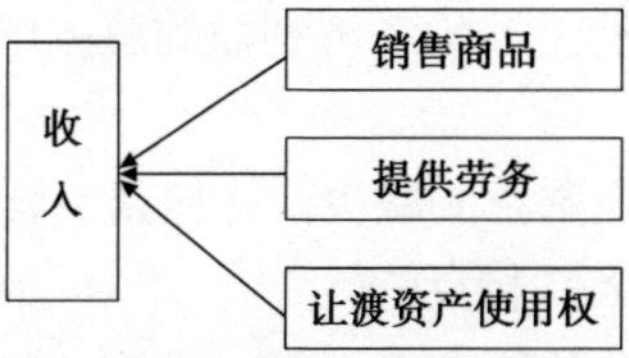

图 2.6　企业的三种收入

利润表中的各项收入都可以划归上述三种收入，如图 2.7 所示。

营业收入也称为主营业务收入。如果是商品流通企业，企业的主营业务收入就是销售商品的收入；如果是劳务输出企业或服务行业，企业的主营业务收入就是劳务输出收入。

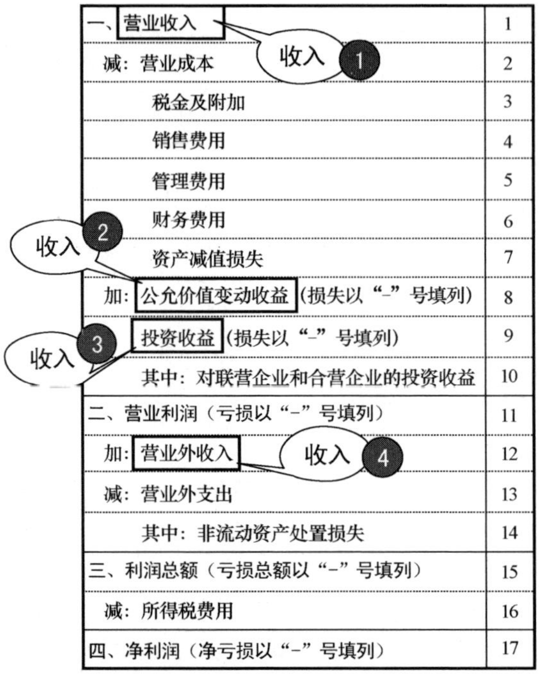

一、营业收入	1
减：营业成本	2
税金及附加	3
销售费用	4
管理费用	5
财务费用	6
资产减值损失	7
加：公允价值变动收益（损失以“-”号填列）	8
投资收益（损失以“-”号填列）	9
其中：对联营企业和合营企业的投资收益	10
二、营业利润（亏损以“-”号填列）	11
加：营业外收入	12
减：营业外支出	13
其中：非流动资产处置损失	14
三、利润总额（亏损总额以“-”号填列）	15
减：所得税费用	16
四、净利润（净亏损以“-”号填列）	17

图 2.7　利润表中的各项收入

公允价值变动收益和投资收益是企业投资方面的收益，其中公允价值变动收益是企业持股的股价溢价收益，投资收益则是企业投资获得的各种收益。

营业外收入是与企业日常经济业务无直接关系，但应当列入当期利润的收入。它属于一种非营业项目收入。

5. 费用

费用是指企业在销售商品、提供劳务等日常活动中发生的、会导致所有者权益减少的、与向所有者分配利润无关的经济利益的总流出。

费用的特征如下:

(1) 费用最终会导致企业资源的减少，这种减少具体表现为企业资金流出。它与资金流入企业所形成的收入是相反的。

(2) 费用最终会减少企业的所有者权益。通常，企业的资金流入会增加企业的所有者权益，资金流出会减少企业的所有者权益；但是，在生产经营过程中，有个别支出并不归入费用。例如，企业以银行存款偿还一项债务，就只是一项资产和一项负债的等额减少，对所有者权益并没有影响，因此不归入费用；又如，企业向投资者分配股利或利润，这一资金的流出虽然减少了企业的所有者权益，但其属性是对最终利润的分配，而不是经营活动的结果，因此也不归入费用。

从利润表中，我们可以非常清楚地看到影响企业利润的相关费用，如图 2.8 所示。

项目		行次
一、营业收入		1
减：营业成本		2
税金及附加		3
销售费用		4
管理费用		5
财务费用	费用 1	6
资产减值损失		7
加：公允价值变动收益（损失以“-”号填列）		8
投资收益（损失以“-”号填列）		9
其中：对联营企业和合营企业的投资收益		10
二、营业利润（亏损以“-”号填列）		11
加：营业外收入		12
减：营业外支出	费用 2	13
其中：非流动资产处置损失		14
三、利润总额（亏损总额以“-”号填列）		15
减：所得税费用	费用 3	16
四、净利润（净亏损以“-”号填列）		17

图 2.8　影响企业利润的相关费用

注意：费用和收入是相对应而存在的，所以与收入无关的支出不是费用，如对外捐赠、非常损失等。

费用按其经济用途可以划分为应计入产品成本的费用和不应计入产品成本的费用。对于应计入产品成本的费用又可以划分为直接费用和间接费用。费用的分类，如图 2.9 所示。

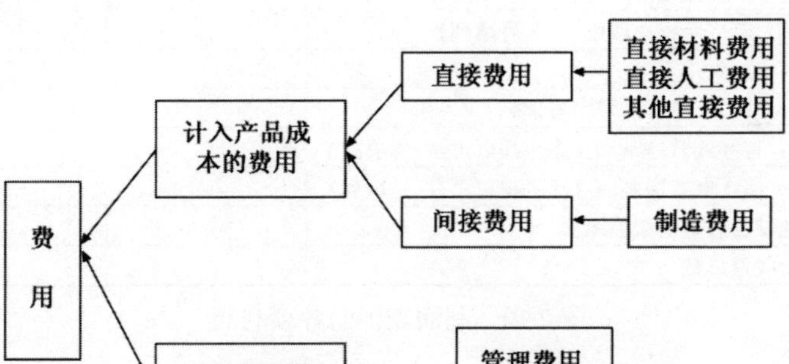

图 2.9　费用的分类

6．利润

利润是指企业在一定会计期间的经营成果，即企业销售产品的收入扣除成本价格和税金以后的余额，包括营业利润、利润总额和净利润。它作为反映企业经营成果的最终要素，当收入与费用配比相抵后的差额为正时，是企业的利润；反之，则是企业的亏损。

利润表中的各项利润，如图 2.10 所示。

项目	本期金额	上期金额
一、营业收入		
减：营业成本		
税金及附加		
销售费用		
管理费用		
财务费用		
其中：利息费用		
利息收入		
资产减值损失		
信用减值损失		
加：其他收益		
投资收益（损失以“-”号填列）		
其中：对联营企业和合营企业的投资收益		
净敞口套期收益（损失以“-”号填列）		
公允价值变动收益（损失以“-”号填列）		
资产处置收益（损失以“-”号填列）		
二、营业利润（亏损以“-”号填列）		
加：营业外收入		
其中：非流动资产处置利得		
减：营业外支出		
其中：非流动资产处置损失		
三、利润总额（亏损总额以“-”号填列）		
减：所得税费用		
四、净利润（净亏损以“-”号填列）		
（一）持续经营净利润（净亏损以“-”号填列）		
（二）终止经营净利润（净亏损以“-”号填列）		
五、其他综合收益的税后净额		
六、综合收益总额		

图 2.10　利润表中的各项利润

2.4　各大会计要素之间的关系

在明确了相关的会计假设和原则后，会计里还有一个重要的概念：会计恒等式。会计恒等式就是“资产=负债+所有者权益”，是指各个会计要素在总额上必须相等的一种关系式，其理论基础就是“资产=权益”。

注意：权益并不等同于所有者权益。资产和权益是一物的两面，即有一定的资产，就有一定的权益；反之，有一定的权益，就有一定的资产。资产同权益的关系是互相联系、互相制约、互相依存、互相平衡的，而所有者权益加上了限定，需要在资产中剔除负债的部分。

“资产=权益”是会计最重要的理论基础。会计的实际工作，如会计科目和账户的设置、复式记账、试算平衡、结账、财务报表的设计与编制，都必须以这一等式为指导。它包括一系列会计等式，如图 2.11 所示。

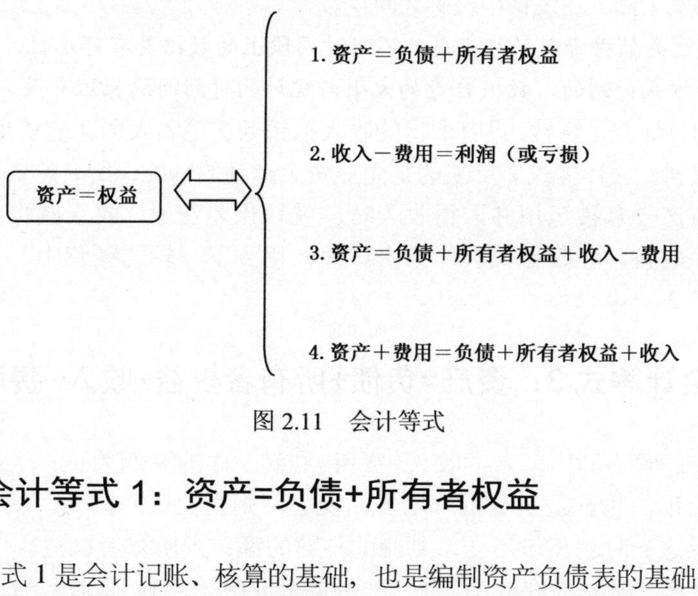

图 2.11　会计等式

2.4.1　会计等式 1：资产=负债+所有者权益

会计等式 1 是会计记账、核算的基础，也是编制资产负债表的基础，表明了股东与债权人在企业的资产中各自所占的份额。当负债不变时，资产与所有者权益同方向变化；当所有者权益不变时，资产与负债同方向变化；当所有者权益与负债都变化时，资产的变化则等于两者之和。它反映了企业资金运动的静态状况，也就是企业经营中的某一天（一般是开始日或结算日）的情况。

会计等式 1 从时间状况来分析是静态的，反映了会计主体在某一时点上的财务状况，所以，以此为理论依据编制的资产负债表也被称为静态财务报表，其数据资料在会计中被称为余额，在统计中被称为时点数。

注意：这类数据资料的特点是，不同时间点上的数据不具有可加性，数据往往是以非连续统计方式得到的，数据自身的大小与统计的时间间隔长短无必然联系。

如果一个会计主体的财务状况总是停留在某一状态下静止不变，那么该会计主体就失去了存在的意义。公司、企业类会计主体是以追求利润为存在目标的，这就注定了它在拥有一定资产为物质基础的前提下，要积极开展各项生产经营活动，以期取得盈利，努力使资产保值并增值。

2.4.2　会计等式 2：收入–费用=利润（或亏损）

会计等式 2 即“得到的–付出的=赚的（或亏的）”。

这个等式从时间状况来分析是动态的，反映了会计主体在某一时期的经营成果，所以，以此为理论依据编制的利润表也被称为动态财务报表，其数据资料在会计中被称为发生额，在统计中被称为时期数。

注意：这类数据资料的特点是，不同时间段上的数据具有可加性，数据往往是以连续统计方式得到的，数据自身的大小与统计的时间间隔长短有关。

企业的目标就是赚钱，只有取得的收入抵销为这笔收入所花的费用还有剩余，企业才算盈利。会计等式 2 反映的是企业资金运动的情况：所有的资产都是为了赚钱，而资产一旦被运用并取得收入时，就转化为费用；收入减去费用即为利润，又叫净收益；净收益又会作为资产被运用到下一轮的经营中，于是就产生了会计等式 3。

2.4.3　会计等式 3：资产=负债+所有者权益+收入–费用

企业在经营活动中，若“收入–费用=利润”中的利润为正，表明现金流入大于现金流出，也就是企业资产增多；反之，则企业资产减少。从另一个角度来说，如果这一时刻负债不变，则赚的与赔的都计入所有者权益。

新的所有者权益=旧的所有者权益+利润=旧的所有者权益+收入–费用

新的资产=负债+新的所有者权益=负债+旧的所有者权益+收入–费用

事实上，会计等式 3 并没有破坏会计等式 1。当利润分配后，会计等式 3 便消失了，又成为会计等式 1。也就是说，会计六要素不管如何转变，最后都会回到“资产=负债+所有者权益”这一会计等式。在实际工作中如果等式不平衡，则说明记账出错了。

会计恒等式一般指的是会计等式 1，而非会计等式 2，因为会计等式 1 是会计等式 2 的前提和基础，没有会计等式 1 就不可能有会计等式 2，会计等式 2 的结果又直接服务、作用于会计等式 1。可以说，会计等式 2 源于会计等式 1 又回归于会计等式 1，即经营成果以资产为前提，而且不论其盈亏，最终归属于所有者。因此，会计等式 2 对会计等式 1 的影响可以表达为：

资产=负债+（所有者权益+利润）

此时，当利润不为零时，会计等式 1 中的资产、负债、所有者权益三要素中，至少有一项会因为利润这一要素的加入而发生或增或减的变化，但其恒等关系不会改变，改变的只可能是等式两边的金额。

2.4.4　会计等式 4：资产+费用=负债+所有者权益+收入

我们再将会计等式 3 中的利润按会计等式 2 展开，并将各类要素按其对应的账户性质进行归类、移项，就可以得到会计等式 4：

资产+费用=负债+所有者权益+收入

当然，企业在生产经营过程中还会发生不影响利润的经济业务，即资产、负债、所有者权益三要素之间或某一要素内部发生增减变化，但这并不会改变会计等式 4 的表现形式，改变的只可能是等式两边的金额。

这样，会计等式 4 便将动态与静态的会计要素巧妙地结合起来，将会计等式 1 反映的某一个时点上的原财务状况发展到另一个时点上的新财务状况，并以此形成会计主体又一轮生产经营的新起点，如此周而复始。

2.4.5　经济业务的发生对会计等式的影响

企业日常发生的经济业务是多种多样的，但无论企业在生产经营过程中发生怎样的经济业务，引起资产、负债和所有者权益这三个会计基本要素在数量上发生怎样的增减变化，都不会影响和破坏会计恒等式的平衡关系。它们的变化关系无非有下四种类型，如图 2.12 所示。

- 资产与权益同时增加。
- 资产与权益同时减少。
- 资产之间有增有减。
- 权益之间有增有减。

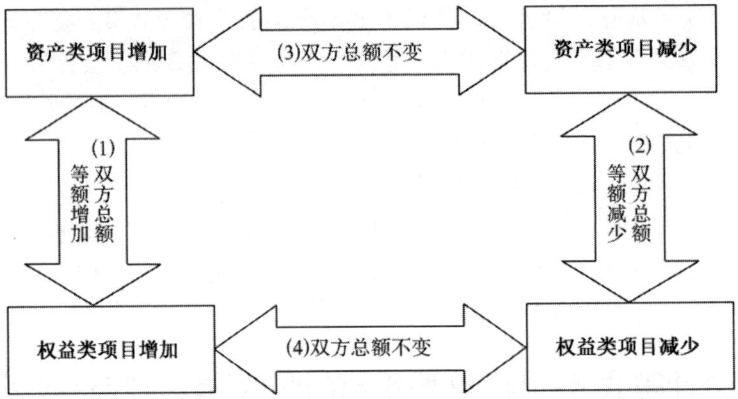

图 2.12　四种类型的变化关系

2.4.6　实例分析

北京市顺发商贸有限公司 2019 年 1 月 1 日的资产负债表，如表 2.3 所示。

表 2.3　资产负债表

2019 年 1 月 1 日　　单位：元

资产		权益（负债+所有者权益）	
项目	金额	项目	金额
银行存款	300000	短期借款	450000
应收账款	250000	应付账款	250000
存货	650000	实收资本	1300000
固定资产	800000		
总计	2000000	总计	2000000

从表 2.3 中可以看出，资产总计 200 万元，负债和所有者权益总计 200 万元，两者完全相等，等式成立。

例 2.1　接受实物投资

2019 年 1 月 10 日，公司接受了投资者投入的大型设备一台，价值 20 万元。

这项业务对应的会计分录为：

借：固定资产　　　200000

　贷：实收资本　　　200000

固定资产与实收资本分属资产负债表的两边，两边同时增加 20 万元，等式仍然相等。

这项业务所引起的变化，如表 2.4 所示。

表 2.4　资产负债表

2019 年 1 月 10 日　　　　单位：元

资产		权益（负债+所有者权益）	
项目	金额	项目	金额
银行存款	300000	短期借款	450000
应收账款	250000	应付账款	250000
存货	650000	实收资本	1300000+200000
固定资产	800000+200000		
总计	2200000	总计	2200000

通过例 2.1 可以看出，经济业务的发生并不会破坏资产、负债和所有者权益的平衡关系。这一平衡关系是复式记账、账户试算平衡和编制资产负债表的理论依据。

例 2.2　购入原材料

2019 年 1 月 15 日，公司以银行存款购入原材料，共计 10 万元。

分析：这项业务发生后，使资产方的存货项目增加了 10 万元，由原来的 65 万元增加到 75 万元；同时使资产方的银行存款项目减少了 10 万元，由原来的 30 万元减少到 20 万元。因为这项业务所引起的增减变化是发生在同一类项目之内、金额又是相等的，所以虽然使有关项目的金额发生了变化，但是不会影响总额的变化。这项业务所引起的变化，如表 2.5 所示。

表 2.5　资产负债表

2019 年 1 月 15 日　　　　单位：元

资产		权益（负债+所有者权益）	
项目	金额	项目	金额
银行存款	300000–100000	短期借款	450000
应收账款	250000	应付账款	250000
存货	650000+100000	实收资本	1500000
固定资产	1000000		
总计	2200000	总计	2200000

由于这项业务只涉及资产方有关项目之间的金额增减变化，所以资产总额不会

发生变化；同时，由于这项业务不涉及权益方的项目，所以权益总额也不会发生变化。因此，双方仍然保持平衡关系。

注意：例 2.1 和例 2.2 只是为了说明经济业务对会计恒等式的影响。实际上，资产负债表只会在特定的会计期末进行数据更新。

2.5 会计科目

会计科目是按照经济业务的内容和经济管理的要求，对会计对象的具体内容进行分类核算的项目。例如：

- 工业企业里的厂房、机器设备等都属于固定资产的实物形态，为了让管理者更好地了解其增减变化的情况，应设置“固定资产”科目。
- 为了反映企业债权、债务的增减变动情况，应设置“应收账款”和“应付账款”科目。
- 为了反映企业利润实现或亏损情况，应设置“本年利润”科目。

会计科目还是设置账户、处理账务必须遵循的规则和依据。

2.5.1 会计科目设置的原则

会计科目的实质对于提供会计信息、提高会计工作的效率及合理地组织会计核算工作都有一定的影响，企业可以根据实际情况自行增设或减少，甚至合并某些会计科目，但必须以不影响会计核算的要求和财务会计报告指标的汇总为前提。因此，在设置会计科目时应该遵循以下原则：

（1）必须符合会计制度规定，并适应企业的特点。

（2）要便于反映会计要素的综合情况及经济业务的具体内容，防止过简或过繁。

（3）既要适应企业经济发展的需要，又要保持相对稳定。

2.5.2 会计科目的分类

对于会计科目的分类，根据不同行业的需要和资金运动的特点有两种不同的分类方法：

（1）按经济内容分类

会计科目按其所反映的经济内容可分为五大类，如图 2.13 所示。

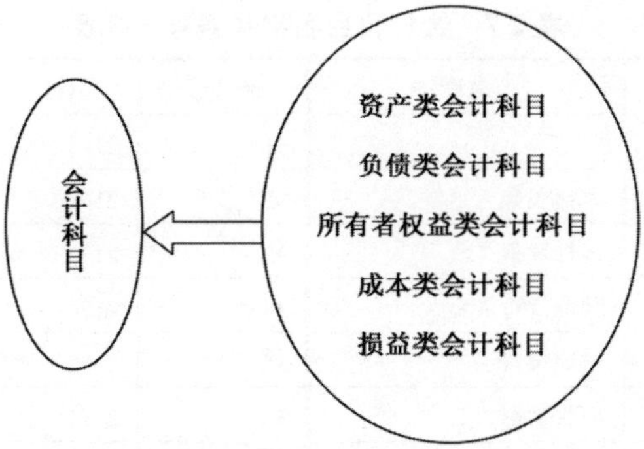

图 2.13　按经济内容对会计科目的分类

（2）按提供信息的详细程度分类

会计科目按其所提供信息的详细程度可分为总账科目和明细科目，如表 2.6 所示。

- 总账科目是对资产、负债、所有者权益、收入、费用和利润进行总括分类的类别名称。
- 明细科目是对总账科目所属经济内容做详细分类的类别名称。

表 2.6　按所提供信息的详细程度对会计科目的分类

总账科目（一级科目）	明细科目	
	二级科目	明细科目
生产成本	××车间	××产品
		××产品
	××车间	××产品
		××产品
其他应收款	备用金	××部门或个人

注意：按照我国企业会计制度的规定，总账科目是由财政部统一制定的，而明细科目则是除会计制度规定设置的以外，企业有权根据实际需要自行设置的，但并不是所有的总账科目都需要设置明细科目，如表 2.7 所示。

表 2.7　会计科目名称和编号一览表

顺序号	编号	名称	顺序号	编号	名称
资产类			31	2153	应付福利费
1	1001	库存现金	32	2161	应付股利
2	1002	银行存款	33	2171	应交税费
3	1009	其他货币资金	34	2176	其他应交款
4	1101	短期投资	35	2181	其他应付款
5	1111	应收票据	36	2191	预提费用
6	1121	应收股利	37	2301	长期借款
7	1131	应收账款	38	2311	应付债券
8	1133	其他应收款	39	2321	长期应付款
9	1141	坏账准备	*所有者权益类*		
10	1151	预付账款	40	3101	实收资本（或股本）
11	1201	物资采购	41	3111	资本公积
12	1211	原材料	42	3121	盈余公积
13	1221	包装物	43	3131	本年利润
14	1231	低值易耗品	44	3141	利润分配
15	1241	自制半成品	*成本类*		
16	1243	库存商品	45	4101	生产成本
17	1301	待摊费用	46	4105	制造费用
18	1401	长期股权投资	*损益类*		
19	1402	长期债权投资	47	5101	主营业务收入
20	1501	固定资产	48	5102	其他业务收入
21	1502	累计折旧	49	5201	投资收益
22	1505	固定资产减值准备	50	5301	营业外收入
23	1801	无形资产	51	5401	主营业务成本
24	1901	长期待摊费用	52	5402	税金及附加
25	1911	待处理财产损益	53	5405	其他业务支出
负债类			54	5501	销售费用
26	2101	短期借款	55	5502	管理费用
27	2111	应付票据	56	5503	财务费用
28	2121	应付账款	57	5601	营业外支出
29	2131	预收账款	58	5701	所得税
30	2151	应付职工薪酬			

2.6　设置账户

账户是根据会计科目设置的、具有一定格式和结构的、用来分类反映会计要素增减变动及其结果的一种工具。实际上，会计科目名称就是账户的名称，会计科目规定的核算内容就是账户应记录、反映的经济内容，因此，账户应该根据会计科目的分类相应地设置，如资产类账户、负债类账户等。

2.6.1　账户的基本结构

企业的经济业务繁多，从数量变化来看，不外乎增加和减少两种情况，因此，账户也分为左右两方，一方登记增加额，另一方登记减少额，我们称之为丁字账。丁字账的基本结构，如图 2.14 所示。

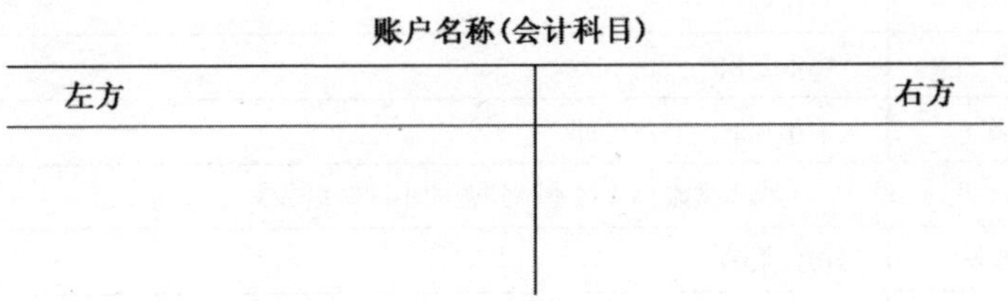

图 2.14　丁字账的基本结构

注意：图 2.14 所示的丁字账只是账户的抽象图，具体账户格式的设置一般包括账户名称、日期、摘要、凭证号、增加和减少金额。在实际工作中，丁字账只在进行试算的时候使用，一般不作为正式的会计文档；但是，丁字账在实际工作中是非常重要的，会计人员应当做到心里时时有个丁字账，这样在编制会计分录、登记账簿的时候才能更加得心应手。

2.6.2　账户的分类

企业每天发生着各种不同的经济业务，如果想将企业的经济内容更加全面、完整地反映出来，我们就需要对账户进行分类，以便更好地了解每个账户的核算内容、用途及结构，明确账户之间的联系与区别，正确地运用账户。

1．按会计要素分类

会计要素是会计对象按其经济内容的基本分类，而账户是用来分类反映会计对象具体内容的，所以账户按会计要素分类，也就是按经济内容分类。它可以分为资产类账户、负债类账户、所有者权益类账户、成本类账户和损益类账户，如表 2.8 所示。

表 2.8　按会计要素分类的账户一览表

资产类账户（按流动性的不同分）	
流动资产账户	库存现金、银行存款、应收账款、应收票据、其他应收款、原材料、库存商品、待摊费用等
非流动资产账户	固定资产、累计折旧、长期股权投资、长期债权投资、无形资产、长期待摊费用等
负债类账户（按偿还期的不同分）	
流动负债账户	短期借款、应付账款、应付职工薪酬、应付福利费、应交税费、应付票据、其他应付款、预提费用等
长期负债账户	长期借款、应付债券、长期应付款等
所有者权益类账户（按来源和构成的不同分）	
所有者原始投资账户	实收资本
积累账户	资本公积
未分配利润账户	本年利润、利润分配
成本类账户（按生产经营的不同阶段分）	
供应过程成本账户	物资采购
生产过程成本账户	生产成本、制造费用等
损益类账户（按性质和内容的不同分）	
营业损益账户	主营业务收入、主营业务成本、销售费用、管理费用等
营业外收支账户	营业外收入、营业外支出等
所得税账户	所得税

2. 按用途和结构分类

账户按会计要素分类虽然可以使我们了解账户所反映的经济内容，却不能说明设置各种账户的作用，以及它们是如何提供各种所需的核算指标的。因此，我们在按会计要素分类的基础上，还按用途和结构对其进行分类，如表 2.9 所示。

表 2.9　按用途和结构分类的账户一览表

账户类型	用途	结构	归属账户明细
盘存账户	货币资金和实物资产的增减变动及结存数的核算	借方：货币资金或实物资产的增加数	库存现金、银行存款、原材料、库存商品、固定资产等
		贷方：货币资金或实物资产的减少数	
		期末余额总在借方	

续表

<table>
<tr><th colspan="2">账户类型</th><th>用途</th><th>结构</th><th>归属账户明细</th></tr>
<tr><td rowspan="6">结算账户</td><td rowspan="3">债权结算账户</td><td rowspan="3">企业同债务单位和个人之间的债权结算</td><td>借方：债权的增加数</td><td rowspan="3">应收账款、预付账款、其他应收款、应收票据等</td></tr>
<tr><td>贷方：债权的减少数</td></tr>
<tr><td>期末余额一般在借方</td></tr>
<tr><td rowspan="3">债务结算账户</td><td rowspan="3">企业同债权单位和个人之间的债务结算</td><td>借方：债务的减少数</td><td rowspan="3">应付账款、预收账款、应付票据、应付职工薪酬、短期借款、应交税费、长期借款等</td></tr>
<tr><td>贷方：债务的增加数</td></tr>
<tr><td>期末余额一般在贷方</td></tr>
<tr><td colspan="2" rowspan="3">成本计算账户</td><td rowspan="3">企业生产经营活动的某一阶段发生的费用核算</td><td>借方：发生的生产费用</td><td rowspan="3">生产成本、物资采购、在建工程等</td></tr>
<tr><td>贷方：转出的实际成本</td></tr>
<tr><td>余额一定在借方</td></tr>
<tr><td colspan="2" rowspan="3">集合分配账户</td><td rowspan="3">核算由若干成本计算对象共同负担的费用</td><td>借方：费用的实际发生数</td><td rowspan="3">制造费用</td></tr>
<tr><td>贷方：费用的分配转出数</td></tr>
<tr><td>期末无余额</td></tr>
<tr><td rowspan="6">跨期摊提账户</td><td rowspan="3">待摊费用</td><td rowspan="3">核算由若干个会计期间共同负担的费用</td><td>借方：发生或支付的费用数</td><td rowspan="3">长期待摊费用</td></tr>
<tr><td>贷方：分期摊销的费用数</td></tr>
<tr><td>期末余额一般在借方</td></tr>
<tr><td rowspan="3">预提费用</td><td rowspan="3">核算由若干个会计期间共同负担的费用</td><td>借方：费用的实际支付数</td><td rowspan="3">其他应付款（预提费用会计科目在新会计准则中已经取消，但是按照权责发生制核算的企业会计，可以把当期的费用计入其他应付款来分摊）</td></tr>
<tr><td>贷方：预提计入会计期间的费用数</td></tr>
<tr><td>期末余额一般在贷方</td></tr>
<tr><td rowspan="6">期间汇转账户</td><td rowspan="3">期间收入汇入账户</td><td rowspan="3">某一会计期间取得的收入核算</td><td>借方：期末转入本年利润的收入数</td><td rowspan="3">主营业务收入、其他业务收入、营业外收入、投资收益等</td></tr>
<tr><td>贷方：当期取得的收入数</td></tr>
<tr><td>期末无余额</td></tr>
<tr><td rowspan="3">期间费用汇转账户</td><td rowspan="3">某一会计期间发生的各项费用核算</td><td>借方：本期发生的费用数</td><td rowspan="3">主营业务成本、销售费用、税金及附加、管理费用、财务费用、其他业务支出、营业外支出等</td></tr>
<tr><td>贷方：期末转入本年利润的费用数</td></tr>
<tr><td>期末无余额</td></tr>
<tr><td colspan="2" rowspan="4">财务成果账户</td><td rowspan="4">核算企业在一定会计期间内经营活动的最终财务成果</td><td>借方：期末从有关费用账户转入的费用数</td><td rowspan="4">本年利润</td></tr>
<tr><td>贷方：期末从各收入账户转入的收入数</td></tr>
<tr><td>期末余额在借方表示亏损</td></tr>
<tr><td>期末余额在贷方表示净利润</td></tr>
</table>

续表

<table>
<tr><th colspan="2">账户类型</th><th>用途</th><th>结构</th><th>归属账户明细</th></tr>
<tr><td rowspan="3">调整账户</td><td>备抵调整账户</td><td>用来抵减被调整账户余额，以求得被调整账户实际余额的账户</td><td>被调整账户的余额−调整账户的余额=被调整账户的实际余额</td><td>累计折旧、坏账准备</td></tr>
<tr><td>附加调整账户</td><td>用来增加被调整账户的余额，以求得被调整账户实际余额的账户</td><td colspan="2">被调整账户的余额+附加调整账户余额=被调整账户的实际余额</td></tr>
<tr><td>备抵附加调整账户</td><td>用来抵减或增加被调整账户的余额，以求得被调整账户实际余额的账户</td><td>被调整账户的余额±备抵附加调整账户的余额=被调整账户的实际余额</td><td>材料成本差异、产品成本差异</td></tr>
</table>

2.6.3 账户的设置

每个账户都有其不同的结构和应用范围，在进行账户的设置时，应根据会计主体的具体情况选择合适的账户。

（1）盘存账户，一般用于货币资金和实物资产的增减变动及结存数的核算，如库存现金、银行存款、原材料、库存商品、固定资产等。这类账户借方记录增加，贷方记录减少，余额总是在借方。盘存账户的特征，如表 2.10 所示。

表 2.10　盘存账户的特征

类别	具体账户	借方	贷方	余额
盘存账户	库存现金、银行存款、原材料、库存商品、固定资产等	增加	减少	总在借方

（2）结算账户，用于企业与债权、债务单位和个人之间的相关结算。结算账户的特征，如表 2.11 所示。

表 2.11　结算账户的特征

类别	具体账户	借方	贷方	余额
债权结算账户	应收账款、预付账款、其他应收款、应收票据等	债权的增加数	债权的减少数	一般在借方
债务结算账户	应付账款、预收账款、应付票据、应付职工薪酬、短期借款、应交税费、长期借款等	债务的减少数	债务的增加数	一般在贷方

(3) 成本计算账户，用于核算企业生产经营活动在某一阶段发生的费用。成本计算账户的特征，如表 2.12 所示。

表 2.12　成本计算账户的特征

类别	具体账户	借方	贷方	余额
成本计算账户	生产成本、物资采购、在建工程等	发生的生产费用	转出的实际成本	余额一定在借方

(4) 集合分配账户，用于核算由若干成本计算对象共同负担的费用。集合分配账户的特征，如表 2.13 所示。

表 2.13　集合分配账户的特征

类别	具体账户	借方	贷方	余额
集合分配账户	制造费用	费用的实际发生数	费用的分配转出数	期末无余额

(5) 跨期摊提账户，用于核算须由若干个会计期间共同负担的费用，如待摊费用、预提费用等。跨期摊提账户的特征，如表 2.14 所示。

表 2.14　跨期摊提账户的特征

类别	具体账户	借方	贷方	余额
待摊费用	长期待摊费用	发生或支付的费用数	分期摊销的费用数	一般在借方
预提费用	其他应付款	费用的实际支付数	预提计入会计期间的费用数	一般在贷方

(6) 期间汇转账户，用于核算某一会计期间取得的收入和费用。期间汇转账户的特征，如表 2.15 所示。

表 2.15　期间汇转账户的特征

类别	具体账户	借方	贷方	余额
期间收入汇入账户	主营业务收入、其他业务收入、营业外收入、投资收益等	期末转入本年利润的收入数	当期取得的收入数	无余额
期间费用汇转账户	主营业务成本、销售费用、税金及附加、管理费用、财务费用、其他业务支出、营业外支出等	本期发生的费用数	期末转入本年利润的费用数	无余额

(7) 财务成果账户，用于核算企业在一定会计期间内经营活动的最终财务成果。财务成果账户的特征，如表 2.16 所示。

表 2.16　财务成果账户的特征

类别	具体账户	借方	贷方	余额
财务成果账户	本年利润	期末从有关费用账户转入的费用数	期末从各收入账户转入的收入数	余额在借方表示亏损 余额在贷方表示净利润

（8）调整账户，顾名思义，就是用来进行相关调整的账户。调整账户的特征，如表 2.17 所示。

表 2.17　调整账户的特征

类别	具体账户	用途	调整公式
备抵调整账户	累计折旧、坏账准备	用来抵减被调整账户的余额，以求得被调整账户实际余额的账户	被调整账户的余额−调整账户的余额=被调整账户的实际余额
附加调整账户		用来增加被调整账户的余额，以求得被调整账户实际余额的账户	被调整账户的余额+附加调整账户余额=被调整账户的实际余额
备抵附加调整账户	材料成本差异、产品成本差异	用来抵减或增加被调整账户的余额，以求得被调整账户实际余额的账户	被调整账户的余额±备抵附加调整账户的余额=被调整账户的实际余额

第3章 会计凭证的使用和管理

填制会计凭证是会计规范化的第一步，也是非常重要的一步。任何企业、事业和行政单位在从事任何一项经济活动时，都必须填制会计凭证，对整个经济活动做出书面记录，作为登记各种账簿的凭据。填制好的会计凭证是具有法律意义和经济意义的，因此，要认真做好会计凭证的填制和登记工作，做到“白纸黑字要清楚”。

3.1 认识会计凭证

填制会计凭证是登记账簿的基础，也是财务部门的基础工作。任何企业都依赖于会计凭证的存在，以便有效地组织其业务活动。国家在《会计法》和《企业会计制度》等法律法规中，对会计凭证的内容、格式等都做了统一的规定。

3.1.1 会计凭证的意义

及时、准确地填制和审核会计凭证，对于保证会计核算的客观性、正确性和会计信息的质量，以及对企业经济活动进行有效的会计监督，都具有重大意义。

1．可以确保会计核算资料的客观性、正确性，为会计核算提供真实的依据

会计凭证的真实与否直接影响到会计核算资料的质量。为了保证会计核算资料的客观性、正确性，防止一切弄虚作假的行为，企业必须将经济业务发生或完成的时间、地点及有关内容，及时、真实地反映到会计凭证上，并由经办的部门和人员签章；同时，会计人员必须对取得或填制的会计凭证进行认真的审核后，再登记账簿。没有会计凭证或会计凭证不符合规定，不得将其作为登记账簿、进行会计核算的依据。

2．可以检查企业经济业务的合法性、真实性，为会计监督提供重要依据

企业发生的每一项经济业务都必须通过会计凭证记录并反映出来，其检查经济业务及填制的手续都必须严格遵守国家法律法规的有关规定，不违背财经纪律的内容。通过会计凭证的填制和审核，还可以及时发现企业在资金、人员等管理上存在的问题，便于企业采取有效措施，使经济活动按正常秩序进行。

3．可以明确经办经济业务的部门和个人的经济责任，强化内部管理

企业所发生的每一项经济业务都必须经由部门和人员按规定的程序取得或填制会计凭证，并在会计凭证上进行签章，表明其应承担的法律责任和经济责任。这样做不但可以促使企业相关人员加强法律意识，确保经济业务的记载真实可靠、准确无误，而且还能提高企业的管理水平，加强内部控制，便于分清责任，防止弄虚作假，避免造成更多的损失。

3.1.2 会计凭证的种类

在实际经济活动中，我们会接触到各种各样的会计凭证。为了便于大家区分使用，我们按照会计凭证的填制程序和用途的不同，将其划分为原始凭证和记账凭证两大类，如图 3.1 所示。

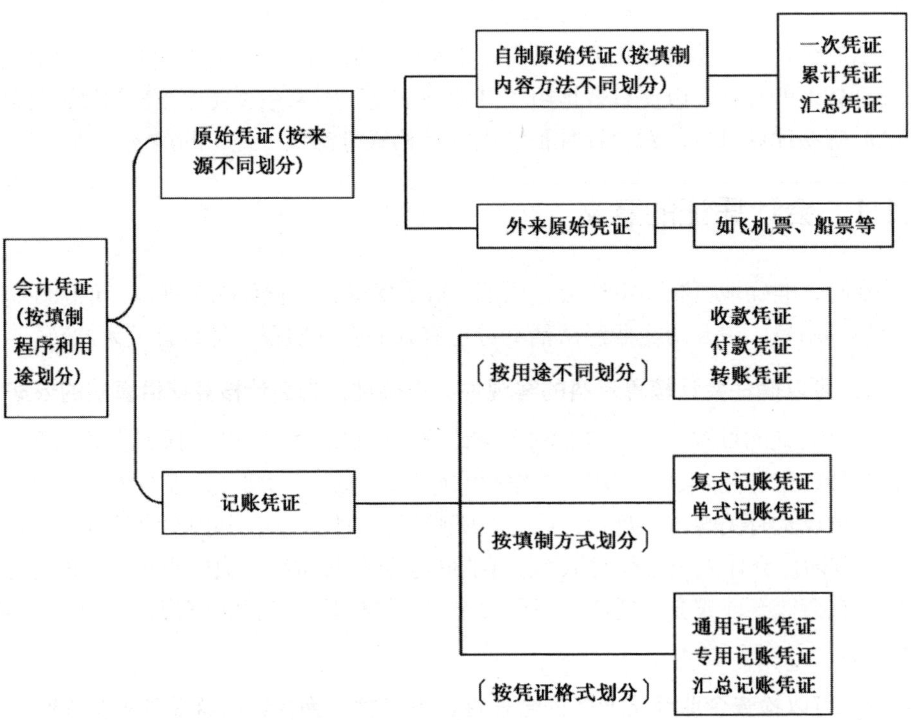

图 3.1 会计凭证的分类

3.2　学习和使用原始凭证

原始凭证是企业在经济业务发生时取得或填制的，用以记录和证明经济业务发生或完成情况的凭证。通过原始凭证可以证明经济业务的真实性、监督经济活动的合法性，还可以反映资金的循环周转和确定经办部门人员的法律责任，为会计核算提供原始资料。

《会计法》规定："办理本法所规定的经济业务事项，必须填制或取得原始凭证并及时送交会计机构，会计机构的会计人员必须按照国家统一的会计制度的规定对原始凭证进行审核，并根据经过审核的原始凭证编制记账凭证。"它包括的经济业务事项有：

（1）款项和有价证券的收付。

（2）财物的收发、增减和使用。

（3）资本、基金的增减。

（4）债权和债务的发生和结算。

（5）收入、支出、费用、成本的核算。

（6）财务成果的计算和处理。

（7）需要办理会计手续、进行会计核算的其他事项。

注意：凡是不能证明经济业务已经发生或完成的各种单据，不能作为会计核算的原始证据，如合同、对账单、请购单等。

3.2.1　原始凭证的基本内容

在日常经济业务发生时，我们会从各方收到各种原始凭证，其内容及格式并不相同；但是，因为原始凭证是会计核算的基础，是记账的原始依据，所以任何一张原始凭证都必须同时具备一些相同的内容，这些内容被称为原始凭证的基本内容或基本要素。

原始凭证的基本内容，如图 3.2 所示。

原始凭证的基本内容有以下七项。

1．票据名称及编号

票据名称"公路、内河货物运输统一发票"和编号（发票代码和发票号码），每张发票都有明确的标注。

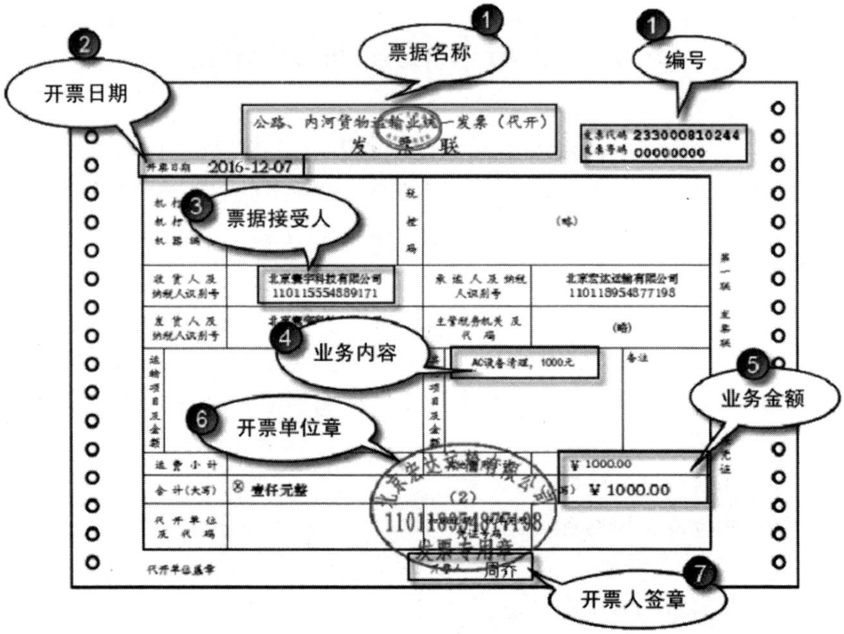

图 3.2　原始凭证的基本内容

2. 开票日期

无论是外来的原始凭证还是自制的原始凭证，单据上都要有明确的开票日期，从而证明业务发生的具体时间。

3. 票据接受人

经济业务发生的双方都要有明确的票据接受人，且单位名称在填制时必须准确无误。

4. 业务内容

用简要的文字概述双方经济业务发生的内容，如商品的名称及规格等。

5. 业务金额

业务金额在填写时不能有误，且必须与实际发生的金额一致。

6. 开票单位章

填制凭证的单位必须在凭证上盖上有效印章，如发票上除了印有税务专用章，还必须加盖填制单位的发票专用章，收款收据等则要盖上单位的财务专用章。

7．开票人签章

制表人、部门负责人等都要在凭证上签名或盖章。若是购买实物的原始凭证，还必须有验收人签字确认的验收证明。

3.2.2　原始凭证的种类

日常我们会接触到各种各样的原始凭证，其格式、填制手续和方法等都不尽相同。下面我们就对同类型的原始凭证进行归纳及分析。

1．按来源的不同分类

按取得的来源和渠道不同，可以把原始凭证划分为外来原始凭证和自制原始凭证两种。

（1）外来原始凭证

外来原始凭证，是指企业在同外单位或个人发生经济业务往来的过程中，从外单位或个人手中取得的原始凭证。例如：

- □ 购物时收到的收据、增值税发票、飞机票、火车票、提货单等。
- □ 企业送交货款时收到的收据。
- □ 银行开出的收款、付款的结算凭证等。

增值税专用发票的样式，如图 3.3 所示。

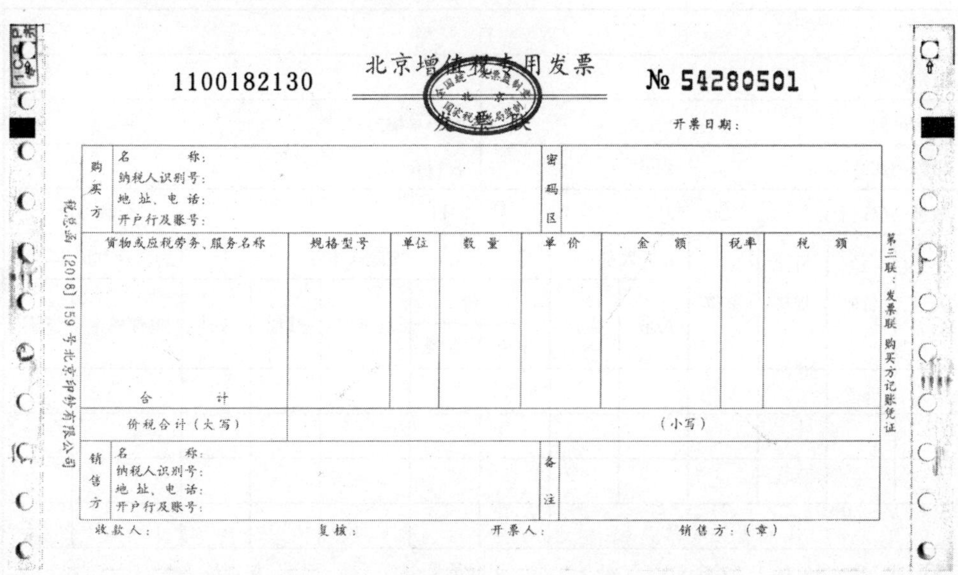

北京增值税专用发票

1100182130　　№ 54280501

开票日期：

购买方	名称： 纳税人识别号： 地址、电话： 开户行及账号：	密码区					
货物或应税劳务、服务名称	规格型号	单位	数量	单价	金额	税率	税额
合计							
价税合计（大写）				（小写）			
销售方	名称： 纳税人识别号： 地址、电话： 开户行及账号：	备注					

收款人：　　复核：　　开票人：　　销售方：（章）

税总函〔2018〕159 号北京印钞有限公司

第三联：发票联　购买方记账凭证

图 3.3　增值税专用发票的样式

增值税专用发票不仅是纳税人在从事经济活动中的重要会计凭证，还是记录销货方纳税义务和购货方进项税额的合法证明，是增值税计算和管理中重要的、具有决定性的合法专用发票。它是由国家税务总局统一监制设计印制的，只限于增值税一般纳税人领购使用。

现在我们接触到的增值税专用发票一般有三联：记账联、抵扣联和发票联。发票都是一次性开具的，三联的内容一致，其中“税额”指的是“销项税额”，“金额”指的是销售货物的“不含税金价格”。三联的用途并不相同，其中记账联是销货方用来记账的原始凭证，发票联是购货方用来记账的原始凭证，抵扣联是购货方用来抵扣税款的凭证。

发票票面上的字迹必须清晰、不得涂改，票面金额与实际收取的金额必须相符，并加盖企业发票专用章。任何企业和个人都不得转借、转让、代开发票，未经税务机关批准，不得拆本使用发票。对不符合规定的发票，任何企业和个人都有权拒收，并不得作为财务报销凭证使用。

（2）自制原始凭证

自制原始凭证是指在经济业务发生或完成时，由本单位经办部门或个人自行填制的原始凭证。常见的自制原始凭证有以下几种：

- 材料验收入库时，仓库管理员按规定手续填制收料单，如表 3.1 所示。

表 3.1 收料单

<table>
<tr><td colspan="13">收　料　单</td></tr>
<tr><td colspan="7">发票号码：</td><td colspan="6"></td></tr>
<tr><td colspan="7">供应单位：</td><td colspan="6">收料单编号：</td></tr>
<tr><td colspan="7">材料类别：</td><td colspan="6">收料仓库：</td></tr>
<tr><td colspan="5">数量单位：千克</td><td colspan="5">年　月　日</td><td colspan="3">金额单位：元</td></tr>
<tr><td rowspan="3">编号</td><td rowspan="3">名称</td><td rowspan="3">规格</td><td rowspan="3">单位</td><td colspan="2">数量</td><td colspan="5">实际成本</td><td colspan="2">计划成本</td></tr>
<tr><td rowspan="2">应收</td><td rowspan="2">实收</td><td colspan="2">买价</td><td rowspan="2">运杂费</td><td rowspan="2">其他</td><td rowspan="2">合计</td><td rowspan="2">单位成本</td><td rowspan="2">金额</td></tr>
<tr><td>单价</td><td>金额</td></tr>
<tr><td></td><td></td><td></td><td></td><td></td><td></td><td></td><td></td><td></td><td></td><td></td><td></td><td></td></tr>
<tr><td></td><td></td><td></td><td></td><td></td><td></td><td></td><td></td><td></td><td></td><td></td><td></td><td></td></tr>
<tr><td></td><td></td><td></td><td></td><td></td><td></td><td></td><td></td><td></td><td></td><td></td><td></td><td></td></tr>
<tr><td colspan="6">合计</td><td></td><td></td><td></td><td></td><td></td><td></td><td></td></tr>
<tr><td colspan="3">采购员：</td><td colspan="3">检验员：</td><td colspan="4">记账员：</td><td colspan="3">保管员：</td></tr>
</table>

- 产品完工入库时填制的产品入库单，如表 3.2 所示。

表 3.2　产品入库单

产品入库单						
编号：			年　月　日			数量单位：台
品名	型号	包装规格	数量	生产日期	批号	检验单号
入库人：		复核人：		库管员：		

生产车间及其他部门申领材料时填制的领料单，财务部门编制的工资费用结算单、费用分配单等都属于自制原始凭证。

2．按填制的内容和方法不同分类

按填制的内容和方法不同，自制原始凭证还可以划分为一次凭证、累计凭证和汇总凭证。

（1）一次凭证

一次凭证是指一次性填制完成的、只记录一项经济业务或同时记录若干项同类性质的经济业务的原始凭证，如各种外来原始凭证、自制原始凭证中的入库单及领料单等。

（2）累计凭证

累计凭证是指在一定时期内连续多次记录不断重复发生的同类经济业务的原始凭证。它可以有效使用多次，陆续完成手续，待到期满后结出累计总额，再以此作为会计核算的原始依据，如限额领料单，如表 3.3 所示。

（3）汇总凭证

汇总凭证是指在一定时期内根据若干项同类性质的经济业务的多张原始凭证进行汇总编制而成的自制原始凭证。它在大中型企业里使用非常广泛，因为通过编制汇总原始凭证，可以简化核算手续、提高工作效率和质量，便于企业对原始凭证的使用和核对。例如，材料耗用汇总表、发料凭证汇总表、收料凭证汇总表、现金收入汇总表等都属于汇总原始凭证。

发料凭证汇总表，如表 3.4 所示。

表 3.3 限额领料单

<table>
<tr><td colspan="10">限额领料单</td></tr>
<tr><td colspan="6">材料科目：</td><td colspan="4">材料类别：</td></tr>
<tr><td colspan="6">领料车间（部门）：</td><td colspan="4">编号：</td></tr>
<tr><td colspan="6">用途：</td><td colspan="4">仓库：</td></tr>
<tr><td colspan="4">计量单位：千克</td><td colspan="4">年 月 日</td><td colspan="2">金额单位：元</td></tr>
<tr><td rowspan="2">材料编号</td><td rowspan="2">材料名称</td><td rowspan="2">规格</td><td rowspan="2">计量单位</td><td rowspan="2">领用限额</td><td colspan="4">实际领用</td><td rowspan="2">备注</td></tr>
<tr><td>数量</td><td>单位成本</td><td colspan="2">金额</td></tr>
<tr><td></td><td></td><td></td><td></td><td></td><td></td><td></td><td colspan="2"></td><td></td></tr>
<tr><td rowspan="2">日期</td><td colspan="2">请领</td><td colspan="3">实发</td><td colspan="3">退回</td><td rowspan="2">限额结余</td></tr>
<tr><td>数量</td><td>领料单位</td><td>数量</td><td>发料人签章</td><td>领料人签章</td><td>数量</td><td>领料人签章</td><td>退料人签章</td></tr>
<tr><td></td><td></td><td></td><td></td><td></td><td></td><td></td><td></td><td></td><td></td></tr>
<tr><td></td><td></td><td></td><td></td><td></td><td></td><td></td><td></td><td></td><td></td></tr>
<tr><td></td><td></td><td></td><td></td><td></td><td></td><td></td><td></td><td></td><td></td></tr>
<tr><td></td><td></td><td></td><td></td><td></td><td></td><td></td><td></td><td></td><td></td></tr>
<tr><td colspan="4">生产部门负责人：</td><td colspan="4">供应部门负责人：</td><td colspan="2">仓库负责人：</td></tr>
</table>

表 3.4 发料凭证汇总表

<table>
<tr><td colspan="6">发料凭证汇总表</td></tr>
<tr><td colspan="6">年 月 日　　　　单位：元</td></tr>
<tr><td rowspan="3">应借科目</td><td colspan="3">应贷科目：原材料</td><td rowspan="3">辅助材料</td><td rowspan="3">发料合计</td></tr>
<tr><td colspan="3">明细科目：××材料</td></tr>
<tr><td>1—10 日</td><td>11—20 日</td><td>21—30 日</td></tr>
<tr><td>生产成本</td><td></td><td></td><td></td><td></td><td></td></tr>
<tr><td>制造费用</td><td></td><td></td><td></td><td></td><td></td></tr>
<tr><td>管理费用</td><td></td><td></td><td></td><td></td><td></td></tr>
<tr><td>合计</td><td></td><td></td><td></td><td></td><td></td></tr>
<tr><td colspan="6">制表人：</td></tr>
</table>

3.2.3　原始凭证的填制要求

原始凭证作为会计部门入账的书面证明，为保证会计基础工作和会计核算的质量，真实、准确、及时地反映和记录经济业务的内容，在填制时应遵守以下四点要求。

1．真实可靠

原始凭证上所记录的经济业务内容和数字都必须真实、可靠，并符合国家有关政策、法规等的要求，必须如实记载，不允许以任何手段弄虚作假、伪造或变造原始凭证。

2．填制及时

原始凭证应在经济业务发生或完成时及时进行填写，任何人不得以任何借口拖延不办或迟办，以免延误会计核算的正常进行，保证会计资料、经济信息的时效性。

3．内容完整

填写原始凭证时要求内容完整、齐全，不得遗漏和省略。经办单位和人员必须认真审核原始凭证，并签名盖章确认，做到经济责任明确，各负其责。凭证内容填写不全、印章模糊或不符合规定的，均不能作为会计核算的原始书面证明。

4．填写清楚

原始凭证书写要清楚、规范；字迹要清晰、易于辨认，按国家公布的简化字书写；经济业务内容要简明扼要；经济业务的数量、单价和金额要按规定填写。

原始凭证书写的详细要求如下:

金额数字不得随笔连写，合计金额前要加写人民币符号“￥”；人民币符号“￥”与金额数字之间不得留有空白，金额数字一律填写到角分；无角分的，写“00”或符号“—”；有角无分的，分位写“0”，不得用符号“—”表示。

大写金额用汉字壹、贰、叁、肆、伍、陆、柒、捌、玖、拾、佰、仟、万、亿、元、角、分、零、整等表示。大写金额前未印有“人民币”字样的，应加写“人民币”三个字；“人民币”字样和大写金额之间不得留有空白；大写金额到元或角为止的，后面要写“整”或“正”字；有分的，不写“整”或“正”字。例如，小写金额为“￥1005.00”，大写金额应写成“人民币壹仟零伍元整”。

注意：原始凭证中出现错误，不得随意涂改、刮擦或挖补，应当由开出单位重开或者更正，更正处应当加盖开出单位的公章；发票和收据作废时应当加盖“作废”戳记，连同存根一起保存，不得撕毁；对于现金、银行存款的收付凭证，如果在填写时出现失误，应当按规定重新填写，并在原始凭证上加盖“作废”戳记，连同存根保存备查，不得撕毁。

3.2.4 原始凭证的填制方法

原始凭证一般分为外来原始凭证和自制原始凭证。

1. 外来原始凭证的填制

外来原始凭证是指本单位与外单位或个人之间发生经济业务时，由外单位的有关人员填制而取得的凭证，如购买材料从销货单位取得的发票。

外来原始凭证是由外单位填制的，本单位只要对其进行相应的审核即可。

2. 自制原始凭证的填制

（1）一次凭证的填制方法

一次凭证是指一次性填写完成的自制原始凭证。它是在经济业务发生或完成时，由经办人员填制的，一般只反映一项经济业务，或者同时反映若干项同类性质的经济业务。

入库单是典型的一次自制凭证，如图 3.4 所示。

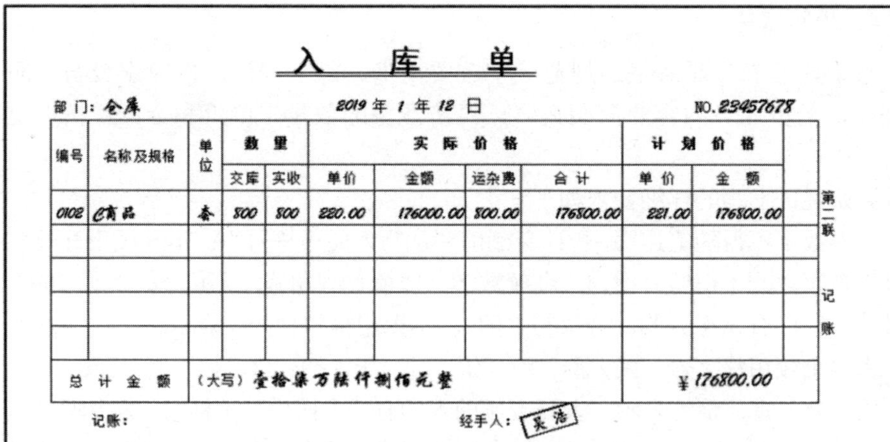

入 库 单

部门：仓库　　2019 年 1 年 12 日　　NO.23457678

编号	名称及规格	单位	数量		实际价格				计划价格		
			交库	实收	单价	金额	运杂费	合计	单价	金额	
0102	C商品	套	800	800	220.00	176000.00	800.00	176800.00	221.00	176800.00	
总计金额		（大写）壹拾柒万陆仟捌佰元整							¥176800.00		

第二联 记账

记账：　　经手人：吴浩

图 3.4　入库单

（2）累计凭证的填制方法

累计凭证是指由多次业务累计而成的凭证。它是根据在一定时期不断重复地反映同类经济业务的完成情况来填制的，其由经办人在每次经济业务完成后，重复填写在同一张凭证上得来，如企业的限额领料单。

（3）汇总凭证的填制方法

汇总凭证是指在会计的实际工作中，为了简化记账凭证的填制工作，将一定时期的若干份记录同类经济业务的原始凭证编制成一张汇总凭证，用以集中反映某项经济业务的完成情况。比如，常见的差旅费报销单就是将一次出差的所有吃、住、行的单据汇总起来，一次报销的。差旅费报销单，如图 3.5 所示。

差旅费报销单

部门：业务部　　2019年10月17日

出差人				刘新华					出差事由		商务洽谈		
出发				到达				交通工具	交通费		其他费用		
月	日	时	地点	月	日	时	地点		单据张数	金额	项目	单据张数	金额
10	15	6	北京				上海	飞机	1	900.00	住宿费		
10	15	20	上海				北京	飞机	1	900.00	市内车费		
											邮电费		
											办公用品费		
											不买卧铺补贴		
											其他费用		
合计	报销总额			人民币（大写）	壹仟捌佰元整							¥ 1800.00	
预借金额		¥ 2000.00			补领金额						报销人：（签名）刘新华		
					退还金额				¥ 200.00				

图 3.5　差旅费报销单

3.2.5　原始凭证的审核

原始凭证必须经过会计主管人员或指定人员进行认真、严格的审核后，才能作为编制记账凭证和登记账簿的依据。原始凭证审核的主要内容包括以下四点。

1. 审核原始凭证的合法性和真实性

审核原始凭证的合法性，即审核所发生的经济业务是否符合国家有关规定的要求，是否有违反财经制度的现象，与单位的预算或计划是否相符，是否符合会计凭证的填制、审批手续和权限。审核原始凭证的真实性，即审核原始凭证中所列的经济业务事项是否确有其事，是否已经发生，有无漏记或有意隐瞒。如果在审核原始凭证中发现有多计或少计收入、费用，擅自扩大开支范围、提高开支标准，虚报冒领、滥发奖金、津贴等违反财经制度和财经纪律的情况，则会计人员不仅不能将其作为真实合法的原始凭证，还有权拒绝受理，并按规定进行处理。

2. 审核原始凭证的完整性

审核原始凭证的完整性，即审核原始凭证记录的基本内容是否全面、完整，每个项目是否全部填列清楚，各项手续是否齐全。如果在审核原始凭证中确定有未填写接受凭证单位名称、制证单位或制证人员签章，业务内容与附件不符等情况，则不能将其作为内容完整的原始凭证。会计人员应及时退回经办业务的部门或个人，督促其及时更正、补办，并再次审核，确认无误后才能将其作为编制记账凭证和登记账簿的依据。

3. 审核原始凭证的合理性

审核原始凭证的合理性，即审核所发生的经济业务是否符合厉行节约、反对浪费、有利于提高经济效益的原则，是否有违反该原则的情况。如果在审核原始凭证中确定有突击使用预算结余购买不需要的物品、对陈旧过时设备进行大修理等违反上述原则的情况，则不能将其作为合理的原始凭证。

4. 审核原始凭证的正确性

审核原始凭证的正确性，即审核原始凭证在计算方面是否存在错误。如果在审核凭证中确定有业务内容摘要与数量、金额不对应，业务所涉及的数量与单价的乘积与金额不符，金额合计错误等情况，应当按照有关规定进行处理。

经审核后的原始凭证，应根据以下三种不同的情况予以处理：

（1）对于完全符合要求的原始凭证，应及时编制记账凭证入账。

（2）对于一些真实、合法，但内容不够完整、填写有误的原始凭证，应退回经办人员，由其负责将有关凭证补充完整、更正或重开，待办理正式会计手续后，方能入账。

（3）对于不真实、不合法的原始凭证，会计人员有权不予接受，并向单位负责人报告。

会计人员在收到员工的借款单后，必须对以下内容进行审核：

（1）借款人填写的借款事由是否充分，日期、金额等是否准确。

（2）是否按企业核准权限要求，经相应的主管负责人签字核准。

（3）借款人签名是否正确、出纳人员是否签章及是否盖有“现金付讫”章。

对于上述内容都审核无误的借款单才能入账。

会计人员在收到员工的差旅费报销单后，必须对以下内容进行审核：

（1）出差事由是否与员工的岗位身份要求相符。

（2）所附票据与各明细项目是否一致，其出发时间及返回时间是否与填写的相符。

（3）住宿费等发票上显示的地点是否为出差地。

（4）各项目小计、合计数是否计算正确，大小写金额是否一致。

（5）报销单是否经相应主管签字核准。

（6）出纳人员是否签章、是否盖有“现金付讫”或“银行付讫”章。

对于上述内容都审核无误的差旅费报销单才能入账。

3.3　学习和使用记账凭证

一般情况下，原始凭证是不能作为登记账簿的直接依据的，会计人员需要将来自不同单位、种类繁多、数量庞大、格式大小不一的原始凭证加以归类、整理，填制具有统一格式的记账凭证，然后才能根据记账凭证来进行账簿的登记。

记账凭证是会计人员根据审核无误的原始凭证或原始凭证汇总表填制的，是登记账簿的直接依据。原始凭证上记录的经济业务内容往往都是比较详细的，不便于将其直接反映到有关的账户中。会计人员将原始凭证或原始凭证汇总表上所记载的经济业务内容进行归类并填制记账凭证，保证了原始凭证的完整性，提高了账务处理的工作效率。

3.3.1　记账凭证的基本内容

记账凭证的种类较多、格式不一，其主要用于对原始凭证进行归类和整理，是用来确定会计分类的一种核算形式。这里需要注意的是，记账凭证不管采用何种格式，都必须具有以下这些基本内容：

（1）记账凭证的名称。

（2）记账凭证的日期。

（3）记账凭证的顺序编号。

（4）经济业务的内容摘要。

（5）经济业务所涉及的会计科目、金额。

（6）所附原始凭证或其他资料的张数。

（7）制单人员、稽核人员、记账人员、会计机构负责人、会计主管人员等签名或盖章。

（8）如为收款凭证或付款凭证，还应当由出纳人员签名或盖章。

填写完成的记账凭证，如图 3.6 所示。

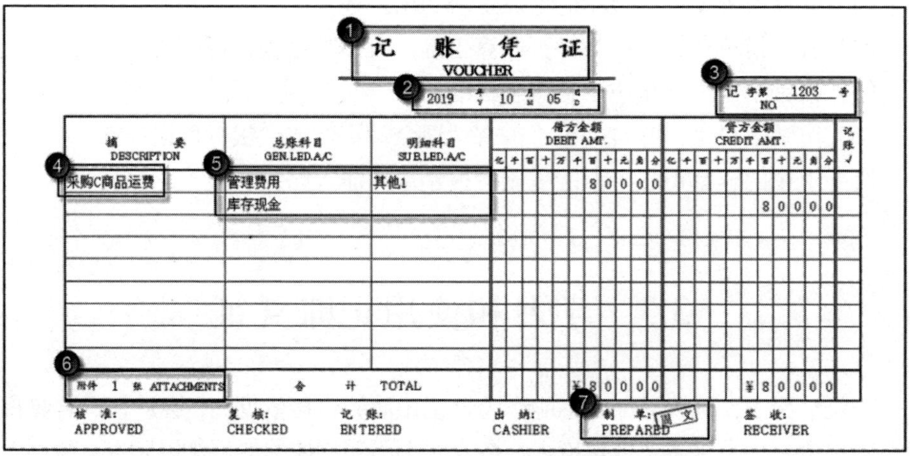

图 3.6 填写完成的记账凭证

以上所有内容都填写完整，并将相关的原始凭证附在记账凭证的后面，才算是一张完整的记账凭证。

严格规范记账凭证的内容，不仅可以简化记账工作、减少差错，还有利于原始凭证的保管，便于对账和查账，提高企业会计工作的质量和效率。

注意：通用记账凭证可以根据改变字号处的“字”来改变其凭证类型。当凭证字号为“收字第 001 号”时，该凭证即为收款凭证；当凭证字号为“转字第 003 号”时，该凭证则为转账凭证。

3.3.2 记账凭证的种类

记账凭证可以根据用途不同划分为各种不同的种类，如专用记账凭证、通用记账凭证等。专用记账凭证中的收款凭证、付款凭证、转账凭证是我们在实际工作中最常见的凭证。平时收付款业务量较少或全部业务量不多的企业，一般不使用上述三种记账凭证，而使用格式统一的通用记账凭证，代替收、付、转三种凭证。

1．专用记账凭证

（1）收款凭证

收款凭证是用来记录现金和银行存款收款业务的会计凭证，应根据有关现金和银行存款收入业务的原始凭证填制。

收款凭证的格式，如表3.5所示。

表3.5 收款凭证的格式

收 款 凭 证

借方科目　　　　　　　　　　年　　月　　日　　　　　　　　收字第　　号

摘要	贷方总账科目	明细科目	借或贷	金额									
				千	百	十	万	千	百	十	元	角	分
合 计													
财务主管：	记账：		出纳：			审核：				制单：			

附单据　张

收款凭证的编制方法：

①收款凭证的左上方“借方科目”，应填写“现金”或“银行存款”科目。

②正上方“年　月　日”应按记账凭证的编制日期填写。

③右上方“收字第　号”是记账凭证的编号，应按记账凭证的填制顺序填写。如果是现金收款业务，应按其本期编制的收款凭证顺序填写“现收字第×号”；如果是银行存款收款业务，应按顺序填写“银收字第×号”。自成系统顺延编号，按月编制，注意不要错号、重号或漏号。

④“摘要”栏，应填写经济业务的内容，注意要简明扼要。

⑤“贷方总账科目”栏和“明细科目”栏，应填写与“借方科目”相对应的贷方的一级科目及其所属的明细科目名称。

⑥“金额”栏，应填写贷方一级科目及其所属明细科目的金额。

⑦“合计”行表示借方科目“现金”或“银行存款”的总金额，金额计算要求

准确无误。

⑧“借或贷”栏，应填写已记入有关的总分类账及其所属明细分类账、“现金（银行存款）日记账”的页码，或用“借”“贷”“√”表示已经入账。

⑨收款凭证的右侧“附单据　张”，应填写该编号记账凭证所依据的原始凭证的张数，以备查核。

⑩有关经办人员应在表格下面的相应项目后签章，以明确经济责任。

（2）付款凭证

付款凭证是用来记录现金和银行存款付款业务的会计凭证，应根据有关现金和银行存款支付业务的原始凭证填制。

付款凭证的格式，如表3.6所示。

表3.6　付款凭证的格式

付 款 凭 证

贷方科目　　　　　　　　　　　　　年　　月　　日　　　　　　　　　　　付字第　　号

<table>
<tr><td rowspan="2">摘要</td><td rowspan="2">借方总账科目</td><td rowspan="2">明细科目</td><td rowspan="2">借或贷</td><td colspan="10">金额</td><td rowspan="6">附单据
张</td></tr>
<tr><td>千</td><td>百</td><td>十</td><td>万</td><td>千</td><td>百</td><td>十</td><td>元</td><td>角</td><td>分</td></tr>
<tr><td></td><td></td><td></td><td></td><td></td><td></td><td></td><td></td><td></td><td></td><td></td><td></td><td></td><td></td></tr>
<tr><td></td><td></td><td></td><td></td><td></td><td></td><td></td><td></td><td></td><td></td><td></td><td></td><td></td><td></td></tr>
<tr><td></td><td></td><td></td><td></td><td></td><td></td><td></td><td></td><td></td><td></td><td></td><td></td><td></td><td></td></tr>
<tr><td></td><td></td><td></td><td></td><td></td><td></td><td></td><td></td><td></td><td></td><td></td><td></td><td></td><td></td></tr>
<tr><td colspan="4">合计</td><td></td><td></td><td></td><td></td><td></td><td></td><td></td><td></td><td></td><td></td></tr>
<tr><td colspan="14">财务主管：　　　　记账：　　　　出纳：　　　　审核：　　　　制单：</td></tr>
</table>

付款凭证的编制方法：

①付款凭证左上方“贷方科目”，应填写“现金”或“银行存款”科目。

②右上方填写“现付字第×号”或“银付字第×号”，自成系统顺延编号。

③“借方总账科目”栏及“明细科目”栏，应填写与“贷方科目”相对应的借方的一级科目及其所属明细科目的名称。

其他项目的填制方法与收款凭证基本相同。

收款凭证和付款凭证是用来记录企业货币资金收付业务的凭证。它们既是登记现金日记账、银行存款日记账、明细分类账及总分类账等账簿的依据，也是会计部门出纳人员收付款项的依据。当出纳人员因特殊原因不能依据现金或银行存款收付业务的原始凭证收付款项时，必须根据会计主管人员或指定人员审核批准的收款凭证或付款凭证办理收付款项，以加强对货币资金的管理，有效监督企业货币资金的使用，确保资金安全。

注意：涉及现金和银行存款之间相互划转的经济业务，只填制付款凭证即可。

(3) 转账凭证

转账凭证是根据有关除现金及银行存款收付业务以外的转账类经济业务的原始凭证填制的，是登记总分类账及有关明细分类账的依据。

转账凭证的格式，如表 3.7 所示。

表 3.7　转账凭证的格式

转 账 凭 证

年　　月　　日　　　　　　　　转字第　　号

摘要	总账科目	明细科目	√	借方金额								√	贷方金额							
				十	万	千	百	十	元	角	分		十	万	千	百	十	元	角	分
合计																				
财务主管：		记账：				出纳：						审核：				制单：				

附单据　张

转账凭证的编制方法：

①在正上方的“年　月　日”处填写凭证填制的时间。

②右上方的编号按转账业务的顺序填写。

③“总账科目”栏和“明细科目”栏，应分别填写经济业务所涉及的全部一级科目名称及其所属的明细科目名称。

④“摘要”栏，应填写经济业务的简要内容。

⑤在“借方金额”栏和“贷方金额”栏相应的行次内计算填写与前面总账科目及其所属明细科目对应的应借或应贷的金额。

⑥“合计”行，应填写借方科目金额合计和贷方科目金额合计，并且两者应相等。

其他项目的填写方法与收款凭证和付款凭证基本相同。

2. 通用记账凭证

通用记账凭证不再区分收款凭证、付款凭证和转账凭证，只以一种格式记录全部经济业务。经济业务比较简单的企业为了简化凭证，可以使用通用记账凭证来记录所发生的各种经济业务。

通用记账凭证的填制方法与转账凭证基本相同，其格式如表 3.8 所示。

表 3.8 通用记账凭证的格式

通用记账凭证

年 月 日 字第 号

摘要	总账科目	明细科目	√	借方金额								√	贷方金额							
				十	万	千	百	十	元	角	分		十	万	千	百	十	元	角	分
合计																				
财务主管：		记账：				出纳：							审核：				制单：			

附单据 张

3.3.3 记账凭证的填制要求

记账凭证是根据审核无误的原始凭证填制的，是登记账簿的直接依据，但记账凭证本身并不是原始凭证，不完全具备法律效力，因此，一般不能用记账凭证来代替原始凭证。由于记账凭证是进行下一步会计核算的依据，所以必须保证其质量，以确保账簿记录的准确性。在填制记账凭证时，会计人员在确认记账凭证的基本内容后，还必须遵循填制记账凭证的一般要求。

1. 审核原始凭证

记账凭证可以根据每一张原始凭证或若干张同类原始凭证汇总填制，但不得将不同内容和类别的原始凭证汇总填制在一张记账凭证上。在对取得或填制的原始凭证进行认真严格的检查、审核，经确认其内容真实、准确无误后，方可据此填制相应的记账凭证。

2. 记账凭证必须按月连续编号，以便于记账、查账，防止散落、丢失

对记账凭证进行编号的方法有很多种，既可以按现金收付、银行存款收付和转账业务三类分别编号，也可以按现金收入、现金支出、银行存款收入、银行存款支出和转账业务五类进行编号，还可以将转账业务按照具体内容再分成几类编号，如“现收字第 1 号”至“现收字第 N 号”、“转字第 1 号”至“转字第 N 号”等。每

个企业都应该根据其业务的繁简程度和分工情况来选择便于记账、查账、内部稽核等简单严密的编号方法，但是无论采用哪一种编号方法，都必须按月顺序编号，即每月都从 1 号编起，顺序编至月末。如果一笔经济业务需要填制两张或两张以上记账凭证的，可以采用“分数编号法”编号。

注意：分数编号法，即在原顺序编号后面，以分数形式表示该笔经济业务所编制的记账凭证的张数及该张凭证的顺序号。例如，第一笔经济业务发生后，根据原始凭证需要编制 3 张记账凭证，按顺序该项经济业务的记账凭证的编号为 1，所需编制的 3 张记账凭证的编号分别为 1（1/3）号、1（2/3）号、1（3/3）号。

3．认真填写记账凭证的每个项目

记账凭证上的摘要应与原始凭证内容一致，能够正确地反映经济业务的主要内容，表述简明扼要。我们可以直接通过摘要了解该项经济业务的性质、特征，判断会计分录的正确与否，不必再去翻阅原始凭证或询问有关人员，因此，简单明了的摘要是非常重要的。

会计人员在编制会计分录时，要选择正确的会计科目，因为只有会计科目正确了，最终的报表才能正确。会计科目要写全称，应借和应贷的方向及其金额、行次、栏次的内容要对应明确，金额必须按要求填写至“分”，在合计金额前还要标明人民币符号“¥”。

4．在填制记账凭证时发生错误，应当重新填制

已登记入账的记账凭证在当年内发现填写错误，可以用红字填写一张与原内容相同的记账凭证，在“摘要”栏注明“注销×月×日×号凭证”字样；同时，用蓝字重新填制一张正确的记账凭证，注明“订正×月×日×号凭证”字样。若会计科目没有错误，只是金额错误，可将正确数字与错误数字之间的差额，另编一张调整的记账凭证，调增金额用蓝字，调减金额用红字。如果发现以前年度记账凭证有错误，则只能用蓝字填制一张更正的记账凭证。

记账凭证在填制经济业务事项完毕后如有空行，应当自金额栏最后一笔金额数字下的空行处至合计数上的空行处划线注销。

5．必须注明所附原始凭证的张数

除结账和更正错误外，其他记账凭证都必须附有原始凭证，并注明所附原始凭证的张数。与记账凭证中的经济业务记录有关的每一张单据，都应当作为原始凭证的附件。

如果一张原始凭证涉及几张记账凭证，可以把原始凭证附在一张主要的记账凭证后面，并在其他记账凭证上注明附有该原始凭证的记账凭证的编号，或者附上原

始凭证的复印件。如果记账凭证中附有原始凭证汇总表，应该把所附原始凭证和原始凭证汇总表的张数一起计入附件的张数之内。如果报销差旅费等零散票券，可以将其粘贴在一张纸上，作为一张原始凭证。

最后，按照规定手续交由审核人员进行审核，其后交由记账人员登记入账。记账凭证的每一位经手人员都要签名或盖章，以利于加强内部的检查和监督。

3.3.4 记账凭证的填制方法

1．专用记账凭证的填制方法

（1）收款凭证的填制方法

收款凭证是用来记录货币资金收款业务的凭证，是由出纳人员根据审核无误的原始凭证收款后填制的。

在借贷记账法下，收款凭证的设证科目是借方科目。在收款凭证左上方所填列的借方科目，应是“现金”或“银行存款”科目。在凭证内所反映的贷方科目，应填列与“现金”或“银行存款”相对应的科目。“金额”栏，应填列经济业务实际发生的数额。在凭证的右侧填写所附原始凭证的张数，并在出纳及制单处签名或盖章。

（2）付款凭证的填制方法

付款凭证是用来记录货币资金付款业务的凭证，是由出纳人员根据审核无误的原始凭证付款后填制的。

在借贷记账法下，付款凭证的设证科目是贷方科目。在付款凭证左上方所填列的贷方科目，应是“现金”或“银行存款”科目。在凭证内所反映的借方科目，应填列与“现金”或“银行存款”相对应的科目。“金额”栏，应填写经济业务实际发生的数额。在凭证的右侧填写所附原始凭证的张数，并在出纳及制单处签名或盖章。

（3）转账凭证的填制方法

转账凭证是用来记录与货币资金收付无关的转账业务的凭证，是由会计人员根据审核无误的转账业务原始凭证填制的。

在借贷记账法下，将经济业务所涉及的会计科目全部填列在凭证内，借方科目在先，贷方科目在后，将各会计科目所记应借、应贷的金额填列在“借方金额”或“贷方金额”栏内，借、贷方金额合计数应该相等。制单人应在填制凭证后签名或盖章，并在凭证的右侧填写所附原始凭证的张数。

2．通用记账凭证的填制方法

通用记账凭证是收款、付款、转账三类业务都可以使用的记账凭证。通用记账凭证一般用于会计业务不多，不需要将收款、付款、转账三类业务单独填写专用记账凭证来进行核算的企业。

通用记账凭证相对于专用记账凭证来说更容易填制，其填制方法与转账凭证的填制方法基本相同。

3.3.5　记账凭证的审核

在依据记账凭证登记账簿之前，会计人员必须对已填制完毕的记账凭证进行严格的审核，以保证账簿记录的准确性和真实性。审核记账凭证的主要内容有以下几点:

（1）审核记账凭证上填写的附件张数与所附原始凭证的张数是否一致；记账凭证上填写的经济业务内容与原始凭证上记载的经济业务内容是否相符；记账凭证上的金额与所附原始凭证上的金额是否相等。审核记账凭证时，若发现没有附原始凭证的记账凭证，不能将其作为登记账簿的依据（特殊情况除外）。

（2）审核记账凭证中所填写的会计分录是否正确。例如，所列会计科目（包括一级科目、明细科目）应借、应贷方向和金额是否正确，借贷双方的金额是否平衡，明细科目金额之和与相应的总账科目的金额是否相等。

（3）审核记账凭证中所填写的各个项目是否准确无误。例如，摘要是否填写清楚，日期、凭证编号、附件张数及有关人员签章等各个项目填写是否齐全。若发现记账凭证的填制有差错或者填列不完整、签章不齐全，应查明原因，责令更正、补充完整或重填。只有经审核无误的记账凭证，才能据以登记账簿。

审核原始凭证与记账凭证的相同点和不同点如下。

1．相同点

（1）真实性：审核原始凭证日期、业务内容及数据是否真实等；审核记账凭证是否附有原始凭证，记账凭证的内容是否与原始凭证的内容一致。

（2）正确性：审核原始凭证金额计算及填写是否正确；审核记账凭证科目、金额、书写是否正确。

（3）完整性：审核原始凭证和记账凭证的填写项目是否齐全。

2．不同点

（1）合法性：审核原始凭证所记录的经济业务是否有违反国家法律法规的情况，是否有贪污腐败等行为；审核记账凭证没有这一条。

（2）合理性：审核原始凭证所记录的经济业务是否符合生产经营活动的需要等；

审核记账凭证没有这一条。

（3）及时性：符合要求的原始凭证要及时编制记账凭证，内容不全、填写错误的原始凭证予以退回补充完整；不真实、不合法的原始凭证不予接受，并向单位负责人报告。

3.3.6 实例：记账凭证的填制与审核

例 3.1 2019 年 10 月 17 日，北京市顺发商贸有限公司业务部员工刘新华报销差旅费 1800 元。刘新华出差前预借现金 2000 元，本次报销交回 200 元现金。本笔业务对应的会计分录为：

借：管理费用——差旅费　　　　1800

　　库存现金　　　　　　　　　200

　贷：其他应收款——刘新华　　　2000

刘新华的差旅费报销单，如图 3.7 所示。

差旅费报销单

部门：业务部　　　　2019年10月17日

出差人				刘新华					出差事由		商务洽谈		
出发				到达				交通工具	交通费		其他费用		
月	日	时	地点	月	日	时	地点		单据张数	金额	项目	单据张数	金额
10	15	6	北京				上海	飞机	1	900.00	住宿费		
10	15	20	上海				北京	飞机	1	900.00	市内车费		
											邮电费		
											办公用品费		
											不买卧铺补贴		
											其他费用		
合计	报销总额	人民币（大写）	壹仟捌佰元整										¥1800.00

预借金额	¥2000.00	补领金额		报销人：（签名）刘新华
		退还金额	¥200.00	

附件

图 3.7　刘新华的差旅费报销单

出纳人员在审核差旅费报销单无误后，填制记账凭证，步骤如下：

（1）填写业务日期，如图 3.8 所示。

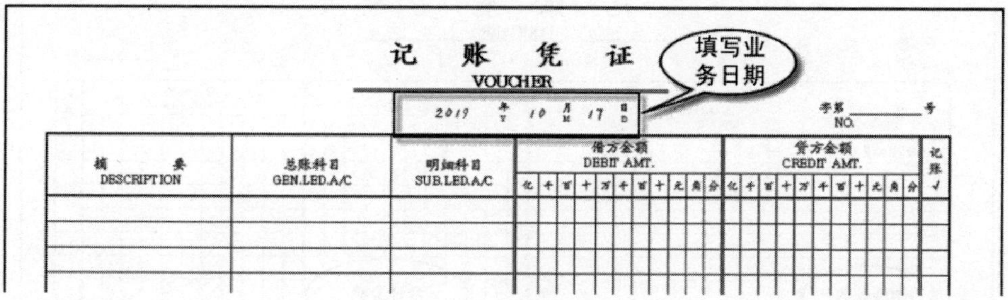

图 3.8　填写业务日期

（2）填写业务摘要，如图 3.9 所示。

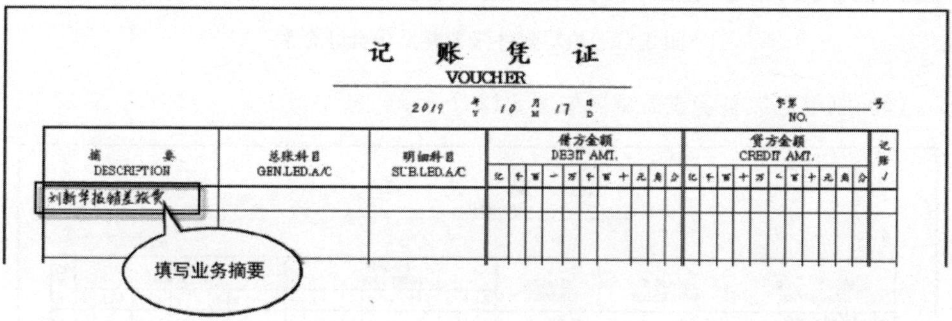

图 3.9　填写业务摘要

（3）填写业务所涉科目及金额，如图 3.10 所示。

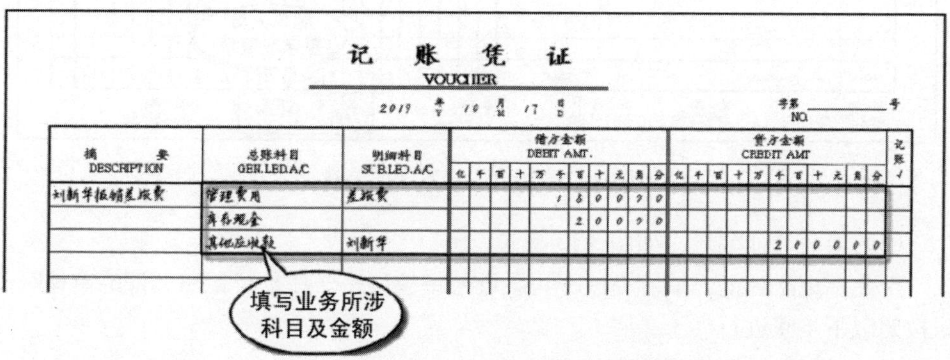

图 3.10　填写业务所涉科目及金额

（4）填写附件张数并结出合计金额，如图 3.11 所示。

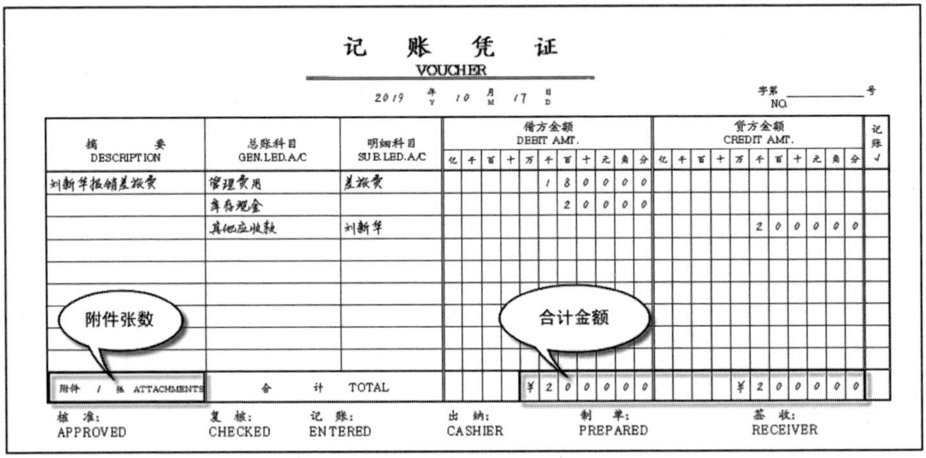

记 账 凭 证
VOUCHER

2019 年 10 月 17 日　　字第＿＿＿＿号 NO.

摘要 DESCRIPTION	总账科目 GEN.LED.A/C	明细科目 SUB.LED.A/C	借方金额 DEBIT AMT.	贷方金额 CREDIT AMT.	记账 √
刘新华报销差旅费	管理费用	差旅费	180000		
	库存现金		20000		
	其他应收款	刘新华		200000	
附件 1 张 ATTACHMENTS	合计 TOTAL		¥200000	¥200000	

核准：APPROVED　复核：CHECKED　记账：ENTERED　出纳：CASHIER　制单：PREPARED　签收：RECEIVER

图 3.11　填写附件张数并结出合计金额

（5）制单人员签字或盖章，如图 3.12 所示。

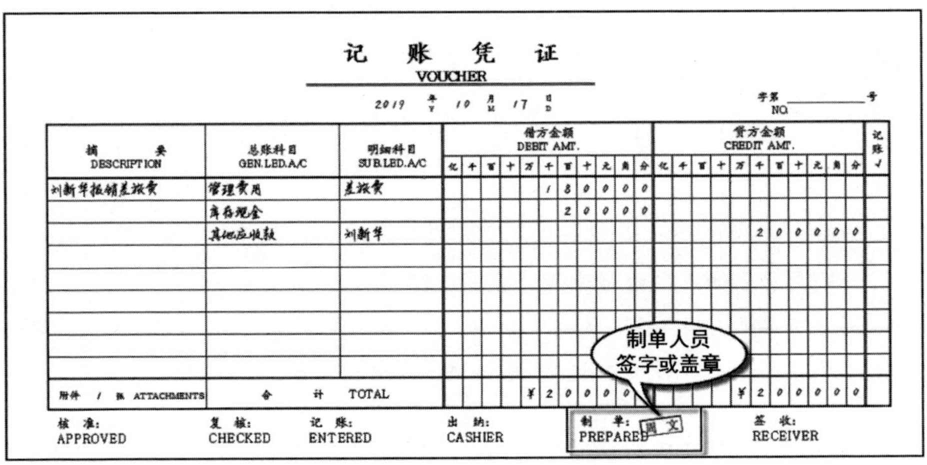

记 账 凭 证
VOUCHER

2019 年 10 月 17 日　　字第＿＿＿＿号 NO.

摘要 DESCRIPTION	总账科目 GEN.LED.A/C	明细科目 SUB.LED.A/C	借方金额 DEBIT AMT.	贷方金额 CREDIT AMT.	记账 √
刘新华报销差旅费	管理费用	差旅费	180000		
	库存现金		20000		
	其他应收款	刘新华		200000	
附件 1 张 ATTACHMENTS	合计 TOTAL		¥200000	¥200000	

核准：APPROVED　复核：CHECKED　记账：ENTERED　出纳：CASHIER　制单：PREPARED 周文　签收：RECEIVER

图 3.12　制单人员签字或盖章

（6）填写凭证编号，如图 3.13 所示。

至此，记账凭证已编制完成，可以进入审核程序。在进行记账凭证的审核时，应按照以下步骤进行：

（1）重新核对原始凭证。

（2）核对会计分录是否正确。

（3）核对相关科目与金额是否准确无误。

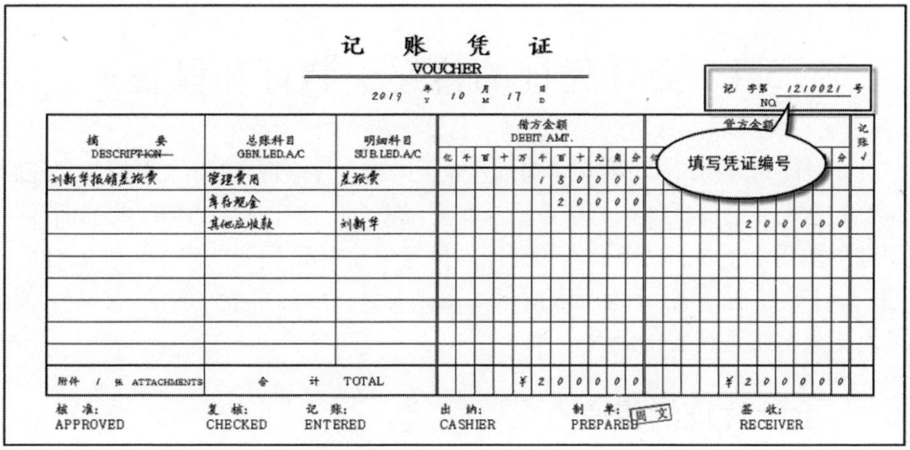
记　账　凭　证
VOUCHER
2019 年 Y 10 月 M 17 日 D
记 字第 1210021 号 NO.

摘要 DESCRIPTION	总账科目 GEN.LED.A/C	明细科目 SUB.LED.A/C	借方金额 DEBIT AMT.	贷方金额 CREDIT AMT.	记账 √
刘新华报销差旅费	管理费用	差旅费	180000		
	库存现金		20000		
	其他应收款	刘新华		200000	
附件 1 张 ATTACHMENTS	合计 TOTAL		¥200000	¥200000	

核准: APPROVED　复核: CHECKED　记账: ENTERED　出纳: CASHIER　制单: PREPARED 周文　签收: RECEIVER

图 3.13　填写凭证编号

（4）核对附件张数及合计金额是否无误。

（5）核对制单人员是否签章。

（6）核对凭证编号是否存在错漏及重复的情况。

上述项目全部核对无误后，审核人应在记账凭证上盖个人名章，以示负责。审核完成的记账凭证，如图 3.14 所示。

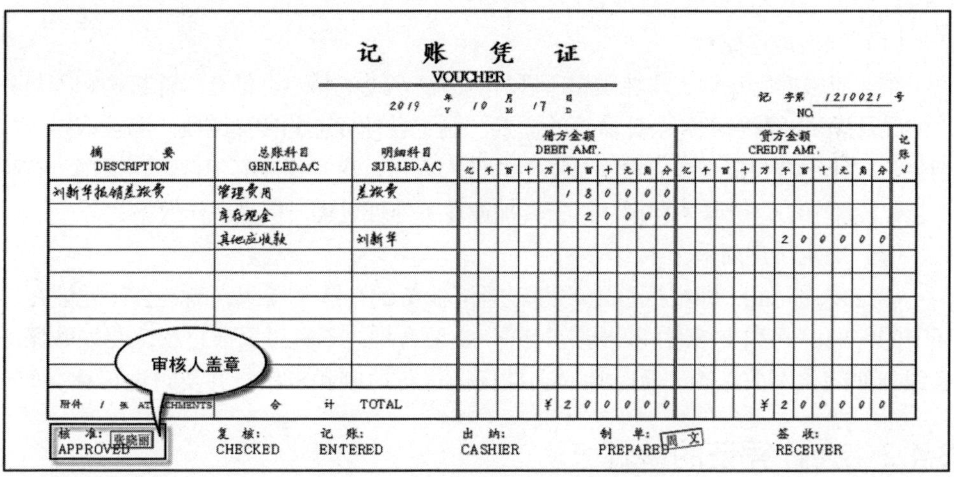
记　账　凭　证
VOUCHER
2019 年 Y 10 月 M 17 日 D
记 字第 1210021 号 NO.

摘要 DESCRIPTION	总账科目 GEN.LED.A/C	明细科目 SUB.LED.A/C	借方金额 DEBIT AMT.	贷方金额 CREDIT AMT.	记账 √
刘新华报销差旅费	管理费用	差旅费	180000		
	库存现金		20000		
	其他应收款	刘新华		200000	
附件 1 张 ATTACHMENTS	合计 TOTAL		¥200000	¥200000	

核准: APPROVED 张晓丽　复核: CHECKED　记账: ENTERED　出纳: CASHIER　制单: PREPARED 周文　签收: RECEIVER

图 3.14　审核完成的记账凭证

一般情况下，记账凭证还要在进行复核之后，才能进入账簿登记的环节。复核与审核记账凭证的操作步骤完全相同，此处不再赘述。

3.4 会计凭证的传递、装订和保管

会计凭证的传递、装订和保管对强化企业内部会计监督机制、加强岗位责任制具有重要的意义。会计凭证作为企业记录交易或事项的发生或完成情况的书面证明，不可避免地要在经办人、审批人和会计人员等企业内部不同的部门和人员之间进行传递。会计凭证是登记会计账簿的依据，是企业会计信息真实性的证明材料，因此，必须有专人对其进行妥善保管。

3.4.1 会计凭证的传递

会计凭证的传递，是指从经济业务发生或完成时取得或从填制原始凭证开始到会计凭证归档保管为止，按照规定的手续、时间和传递路线进行处理、移交的过程。

由于企业取得或填制会计凭证的渠道不同，会计凭证所记录的经济业务内容不同，经办业务的部门和人员及办理的时间、手续等也有所不同，因此，为了保证会计凭证能够经过必要的环节进行妥善处理，提高会计核算的正确性和及时性，在设计会计凭证传递程序时，应注意以下两点:

（1）制定传递路线

企业应根据自身的工作性质和所进行的经济活动的特点，结合内部机构和人员分工情况及满足经营管理和会计核算的需要，制定会计凭证的传递路线，即从取得或填制会计凭证开始的整个传递程序及经手的部门人员。这一程序必须合理、适用，有利于企业各环节的有机联系和相互监督，加速业务处理过程，提高工作效率。

（2）确定传递时间

确定传递时间，即根据规定的办理经济业务的手续和要求，确定会计凭证在各环节的停留时间和交接时间。传递时间一定要合理，不宜过紧或过松，要能够保证各经办部门和人员正确、及时地对会计凭证进行填制和审核，并及时进行移交。

3.4.2 会计凭证的装订

会计凭证的装订，是指把定期整理好的会计凭证按照编号顺序，外加封面、封底，装订成册，并在装订线上加贴封签。封面上要写明企业名称、年度、月份、记账凭证的种类、起讫日期、起讫号数，以及记账凭证和原始凭证的张数，并在封签处加盖会计主管的骑缝图章。

若企业的业务量小、凭证不多，可以把若干月份的凭证合并装订成一册，只要在凭证封面上注明本册所含的凭证月份即可。为了使装订成册的会计凭证外形美观，在装订时要使凭证整齐均匀，特别是装订线的位置。如果装订线的位置太薄，可以折一些三角形纸块，均匀地垫在此处，以保证它的厚度与凭证中间的厚度一致。会计凭证装订的具体操作步骤如下:

(1) 将会计凭证封面和封底裁开，分别附在凭证前面和后面，再拿一张质地相同的纸（可以另找一张凭证封皮，裁下一半用，另一半为装订下一本凭证备用）放在封面上角，做护角线。

会计凭证的封面，如图 3.15 所示。

册数号	本月共　册
	本册第　册

会 计 凭 证 封 面

自　年　月　日起至　月　日止

记账凭证种类	凭 单 起 讫 号 数	附原始凭证张数
收 款 凭 证	共　张自第　号至第　号	共　张
付 款 凭 证	共　张自第　号至第　号	共　张
转 账 凭 证	共　张自第　号至第　号	共　张
记 账 凭 证	共　张自第　号至第　号	共　张
备　注		

亚兴纸品 193-15

20　年　月　日装订

会计主管人员　　复核　　装订员

图 3.15　会计凭证的封面

会计凭证的封底，如图 3.16 所示。

抽 出 附 件 登 记 表

抽出日期			抽出附件名称、件数	抽 出 理 由	抽取人签 章	财务主管签章	备　注
年	月	日					

南京新茂文化用品有限公司　电话:8506508

图 3.16　会计凭证的封底

（2）在凭证的左上角画一个边长为 5 厘米的等腰三角形，用夹子夹住，再用打孔机在底线上分布均匀地打两个孔。

（3）用大针引线绳穿过两个孔。如果没有大针，可以将回形针顺直，然后将两端折向同一个方向，将线绳从中间穿过并夹紧，即可把线绳引过来（一般打孔机打出的孔是可以穿过的）。

（4）在凭证的背面打结，接头要尽量小，以免贴好封面后有凸起。

（5）将护角向左上侧折，并将一侧剪开至凭证的左上角，然后涂上胶水。

（6）向后折叠，并将侧面和背面的线绳扣粘死。

（7）待胶水干后，在凭证的背脊上写“×年×月第×册共×册”的字样，装订人在装订线封签处签名或盖章。银行凭证、现金凭证和转账凭证最好依次顺序编号，一个月重新编一次序号；凭证较少的单位，可以全年顺序编号。

这样，一本标准的会计凭证就装订完成了。

3.4.3 会计凭证的保管

会计凭证的保管，是指会计凭证在记账后的整理、装订、归档和存查工作。会计凭证是企业经济活动的见证和重要的历史资料，是企业会计档案的重要组成部分，我们必须对其进行妥善的保存和管理。每个经手会计凭证的人员都有责任保管好手中的各项资料、单据，保证其完整、齐全。会计凭证的保管有以下几点严格的要求：

（1）会计凭证应定期装订成册，防止散失。

从外单位取得的原始凭证遗失，应取得原签发单位盖有公章的证明，并注明原始凭证的号码、金额、内容等，由经办单位会计机构负责人、会计主管人员和单位负责人批准后，代替作为原始凭证。若确实无法取得证明，如车票丢失，应由当事人写明详细情况，由经办单位会计机构负责人、会计主管人员和单位负责人批准后，代替作为原始凭证。

（2）会计凭证封面应注明相关信息。

会计凭证封面应注明企业名称、凭证种类、凭证张数、起止号数、年度、月份、会计主管人员、装订人员等有关事项，会计主管人员和装订人员应在封面上签章。

（3）会计凭证应加贴封条，防止抽换凭证。

原始凭证不得外借，若因特殊原因确实需要借阅的，应履行借阅手续，经本企业会计机构负责人、会计主管人员批准后，可以复制。向外企业提供原始凭证复制件，应在专设的登记簿上登记，并由提供人员和收取人员共同签章。

（4）当原始凭证较多时，可单独装订。

当原始凭证较多时，可单独装订，但应在凭证封面上注明所属记账凭证的日期、编号和种类，同时在所属的记账凭证上注明“附件另订”及原始凭证的名称和编号，以便查阅。

（5）装订成册的会计凭证在年度终了时，可暂由单位会计机构保管一年，期满后应当移交企业档案机构统一保管；未设立档案机构的，应当在会计机构内部指定专人保管。

注意：出纳人员不得监管会计档案。

（6）严格遵守会计凭证的保管期限要求，期满前不得任意销毁。

达到保管期限可以销毁的会计凭证，必须办理销毁手续，对其中重要的资料，会计部门应该留存复印件。

第 4 章
账簿的使用和管理

会计账簿简称账簿，是由具有一定格式、相互联系的账页组成的，用来序时、分类地全面记录一个企业、单位经济业务事项的会计簿籍。它是编制财务报表的依据，更是保存会计资料的重要工具。

4.1　认识账簿

账簿是会计人员在工作中最重要的伙伴，登记账簿是整个会计活动中的重要环节。账簿是以会计凭证为依据，用以全面、连续、系统、科学地记录和反映各项经济业务的簿籍。

4.1.1　账簿的意义

设置和登记账簿是会计核算的重要环节，对于全面反映企业资产和权益的变动情况，保证会计核算资料的真实性、准确性，提高企业经营管理水平等，具有重大的意义。

1. 储存会计信息

通过对账簿的设置和登记，我们可以将会计凭证中记录的每一笔会计要素记入相关账簿，使管理者更加全面地了解企业在一定时期内发生的各项经济业务及资产、权益的变动情况。因此，账簿具有储存信息的功能。

2. 汇总会计信息

通过对账簿的设置和登记，我们可以将零星、分散的会计信息转化为更加全面的会计资料，加强经济业务的核算，给企业提供更加详细的资料信息；同时，我们可以通过账簿对账面的发生额、余额进行计算，为各方面提供所需要的总括会计信息，反映企业财务状况及经营成果。因此，账簿具有汇总信息的功能。

3．检查、校正会计信息

对账簿的设置和登记，也是对会计凭证信息的进一步整理。在对会计信息的检查中，如果发现有误，可以及时进行更正。通过对账簿的设置和登记，可以使我们随时了解和具体掌握企业各项财产物资的变化，将账面的结存数与对应的财产物资实存数进行核对，可以检查账实是否相符。

4．编表、输出会计信息

通过对账簿的设置和登记，我们可以在定期结账时顺利地计算出本期的发生额和余额，也就是企业的当期收入、费用、利润等数据，以便进行财务报表的编制；我们还可以通过账簿向有关各方反映企业一定时期的财务状况和经营成果，为其提供所需要的会计信息。

注意：现在很多企业和单位都采用计算机记账了，但是计算机记账是以手工记账的知识体系为基础的。虽然在使用计算机记账时，各种账簿的样式已经预先设定好了，但是我们仍然需要知道这样设定的缘故，才能更好地工作。

4.1.2　账簿的种类

账簿的种类和结构多种多样，其记录和反映的内容也不完全相同。按照不同的经济业务和经营管理的要求，应选择不同种类的账簿。

为了让大家更好地了解、掌握和使用各种账簿，我们对其进行了分类，如图 4.1 所示。

下面我们就来对账簿的分类进行逐项说明。

1．按用途分类

（1）序时账簿

序时账簿又称日记账，是按照经济业务发生或完成时间的先后顺序逐日、逐笔进行登记的账簿。序时账簿按其记录内容的不同又可分为普通日记账和特种日记账。

普通日记账用于记录全部经济业务，无论其性质如何，按先后顺序编成会计分录记入账簿。这种日记账也叫“流水账”，一般由业务经手人根据原始凭证来逐笔、即时记录。

特种日记账是用于记录某一类经济业务的序时账。它将特定项目的内容按经济业务顺序记入账簿，反映其详细情况。最常见的特种日记账包括现金日记账和银行存款日记账，是财务部门专门用来记录现金、银行存款的收支和结存情况的账簿。在我国，大多数企业通常只设置这两种特种日记账。

特种日记账的分类，如图 4.2 所示。

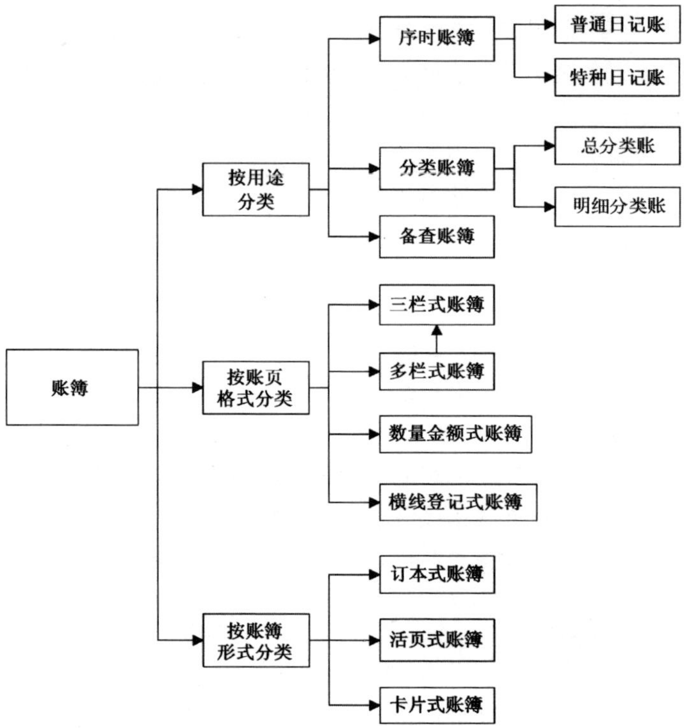

图 4.1　账簿的分类

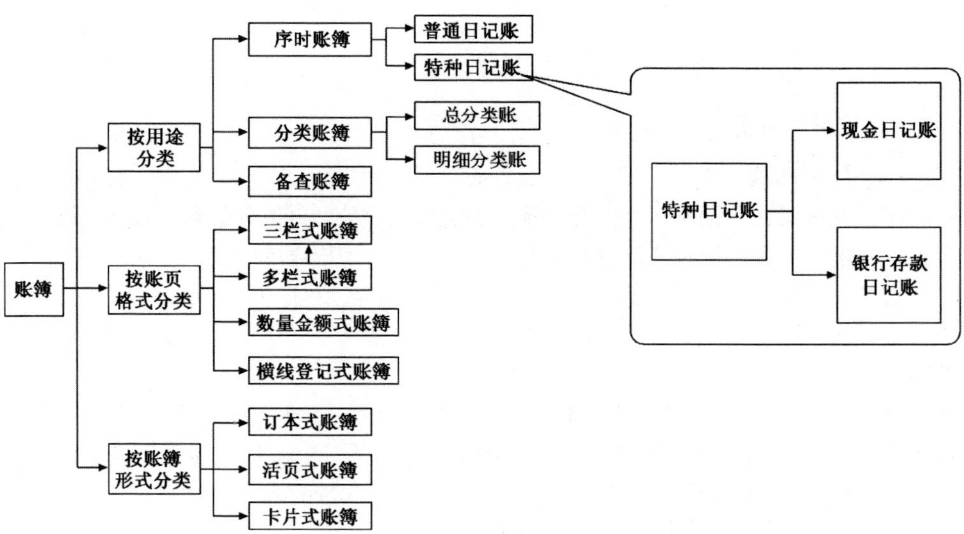

图 4.2　特种日记账的分类

（2）分类账簿

分类账簿是按照总分类账户和明细分类账户对全部经济业务进行分类登记的账簿，因此，按其反映内容详细程度的不同可分为总分类账和明细分类账。

总分类账，简称总账，是根据总分类账户进行分类登记的。它总括地记录和反映经济业务的概括情况，是对明细账的汇总。总分类账的格式，如图 4.3 所示。

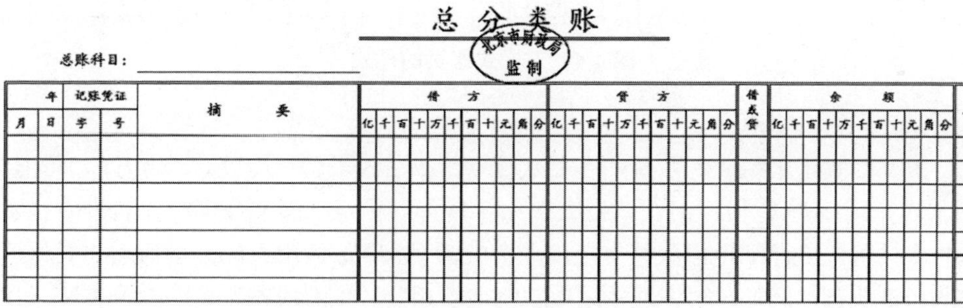

总分类账

北京市财政局 监制

总账科目：

<table>
<tr><td colspan="2">年</td><td colspan="2">记账凭证</td><td rowspan="2">摘　要</td><td colspan="11">借　方</td><td colspan="11">贷　方</td><td rowspan="2">借或贷</td><td colspan="11">余　额</td><td rowspan="2">√</td></tr>
<tr><td>月</td><td>日</td><td>字</td><td>号</td><td>亿</td><td>千</td><td>百</td><td>十</td><td>万</td><td>千</td><td>百</td><td>十</td><td>元</td><td>角</td><td>分</td><td>亿</td><td>千</td><td>百</td><td>十</td><td>万</td><td>千</td><td>百</td><td>十</td><td>元</td><td>角</td><td>分</td><td>亿</td><td>千</td><td>百</td><td>十</td><td>万</td><td>千</td><td>百</td><td>十</td><td>元</td><td>角</td><td>分</td></tr>
</table>

图 4.3　总分类账的格式

明细分类账，简称明细账，是根据明细分类账户进行分类登记的。它详细地记载经济业务的具体内容，是对总账的补充。在实际工作中，每个会计主体都可以根据经营管理的需要，为不同的总账账户设置所属的明细账。

由于需要设置明细分类账的各账户要求不同，明细分类账的样式也各不相同，大部分明细账为三栏式账簿；另外一小部分明细账，其样式可以参见账簿分类中"按账页格式分类"部分的内容。

（3）备查账簿

备查账簿又称辅助账簿，是对某些在序时账簿和分类账簿等主要账簿中登记不完善的经济业务事项进行补充登记的账簿。例如，租入固定资产登记簿、委托加工材料登记簿、代销商品登记簿等。备查账簿可以对某些经济业务的记录提供必要的详细资料。备查账簿没有固定格式，并非一定要设置，应视实际需要而定。

2．按账页格式分类

（1）三栏式账簿

由三栏式账页组成的账簿叫三栏式账簿。三栏式账页一般设有"借方""贷方""余额"三个基本栏目，用来反映某项资金的增加、减少和结余情况。例如，"日记账""应收账款""应付账款"等采用的就是这种形式的账簿。

三栏式账页的样式，如图 4.4 所示。

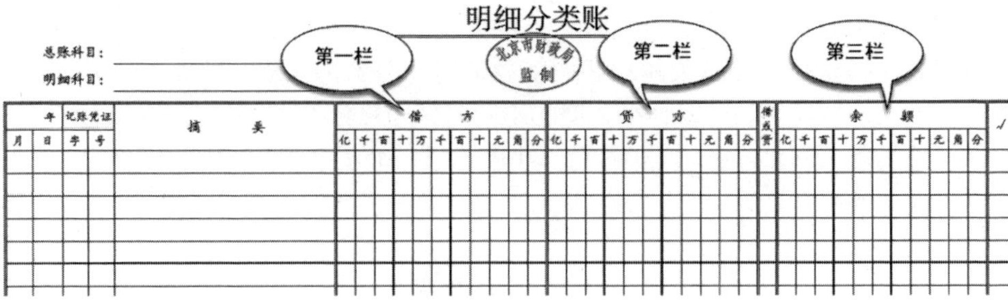

图 4.4　三栏式账页的样式

（2）多栏式账簿

由多栏式账页组成的账簿叫多栏式账簿。多栏式账页一般设有“借方”“贷方”“余额”三个基本栏目，但在“借方”和“贷方”栏目下面又分别设置若干专栏。这些专栏可以更详细地记载某类经济业务的活动情况，适用于部分项目需要具体反映的经济业务。例如，“管理费用”“制造费用”“生产成本”等明细分类账采用的就是这种形式的账簿。

多栏式账页的样式，如图 4.5 所示。

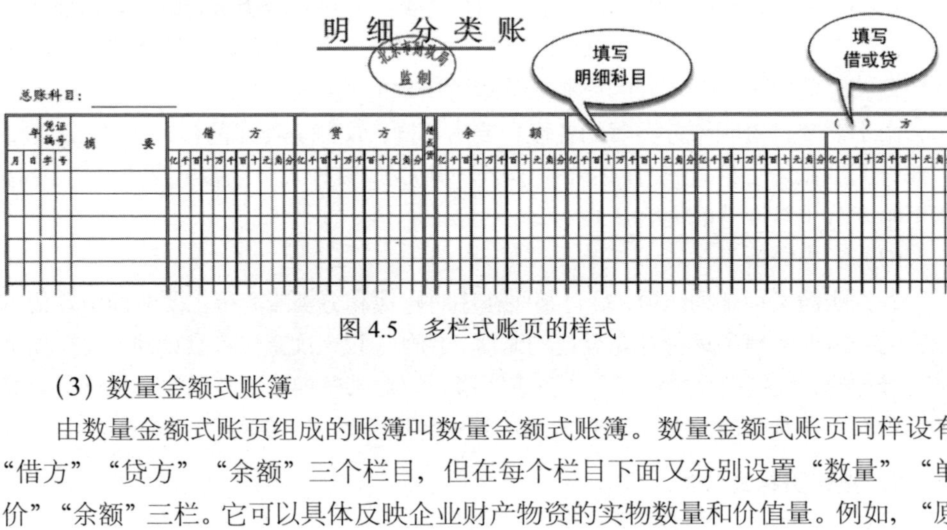

图 4.5　多栏式账页的样式

（3）数量金额式账簿

由数量金额式账页组成的账簿叫数量金额式账簿。数量金额式账页同样设有“借方”“贷方”“余额”三个栏目，但在每个栏目下面又分别设置“数量”“单价”“余额”三栏。它可以具体反映企业财产物资的实物数量和价值量。例如，“原材料”“库存商品”等明细分类账采用的就是这种形式的账簿。

数量金额式账页的样式，如图 4.6 所示。

（4）横线登记式账簿

由横线登记式账页组成的账簿叫横线登记式账簿。横线登记式账页的基本结构是在同一张账页的同一行，记录某项经济业务从发生到结束的相关内容。它一般只适用于需要逐笔进行结算的经济业务，可以清楚明了地反映该项业务的来龙去脉，所以也被称为“平行式账簿”，如“物资采购”明细分类账采用的就是这种形式的账簿。

明细分类账

总账科目：

明细科目：

年		凭证		摘要	借方（收入）			贷方（支出）			结存			✓
月	日	字	号		数量	单价	金额（亿千百十万千百十元角分）	数量	单价	金额（亿千百十万千百十元角分）	数量	单价	金额（亿千百十万千百十元角分）	

图 4.6　数量金额式账页的样式

3．按账簿形式分类

（1）订本式账簿

订本式账簿，简称订本账，是在启用前将一定数量并顺序编号的账页装订成册的账簿。由于订本式账簿的账页已经固定并装订成册，所以一般只适用于具有统御性的总分类账。

优点：避免账页散失，防止随意抽换账页，安全性比较高。

缺点：同一账簿在同一时间只能由一人登记，不便于分工记账，也不便于计算机打印记账；同时，因不能增减账页容易出现预留账页不够或过多的情况。

订本式账簿的样式，如图 4.7 所示。

图 4.7　订本式账簿的样式

注意：《会计基础工作规范》第三章第五十七条规定：“现金日记账和银行存款日记账必须采用订本式账簿。不得用银行对账单或者其他方法代替日记账。”

在我国，特种日记账（如现金日记账和银行存款日记账）必须使用订本式账簿进行登记。另外，虽然《会计基础工作规范》中没有明确规定总分类账的形式，但是在实际工作当中，总分类账一般也采用订本式账簿进行登记。

之所以现金日记账、银行存款日记账和总分类账都要使用订本式账簿，是因为订本账的账页固定，且每页都已印制好页码，可以有效防止账页散失或被抽换，较为安全。活页式账簿可以根据实际需要增减账页，使用比较灵活，便于分工记账；但是，这种账簿的账页容易散失或被抽换，对于现金及银行存款这样的重要账簿来说，很不安全。

因此，我国会计制度规定，只应该或只需要一个人登记的账簿，如现金日记账、银行存款日记账、总分类账必须使用订本式账簿。

（2）活页式账簿

活页式账簿，简称活页账，是将分散的账页置于活页夹内，并可以随时取放账页的账簿。我们在年末必须统一将账页整理归类、编号、装订成册，并妥善保管。

优点：可以根据经济业务的实际需要增减账页，便于分工记账。

缺点：平时登记时容易造成账页散失或被抽换。

活页式账簿的样式，如图 4.8 所示。

注意：各种明细分类账采用的就是这种形式的账簿，如材料明细账等。

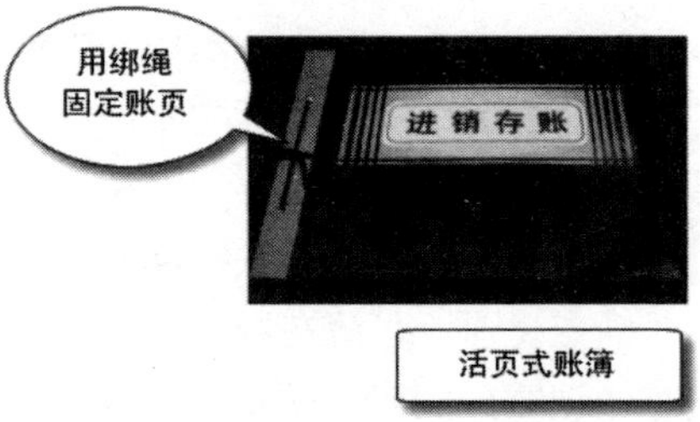

图 4.8　活页式账簿的样式

（3）卡片式账簿

卡片式账簿，简称卡片账，是由各种格式、分散的卡片组成的、可以随时增添的账簿。卡片式账簿中的每一张卡片是按经济活动的特点而设计相应的结构与格式的。它要求按类别编排顺序号，根据经济活动的内容认真填写有关的栏目后放置在卡片箱中。

使用卡片式账簿一段时间后，必须对其进行整理归类、编号、装订，并由专人妥善保管。在我国，一般只有固定资产明细账采用这种形式的账簿，即编制固定资产卡片。常见的固定资产卡片的样式，如图 4.9 所示。

固定资产卡片　　第　号

类别　　年　月　日

编号		名称		折旧程度		财产来源	
牌号		规格		财产原值		保管地点	
数量		特征		来源时间		已使年限	
所属设备							
折旧价格		折旧年限		年折旧额		清理残值	
备注							

图 4.9　常见的固定资产卡片的样式

注意：固定资产是企业重要的资产。由于每个企业在管理固定资产的过程中，对固定资产相关信息的需求不同，所以固定资产卡片的样式和相关内容也有所不同。一般来说，固定资产卡片并没有固定的样式，可根据企业的实际需求而定。

4.2　账簿的设置与登记

财务部门里的账簿各式各样，有些绑着绳子，有些像硬皮笔记本，有些厚，有些薄。那么，为什么账簿没有整齐划一的外表呢？

打开账簿的封面，账簿中账页的样子也是各式各样的。这个账簿是订本的，那个账簿是绑绳的；这一本是固定页码的，那一本是活页的。那么，我们在设置账簿的时候应该遵循什么样的原则，又应该如何记账呢？

4.2.1　账簿的设置原则

企业采用的核算方式，直接决定着企业会计账簿的设置，因此，企业在设置账簿之前，首先要确定企业相应账户的核算方式，然后再根据核算方式选择账簿的组合体系。不同特点的企业，其适宜的核算方式和账簿组合体系如表 4.1 所示。

表 4.1　不同特点企业的核算方式和账簿组合体系

<table>
<tr><th>规模</th><th>企业特点</th><th>核算方式</th><th>账簿组合体系</th></tr>
<tr><td rowspan="2">小规模企业</td><td rowspan="2">小规模纳税人</td><td>记账凭证核算方式</td><td>1. 现金、银行存款日记账
2. 固定资产、材料、费用明细账
3. 总账</td></tr>
<tr><td>日记总账核算方式</td><td>1. 现金、银行存款日记账
2. 日记总账
3. 固定资产、材料明细账</td></tr>
<tr><td>大中型企业</td><td>一般纳税人</td><td>科目汇总表核算方式
汇总记账凭证核算方式</td><td>1. 现金、银行存款日记账
2. 固定资产、材料、应收（付）账款、其他应收应付款、长（短）期投资、实收资本、生产成本、费用等明细账
3. 总账（购货簿、销货簿）</td></tr>
</table>

续表

规模	企业特点	核算方式	账簿组合体系
大中型企业	收付款业务多 转账业务少	多栏式日记账核算方式	1．四本多栏式日记账 2．固定资产、材料、应收（付）账款、其他应收应付款、长（短）期投资、实收资本、生产成本、费用等明细账 3．总账（购货簿、销货簿）
	收付款业务多 转账业务亦多	多栏式日记账核算方式 汇总转账凭证核算方式	1．四本多栏式日记账 2．固定资产、材料、应收（付）账款、其他应收应付款、长（短）期投资、实收资本、生产成本、费用等明细账 3．总账（购货簿、销货簿）
	转账业务较少	科目汇总表核算方式 转账日记账核算方式	1．现金、银行存款日记账 2．必要的明细账、转账日记账 3．总账

不同类型的账户根据其反映的经济内容不同，所选用的账簿也不同。这使得根据会计科目选择账簿难以实行。不过，由于许多账户都存在共通性，可以根据会计科目的类别进行账簿格式的选择。不同类别的账户应选择的账簿，如表 4.2 所示。

表 4.2　不同类别的账户应选择的账簿

账户类型	账簿	格式	相关科目
总账	订本式	三栏式	所有总账科目
明细账	活页式	三栏式	往来及收入、成本科目的明细账
		数量金额式	固定资产明细账及存货明细账
		多栏式	管理费用等
日记账	订本式	三栏式	现金日记账和银行存款日记账

注意：会计账簿设置的第一要素，就是要方便核算。会计工作本来就是一项繁杂的工作，只有账簿设置得清晰明了，才能有效地提高工作效率，同时要保证会计信息的真实性。

4.2.2　账簿的基本内容

由于各种账簿所记录的经济业务不同，其格式可以多种多样，但是基本内容是

相同的。会计账簿应包含以下基本内容:

（1）封面，包括封面和封底。

账簿封面的质地不同，有些账簿封面较硬，有些则较软，封面的质地应当根据企业的具体情况和会计工作需要来选择。

注意：一般来说，硬皮的账簿都是印制好封面的，这种封面结实耐用，便于保存；但是，这种封面比较硬且厚度较大，比较沉重，不易翻阅，而且封面上无法印制公司标志。牛皮纸或类似纸质的封面，由于纸质较软、较轻，可以直接打印公司名称、账簿名称、公司标志等；但是，这种封面的缺点也比较明显，如不耐用、不易长期保存等。

（2）扉页，可以记录账簿的基本信息，包括启用日期、截止日期、页数、册次等，还包括相关人员名单及签章、账户目录等。

（3）账页，即记录会计信息的、有固定格式的纸页。

4.2.3　账簿的启用规则

账簿是由封面、扉页、账页等基本内容组成的。账簿的启用，即在新的会计年度开始或会计人员进行交接时，启用全新的账簿，以结清账目、明确责任。

为了保证账簿记录的合法性、明确记账责任，我们在启用账簿时必须完成以下工作:

（1）在账簿封面上写明单位名称、账簿名称，注明所属的会计年度。账簿的名称包括总分类账、各种明细分类账、现金日记账、银行存款日记账等。

（2）在账簿的扉页上附有账簿启用表，会计人员必须根据真实情况进行填制，如单位名称、账簿名称、起止日期、单位负责人、主管会计、审计人员和记账人员等，填写完整后还要加盖单位公章。会计人员发生变更，在办理交接手续时，应当在账簿启用表中加以说明。账簿启用表的样式，如图 4.10 所示。

（3）填写账户目录。总账应按照会计科目的编号从第一页到最后一页顺序编订页码，不得跳页、缺号。活页式明细分类账应按照所属会计科目顺序编号，在年度结账后，撤去空白账页并装订成册，然后按实际使用的账页顺序编订页码。账户目录的样式，如图 4.11 所示。

（4）在账簿的右下角应粘贴印花税票，并且划线注销。在使用缴款书缴纳印花税时，应在右上角注明“印花税已缴”及缴款金额。

账　簿　启　用　表						
单位名称			负责人	职　务	姓　名	盖　章
账簿名称	账　第	册	单位负责人			
账簿号码	第	号	单位主管财会工作负责人			
账簿页数	本账簿共计	页	会计机构负责人			
启用日期	年　月	日	会计主管人员			

经管本账簿人员一览表												
职　务	姓　名	接管				移交				监交		印花粘贴处
		年	月	日	盖　章	年	月	日	盖　章	职　务	姓　名	

通过QB/T 1439-2005标准认证

图 4.10　账簿启用表的样式

账　户　目　录

顺序	编号	名称	页号	顺序	编号	名称	页号	顺序	编号	名称	页号	顺序	编号	名称	页号
1				26				51				76			
2				27				52				77			
3				28				53				78			
4				29				54				79			
5				30				55				80			
6				31				56				81			
7				32				57				82			
8				33				58				83			
9				34				59				84			
10				35				60				85			
11				36				61				86			
12				37				62				87			
13				38				63				88			
14				39				64				89			
15				40				65				90			
16				41				66				91			
17				42				67				92			
18				43				68				93			
19				44				69				94			
20				45				70				95			
21				46				71				96			
22				47				72				97			
23				48				73				98			
24				49				74				99			
25				50				75				100			

图 4.11　账户目录的样式

例 4.1　北京市顺发商贸有限公司于 2019 年 1 月 1 日启用年度账簿，需要填写账簿启用表，其填写步骤如下：

（1）在账簿启用表中填写单位名称。

会计人员应当在账簿启用表中填写单位的全称，并加盖公章。

（2）填写账簿名称。

账簿名称一般包括两部分：

- 账簿的名称，如“应收账款明细分类账”。
- 账簿的册数，有些企业如果应收账款涉及的单位很多，那么有可能出现第二册、第三册，甚至更多。

（3）填写账簿号码。

一般企业的账簿会根据相关规则进行编号，以便登记和管理，会计人员应在账簿首页填写编号，以便日后查找。

注意：一般来说，账簿号码还应贴在账簿的背脊上，以便账簿在文档柜中竖立放置时查找。

（4）填写账簿页数。

对于订本式账簿而言，页数一般是固定的，如固定为 200 页；对于活页式账簿而言，由于后期可能会出现增减页数的情况，此处可以先不填写。

（5）填写启用日期。

账簿的启用日期，一般就是账簿实际启用的日期，即何时使用账簿记账，记账当天的日期就是账簿的启用日期。

（6）填写单位主管人员的姓名并盖章。

（7）填写经管人员的姓名、职务并盖章。

注意：如果出现会计人员调动的情况，应在账簿启用表下方的经管本账簿人员一览表中填写移交日期、监交人，并且交接双方均要盖章，如图 4.12 所示。

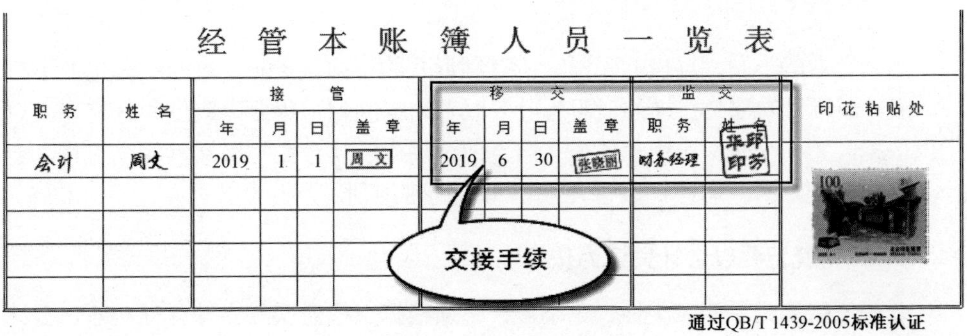

经管本账簿人员一览表

职务	姓名	接管				移交				监交		印花粘贴处
		年	月	日	盖章	年	月	日	盖章	职务	姓名	
会计	周文	2019	1	1	周文	2019	6	30	张晓丽	财务经理	华邦印芳	

图 4.12　账簿的交接

（8）粘贴印花税票。

根据规定，印花税必须在账簿启用的当月贴花，逾期贴花会加收滞纳金，但不会罚款。

填写完成的账簿启用表，如图 4.13 所示。

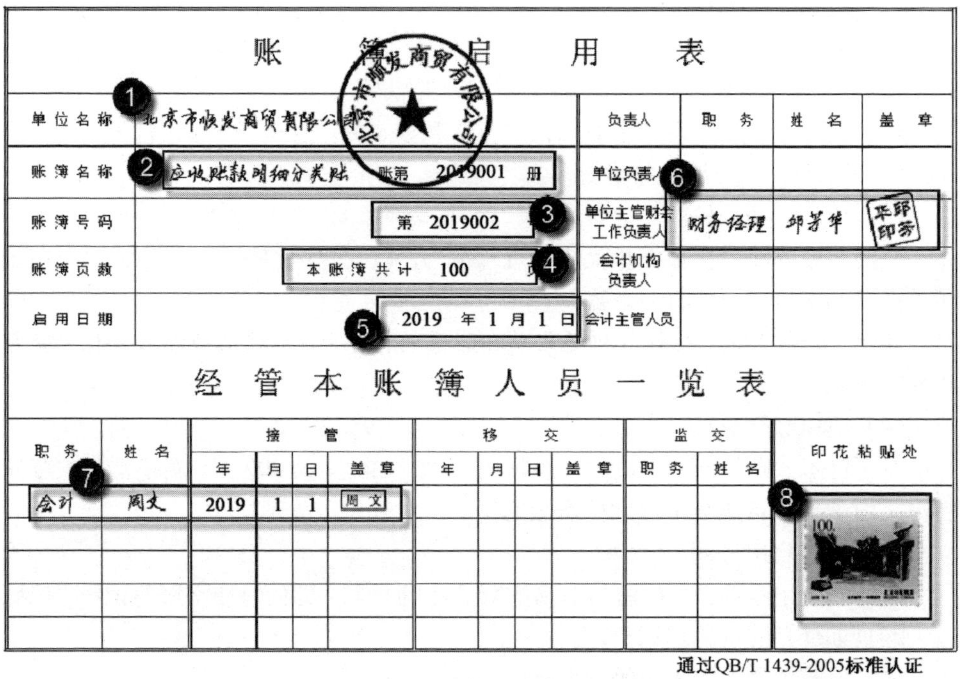
账簿启用表

单位名称	北京市恒发商贸有限公司	负责人	职务	姓名	盖章
账簿名称	应收账款明细分类账　账第 2019001 册	单位负责人			
账簿号码	第 2019002 号	单位主管财会工作负责人	财务经理	邹芳华	华邹印芳
账簿页数	本账簿共计 100 页	会计机构负责人			
启用日期	2019 年 1 月 1 日	会计主管人员			

经管本账簿人员一览表

职务	姓名	接管 年	月	日	盖章	移交 年	月	日	盖章	监交 职务	姓名	印花粘贴处
会计	周文	2019	1	1	周文							

通过QB/T 1439-2005标准认证

图 4.13　填写完成的账簿启用表

4.2.4　账簿登记的规则

由于行业的不同、规模的不同、所有制形式的不同，企业设置的账簿也各不相同，但其最终目的都是一样的，即为财务报表的编制和企业会计信息的分类和汇总提供依据。为了全面、连续、系统、综合地记录和反映企业经济活动的全过程，会计人员在登记账簿时应遵循以下几项基本的记账规则。

1．账簿登记要以会计凭证为依据

要保证账簿记录的真实性、正确性，必须根据审核无误的会计凭证记账。会计凭证是记账的依据，企业每天发生的各种经济业务都必须登记到账簿中。

2．账簿登记要及时

账簿登记的间隔时间，原则上越短越好。总体来说，总账是每日登记还是定期登记，应根据企业所采用的会计核算形式、结合实际情况确定，但要以不影响结账和编制财务报表为前提。根据原始凭证、原始凭证汇总表和记账凭证登记的明细账，是每日登记还是定期登记，应结合企业的具体情况而定，但债权债务明细账和财产物资明细账应当每天登记，以便随时与对方企业结算、核对库存余额。现金日记账和银行存款日记账应当根据办理完毕的收付款凭证，随时逐笔顺序登记，至少每天登记一次。

3．账簿登记的内容要完整

登记会计账簿时，应当将会计凭证日期、编号、业务内容摘要、金额和其他有关资料逐项记入账内。在填写日期等内容时，要保持账页的美观，做到数字准确、摘要清楚、字迹工整等。

账簿记录中的日期，应该填写记账凭证上的日期。每页第一笔业务的年、月都应在年、月栏中填写，只要不跨年度或月度，以后再登记本页时，一律不填写月份。跨月登记时，应在上月的月结线下的月份栏内填写新的月份。账簿登记完毕后，应在记账凭证“过账”或“记账”栏内注明账簿的页数或做出记号（如打“√”等），表示已登记入账，以免重复登记或漏记，便于查阅。最后，在记账凭证上签名或盖章。

4．账簿登记要连续

各种账簿应按事先所编定的页码顺序连续登记，不得跳行、隔页。若发生类似情况，应将空行、空页划线注销，或者注明“此行空白”“此页空白”字样，并由记账人员签名或盖章，防止账簿登记中可能出现的漏洞。

5．账簿登记的书写要规范

在登记账簿时，不能滥造简化字，不得使用同音异义字，以正楷或行书等易于辨认的字体较为合适，摘要文字要紧靠左线，数字要写在金额栏内，不得越格错位、参差不齐，文字、数字字体大小适中，紧靠下线书写，上面要留有适当空距，一般应占整个格宽的 1/2，以备按规定的方法更正错误。

账簿登记的书写规则，如图 4.14 所示。

在记录金额时，如金额为没有角和分的整数，应分别在“角、分”栏内写上“0”，不得省略不写或以“—”号代替。阿拉伯数字一般可自左向右适当倾斜，以使账簿记录整齐、清晰。为防止字迹模糊，墨迹未干时尽量不要翻动账页。

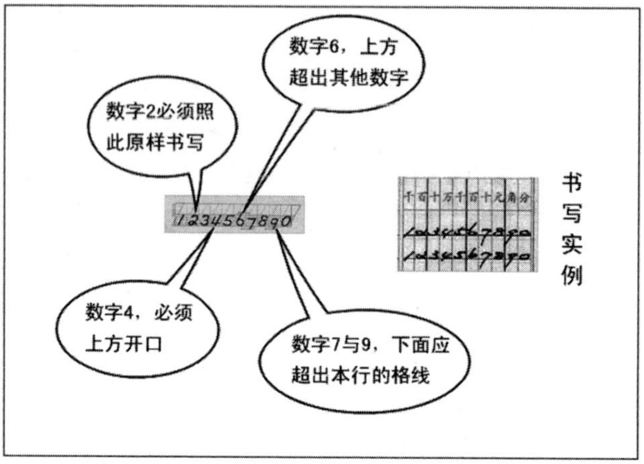

图 4.14　账簿登记的书写规则

每一账页登记完毕结转下页时，应当结出本页合计数及余额，填写在本页最后一行的有关栏内，并在“摘要”栏内注明“过次页”字样。在下页第一行有关栏内应抄列上页的合计数及余额，并在“摘要”栏内注明“承前页”字样；也可以将本页合计数及金额只填写在下页第一行的有关栏内，并在“摘要”栏内注明“承前页”字样。

“承前页”和“过次页”的登账格式，如图 4.15 所示。

总页号　分页号

一级科目

子目或户名

年		凭证		摘要	借方	✓	贷方	✓	借或贷	余额	✓
月	日	字	号		亿千百十万千百十元角分		亿千百十万千百十元角分			亿千百十万千百十元角分	
2	6			承前页	20000000		10000000			10000000	
	15	转	35	入库	10000000				借	20000000	
	17	转	36	出库			5000000				
				过次页	30000000				借	15000000	

图 4.15　“承前页”和“过次页”的登账格式

按规定需要结出余额的科目在结出余额后，应当在“借或贷”栏内写明“借”或“贷”字样。当科目余额结平时，应当在“借或贷”栏内用“平”字表示，并在“余额”栏内用“0”表示，而现金日记账和银行存款日记账必须逐日结出余额。

余额结平的登账格式，如图 4.16 所示。

总页号　分页号

一级科目

子目或户名

年		凭证		摘要	借方											✓	贷方											✓	借或贷	余额											✓
月	日	字	号		亿	千	百	十	万	千	百	十	元	角	分		亿	千	百	十	万	千	百	十	元	角	分			亿	千	百	十	万	千	百	十	元	角	分	
1	31	转	8	预提借款利息						1	4	6	5	7	0																										
		转	16	结转财务费用																		1	4	6	5	7	0		平									0			

图 4.16　余额结平的登账格式

6. 正常记账使用蓝黑墨水

登记账簿时，必须用蓝黑墨水或碳素墨水书写，不得用铅笔或圆珠笔（银行的复写账簿除外）书写。

7. 特殊记账使用红墨水

（1）期末结账时，用红墨水划线。

（2）错账更正时，用红墨水划线更正，或者根据红字记账凭证，登记冲销错误的账簿记录。

（3）在登记账簿发生跳行、隔页时，用红墨水划对角线注销空行或空页，并由记账人员签章。

（4）在借方多栏式或贷方多栏式明细账的账页中，用红字登记减少数。

（5）三栏式科目的“余额”栏前，如未注明余额借贷方向，在“余额”栏内用红字登记负数余额。

注意：登记账簿发生错误时，必须按规定的方法更正，严禁刮、擦、挖、补，或者使用化学药物清除字迹。发现差错必须根据差错的具体情况采用划线更正、红字更正、补充登记等方法进行更正。

8. 定期打印

对于实行会计电算化的企业，为了便于审计和加强会计信息的安全性与完整性，总账和明细账应当定期打印，发生收款和付款业务的，在输入收款凭证和付款凭证的当天，应打印出现金日记账和银行存款日记账，并与库存现金进行核对，保证其记录的数据准确无误。

4.2.5　对账

对账是指按照一定的方法和手续对会计账簿记录的有关数字与相关的会计凭

证、库存实物、货币资金、有价证券、往来企业或个人等进行相互核对，检查其记录是否真实、准确，以保证账证相符、账账相符、账实相符。对账主要包括以下三个方面的内容。

1. 账证核对

账证核对是指核对各种账簿的记录与原始凭证、记账凭证的时间、凭证字号、内容、金额是否一致，记账方向是否相符。它是会计人员日常会计核算工作的一项重要内容。账证相符是保证账账相符、账实相符的基础。

2. 账账核对

账账核对是指核对不同会计账簿之间的账簿记录是否相符。它的主要内容包括:

（1）总分类账簿中全部账户的借方发生额合计与贷方发生额合计、期末借方余额合计与贷方余额合计分别核对相符，从总体上检查总分类账记录的数据是否正确。

（2）现金日记账和银行存款日记账的期末余额，应与总分类账中的“库存现金”和“银行存款”账户的期末余额核对相符。

（3）总分类账户的月末余额，应与其所属各明细分类账户的月末余额的合计数核对相符。

（4）会计部门有关财产物资明细账的期末结存数，应与财产物资保管或使用部门的有关保管账的账存数核对，确认是否相符，检查双方记录是否正确。

3. 账实核对

账实核对是指核对各种财产物资的账面余额与各项财产实有数额是否相符。它的主要内容包括:

（1）现金日记账的账面余额与库存现金实存数每日核对相符。

（2）银行存款日记账的账面记录与银行对账单核对相符，每月至少核对一次。

（3）各种财产物资明细账的账面余额与该项财产物资的实际结存数核对相符。

（4）各种应收款项、应付款项的明细分类账的账面余额与有关单位或个人核对相符。

4.2.6 结账

结账是指在把一定时期内所发生的所有经济业务登记入账后，将各种账簿记录核算完毕，结出各种账簿本期发生额合计和期末余额的一项会计核算工作。它为进一步总结分析一定时期内企业的财务状况、经营管理情况，以及编制财务报表等工作提供了详细的资料数据。

1．结账的工作内容

结账的主要工作内容包括：

（1）由于结账后对账簿进行改正十分困难，所以在结账前必须查明本期内所发生的全部经济业务是否已按规定程序登记入账，是否有错记或漏记的情况。若发现登记工作有误，应及时按规定手续进行更正、补记。

（2）应按照“会计核算应当以权责发生制为基础”“收入与其相关的成本、费用应当相互配比”的原则进行账项调整；划清收入、成本、费用的时期界限，以便正确计算当期的各项收入、成本及费用开支，真实地反映当期的财务成果。

（3）在完成上述两项工作后，应分别结算出各种日记账、总分类账和明细分类账的本期发生额合计和期末余额，还要计算各类税金，结转本年利润及利润分配账户。

2．结账方法

结账，就是结出每个账户的期末余额，可以分为月度结账、季度结账、年度结账。

（1）月度结账

月度结账，简称月结，即在每月终了时进行结账。月度结账的方法：首先，在最后一笔经济业务的记录下面划一条通栏红线，在红线下面一行的“摘要”栏内注明“本月合计”或“本期发生额及期末余额”；其次，在“借方”“贷方”“余额”三栏内分别计算出本月借方发生额合计、贷方发生额合计和结余数额；最后，在此行下面再划一条通栏红线，表示月度结账完毕。

月度结账后的账簿，如图 4.17 所示。

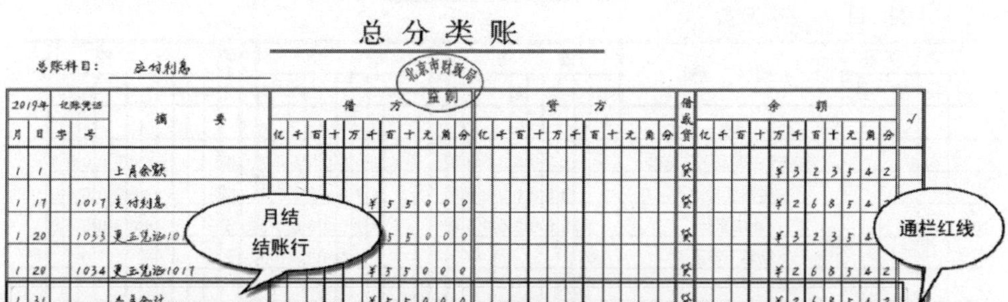

图 4.17　月度结账后的账簿

（2）季度结账

季度结账，简称季结，即在每季终了时进行结账。季度结账的方法：首先，在每季最后一个月的月度结账的下一行“摘要”栏注明“本季度累计”或“本季度发生额及季末余额”；其次，在“借方”“贷方”“余额”三栏内分别计算出本季度三个月的借方、贷方发生额合计数及季末余额；最后，在此行下面划一条通栏红线，表示季度结账完毕。

（3）年度结账

年度结账，简称年结，即在每年年末进行结账。年度终了结账时，所有总账账户都应结出全年发生额和年末余额。年度结账的方法：首先，在本年最后一个季度的季度结账的下一行“摘要”栏注明“本年累计”或“本年发生额及年末余额”；其次，在“借方”“贷方”“余额”三栏内分别计算出本年度借方发生额合计、贷方发生额合计及年末余额；最后，在此行下面划两条通栏红线，表示全年经济业务的结账工作至此全部结束。

4.2.7 更换账簿

年度结账后，需要更换新的账簿，即将本年度账簿中的余额结转到下一会计年度对应的新账簿中，然后将本年度的全部账簿整理归档。

结转账簿年度余额时，应在本账簿中最后一笔记录（本年累计）的下一行“摘要”栏内注明“结转下年度”，将计算出的年末余额记入与余额方向相反的“借方（或贷方）”栏内，如“应收账款”总分类账簿年末余额方向为借方，在“结转下年度”行，将余额列入“贷方”栏，在“余额”栏内写“0”，在“借或贷”栏内写“平”字，如图 4.18 所示。

总　　账

科　目　应收账款

年		凭证		摘　要	借　方	√	贷　方	√	借或贷	余　额	√
月	日	字	号		亿千百十万千百十元角分		亿千百十万千百十元角分			亿千百十万千百十元角分	
				略							
12	31			本期发生额及期末余额	12000000		14000000		借	8000000	
				本季度累计	35000000		47000000		借	8000000	
				本年累计	86000000		92000000		借	8000000	
				结转下年度			8000000		平	0	

图 4.18　年度余额结平的登账格式

至此，本账簿年度余额结转完毕。

下一个会计年度要对所有账簿进行重新开设。在登记第一笔经济业务之前，应先将本账簿的上年结转余额列示出来，即在新建的有关会计账簿的第一行填写“×月×日”“上年结转”，将上年结转的余额填入“余额”栏，并标明余额借贷方向，余额借贷方向应与上一个会计年度本账簿的余额方向相同，如图 4.19 所示。

总　　账

科　目　应收账款

年		凭证		摘　要	借　方（亿千百十万千百十元角分）	√	贷　方（亿千百十万千百十元角分）	√	借或贷	余　额（亿千百十万千百十元角分）	√
月	日	字	号								
1	1			上年结转					借	8000000	

图 4.19　年初开账的登记格式

4.2.8　保管账簿

会计账簿是非常重要的经济资料，企业必须建立相应的管理制度对其进行妥善保管。保管会计账簿也是会计人员的工作内容之一。通常，我们把账簿的管理分为平时管理和归档保管两部分。

1．平时管理

在企业的会计核算过程中，会计人员对各种账簿管理的分工要明确，即企业要指定专人管理不同类型的账簿。账簿的经管人员不仅要负责记账、对账、结账等工作，还要保证账簿的安全。

一般来说，非经管人员未经企业负责人和会计主管或有关人员批准，不得随意翻阅和查看会计账簿。会计账簿除需要与外企业核对外，一般不得携带外出；对携带外出的账簿，一般应由经管人员或会计主管指定专人负责。为了保证账簿安全和防止任意涂改账簿等情况的发生，会计账簿不能随意交给其他人员管理。

2．归档保管

按规定，企业在年度终了更换并启用新账簿后，对更换下来的旧账簿必须进行整理装订、造册归档。

（1）归档前的整理工作

- 在装订账簿前，应当先检查和补齐必要的手续，如在改错处盖章、注销空行及空页、结转余额等；然后，按账簿启用表的使用页数核对各个账户是否相符、账页页数是否齐全、序号排列是否连续。

- 活页式账簿要先把未使用的空白账页撤出，再装订成册，并注明各账页的页码；然后，按会计账簿封面、账簿启用表、账户目录、该账簿按页码顺序排列的账页、会计账簿封底的顺序装订。

（2）装订时的注意事项

- 活页式账簿一般按账户分类装订成册，一个账户装订成一册或数册；账户账页较少的，也可以合并装订成一册。会计账簿要装订得牢固、平整，不能有折角、缺角、错页、掉页、夹空白纸等现象。
- 检查账簿封面、扉页的内容是否填写齐全、字迹是否工整，并注明所属年度及账簿名称、编号。编号为一年一编，编号顺序为总账、现金日记账、银行存款日记账、分户明细账。装订完成后，经办人员及装订人员、会计主管还应在封口处签名或盖章。

账簿更换后，要将其活页加上封面装订起来，由主管人员签章后，与订本账一起造册归档。归档时，要填写归档登记表，以明确责任。

会计账簿都有一定的保管期限，就企业会计而言，国家规定会计凭证保管期限为30年，其中涉及外事和重大事项的会计凭证应永久保管。

（3）不同用途、不同内容会计账簿的保管期限

- 一般日记账30年。
- 现金和银行存款日记账30年。
- 明细账和总账30年。
- 固定资产卡片在固定资产清理报废后保存5年。
- 辅助账簿保存30年，涉外和重大事项会计账簿永久保管。
- 财务报表中，年度财务报表永久保管，月度、季度财务报表保管10年。

会计账簿的保管期限，如表4.3所示。

表4.3　会计账簿的保管期限

会计账簿	保管期限	说明
明细账和总账	30年	
日记账		
备查账簿		
现金日记账	30年	
银行存款日记账		
固定资产卡片	5年	在固定资产清理报废后

4.3　各类账簿的登记方法

4.3.1　日记账的登记方法

现金日记账是专门用来记录现金收支业务的一种特种日记账。它是由出纳人员根据审核后的现金收款凭证和现金付款凭证，逐日、逐笔顺序登记的账簿。现金日记账必须使用订本账，一般使用成品账簿，内部的账页为三栏式账页，如图 4.20 所示。

现金 日记账

北京市财政局 监制

年 月	日	记账凭证 字	号	对应科目	摘要	现金支票号	金票码	收（借方）入 亿千百十万千百十元角分	支（贷方）出 亿千百十万千百十元角分	√	余额 亿千百十万千百十元角分

图 4.20　现金日记账

现金日记账在进行手工登记时，需要根据相应的记账凭证逐项登记。

例 4.1　2019 年 1 月 1 日，北京市顺发商贸有限公司收到沈阳万兴商贸有限公司 2018 年年底所欠货款，共计 531000 元。万兴公司以转账支票支付欠款，顺发公司 2018 年银行存款余额为 452103.55 元。

本笔业务对应的会计分录为：

借：银行存款　　　　　　　　　531000

　贷：应收账款——沈阳万兴　　　　　531000

登记完成后的银行存款日记账，如图 4.21 所示。

银行存款 日记账

北京市财政局 监制

开户银行：建行大兴开发区支行

账　　号：20026057865543

2019 年 月	日	记账凭证 字	号	对应科目	摘要	支票 种类	号码	收（借方）入 亿千百十万千百十元角分	支（贷方）出 亿千百十万千百十元角分	借或贷	余额 亿千百十万千百十元角分	√
1	1				上年结余					借	¥45210355	
1	1	略	略	应收账款	沈阳万兴还回所欠货款			¥53100000		借	¥98310355	

图 4.21　登记完成后的银行存款日记账

注意：日记账中的“对应科目”栏，只填写总账科目，无须填写明细科目。

例 4.2 2019 年 1 月 2 日，北京市顺发商贸有限公司销售产品一批，货款为 2 万元，增值税税率为 13%，款项以转账支票支付。

本笔业务对应的会计分录为：

借：银行存款　　22600

　贷：主营业务收入　　20000

　　　应交税费——应交增值税　　2600

登记完成后的银行存款日记账，如图 4.22 所示。

银行存款 日记账

北京市财税局 监制

开户银行：建行大兴开发区支行

账　号：200260578655543

2019年 月	日	记账凭证 字	号	对应科目	摘要	支票 种类	号码	收（借方）入	支（贷方）出	借或贷	余额	✓
1	1				上年结余					借	¥45210355	
1	1	略	略	应收账款	沈阳万兴还回所欠货款			¥53100000		借	¥98310355	
1	2	略	略	主营业务收入	产品销售款			¥2260000		借	¥100570355	

图 4.22　登记完成后的银行存款日记账

注意：在一笔业务中，对方科目可能会有两个或两个以上，这时只要填入主要科目即可。主要科目就是能够反映款项直接来源的科目。

例 4.3 2019 年 1 月 3 日，北京市顺发商贸有限公司购买办公用品，共计 500 元，其中 300 元由行政管理部门负担，200 元由车间负担。

本笔业务对应的会计分录为：

借：管理费用　　300

　　制造费用　　200

　贷：银行存款　　500

登记完成后的银行存款日记账，如图 4.23 所示。

第 1 页

银行存款 日记账

北京市财税局 监制

开户银行：建行大兴开发区支行

账　号：200260578655543

2019年 月	日	记账凭证 字	号	对应科目	摘要	支票 种类	号码	收（借方）入	支（贷方）出	借或贷	余额	✓
1	1				上年结余					借	¥45210355	
1	1	略	略	应收账款	沈阳万兴还回所欠货款			53100000		借	¥98310355	
1	2	略	略	主营业务收入	产品销售款			2260000		借	¥100570355	
1	3	略	略	管理费用等	购买办公用品				¥50000	借	¥100620355	

图 4.23　登记完成后的银行存款日记账

注意：当对应科目有多个且不能从科目上划分出主次时，可在“对应科目”栏中填入其中金额较大的科目，并在后面加上“等”字。

4.3.2　分类账的登记方法

分类账按其所反映内容的详细程度不同，分为总分类账和明细分类账。两者都是提供会计核算指标的账簿，总分类账对其所属明细分类账起着统御和控制的作用，明细分类账对其总分类账起着补充说明的作用；但是，由于总分类账和明细分类账所反映内容的详细程度不同，其格式和登记方法也有所不同。

1．总分类账的设置和登记方法

总分类账，简称总账，是分类、连续记录经济业务总括情况的账簿。总分类账可以集中、全面地反映经济活动的总体状况，为进一步进行会计核算提供总括的信息资料。

总分类账通常采用三栏式账页，由“借方”“贷方”“余额”三栏组成。由于各企业采用的会计核算组织程序不同，其总分类账登记的方法也有所不同。

- ☐ 会计人员可以直接根据记载经济业务的收款凭证、付款凭证、转账凭证及所附原始凭证逐笔进行登记。
- ☐ 按不同的汇总方法定期将有关的记账凭证进行归类汇总，编制记账凭证汇总表（科目汇总表）或汇总记账凭证，然后再根据记账凭证汇总表或汇总记账凭证在相应的总分类账簿中进行登记。
- ☐ 总分类账中各栏所记内容应与记账凭证或记账凭证汇总表内各项记载内容吻合，并及时结算出余额。
- ☐ 根据记账凭证汇总表或汇总记账凭证进行登记时，应在总分类账的“摘要”栏内注明“根据×月×日至×日记账凭证汇总表（或汇总记账凭证）”。

例 4.4　2019 年 1 月 31 日，北京市顺发商贸有限公司当月银行存款总分类账记录完成。登记完成后的银行存款总分类账，如图 4.24 所示。

总　分　类　账

总账科目：银行存款

2019 年		记账凭证		摘　要	借方（亿千百十万千百十元角分）	贷方（亿千百十万千百十元角分）	借或贷	余额（亿千百十万千百十元角分）	√
月	日	字	号						
1	1			上月余额			借	¥1250000000	
1	15	汇	1	1-15日本科目汇总	¥615500000	¥93150563	借	¥933994 37	
1	31	汇	2	16-31日本科目汇总	¥1612000000	¥275644 88	借	¥2270349 49	

图 4.24　登记完成后的银行存款总分类账

2. 明细分类账的设置和登记方法

明细分类账，简称明细账，是企业分类、连续记录经济活动具体情况的账簿。我们通常对财产物资、债权、债务、收入、费用等总分类账按照经济活动的实际需要设置相应的明细分类账。

明细分类账应根据审核无误的记账凭证及所附原始凭证逐日、逐笔进行登记，也可以根据经济业务的实际情况和经营管理的需要进行汇总登记。

根据经济活动的特点及记载反映的需要，明细分类账可分为三栏式明细分类账、数量金额式明细分类账、多栏式明细分类账、横线登记式明细分类账。

大部分科目明细分类账都采用三栏式明细分类账，如图 4.25 所示。

明 细 分 类 账

总账科目：应收账款　　　北京市财政局监制

2019 年		记账凭证		摘要	借方											贷方											借或贷	余额											✓
月	日	字	号		亿	千	百	十	万	千	百	十	元	角	分	亿	千	百	十	万	千	百	十	元	角	分		亿	千	百	十	万	千	百	十	元	角	分	
1	1			上月余额																							借			¥	6	8	9	2	3	4	6	8	
1	1	略	略	沈阳万兴还回所欠货款			¥	5	3	1	0	0	0	0	0												借		¥	1	2	2	0	2	3	4	6	8	
1	20	略	略	发现坏账																¥	1	0	0	0	0	0	借		¥	1	2	1	9	2	3	4	6	8	
1	24	略	略	西海公司还款并预付															¥	2	5	3	0	0	0	0	借		¥	1	1	9	3	9	3	4	6	8	

图 4.25　三栏式明细分类账

在登记数量金额式明细分类账时，首先要将明细科目名称、计量单位、规格、编号等填写在对应的项目内；然后根据经济业务发生的有关记账凭证及所附原始凭证上记载的具体内容，登记明细科目的增减数量、单价，并计算出总金额；最后按照选定的核算方法计算出结余的数量、单价和金额。它适用于“原材料”“库存商品”等需要进行金额核算的明细分类账。

多栏式明细分类账一般在“借方”或“贷方”栏下设立若干专栏，也可在借、贷双方栏下分别设立若干专栏，如办公费、折旧费等，以便具体、详细地记录、反映某项资金的增减变动情况。企业可根据其经济活动的特点和所提供数据资料的要求选择相应的多栏式账页，设立合理的多栏式明细分类账。多栏式明细分类账一般适用于成本、费用等需要详细核算、分析其组成及消耗情况的经济业务。

横线登记式明细分类账采用横线登记，在同一账页的同一行分设若干栏，逐笔对应反映某些经济业务，详细地记载一项经济业务从发生到结束的有关内容，“在途物资”“其他应收款”等均可以使用该种形式的明细分类账。

4.3.3 备查账的登记方法

企业除了可以设置日记账、分类账，还可以设置备查账。备查账是一种辅助账簿，可以为企业的经济活动和经营管理提供必要的补充资料。它没有统一的格式，企业可以依据实际管理需要来设置相应的项目内容。

- □ 租入固定资产登记簿的格式，如表 4.4 所示。

表 4.4 租入固定资产登记簿的格式

租入固定资产登记簿

资产名称	规格	合同号	租出单位	租入日期	租期	租金	使用地点	备注

制表人：

- □ 应收票据备查簿的格式，如表 4.5 所示。

表 4.5 应收票据备查簿的格式

应收票据备查簿

种类	号数	出票日期	交易合同号	票面金额	到期日期	利率	付款人	承兑人	背书人	贴现			收回		注销	备注
										日期	贴现率	贴现净额	日期	金额		

企业在设置应收票据备查簿时，应该逐笔登记每张应收票据的种类、号数、出票日期、交易合同号、票面金额、到期日期、利率、付款人、承兑人、背书人的姓名或单位名称、贴现日期、贴现率和贴现净额，以及收回日期和收回金额等内容。应收票据到期结清票款后，应在备查簿内逐笔注销。

企业在设置应付票据备查簿时，应该详细登记每一张应付票据的种类、号数、签发日期、到期日期、票面金额、交易合同号、收款人姓名或单位名称，以及付款日期和金额等详细资料。应付票据到期付清时，也应在备查簿内逐笔注销。

4.4 错账处理

会计人员在登记账簿时，必须严肃认真、一丝不苟地按照相关手续和规定进行。但在实际操作中，会计人员会由于各种原因导致登账不慎，出现错记、漏记等情况。其实，这些情况是可以避免或及时发现并做出处理的。

4.4.1 产生错账的原因

在会计核算的过程中，导致会计人员产生错账的原因有很多种，总体概括起来主要有以下几种:

（1）记账方向错误。会计人员在记账时，将账簿中借方与贷方的记载颠倒，如把“借方”记成“贷方”或把“贷方”记成“借方”，把应记为“红字”的数字误记为“蓝字”或把应记为“蓝字”的数字误记为“红字”，这些都属于记账方向错误。

（2）漏记。会计人员在记账时，将某一凭证的金额数字遗漏，未记入账簿。

（3）重记。会计人员把已经登记入账的金额数字又重复记入账簿。

（4）记错科目。会计人员在记账时，将现金记入银行存款账目。

（5）数字位数移位。会计人员在记账时，将数字位数移动，即以大写小（少写1个或几个0）或以小写大（多写1个或几个0）。例如，将100写成10或将10写成100等。

（6）数字位数颠倒。会计人员在记账时，将某一数字中相邻的两位颠倒登记入账，即邻数颠倒或隔位数字倒置。例如，将12写成21、123写成132等。

（7）其他不规则错误。会计原理、准则运用错误，即在会计凭证的填制、会计科目的设置、会计核算形式的选用、会计核算程序的设计等会计核算的各个环节出现不符合会计原理、准则等的错误。计算错误，即确定计量单位错误、选择计算方法错误、运用计算公式错误，以及在结账时发现数字打错、余额记错，从而导致数据不符等。

4.4.2 错账的查找方法

会计人员在进行对账时，可能会发现各种各样的差错。产生差错的原因可能是 4.4.1 节所说的记账方向错误、漏记、重记、记错科目、数字位数移位、数字位数颠倒等，这严重地影响了会计信息的正确性。下面我们就为大家提供几种错账的查找方法。

1. 差数法

差数法是按照错账的差数查找错账的方法。

例如，会计凭证上的会计分录为:

借: 应交税费——城市维护建设税　　687.50

　　　　　　——个人所得税　　900.00

　　　　　　——教育费附加　　335.50

　贷: 银行存款　　　　1923.00

假如会计人员在记账时漏记了城市维护建设税 687.5 元，那么在期末进行应交税费总账和明细账核对时，就会出现总账借方余额比明细账借方余额多 687.5 元的情况。对于这类差错，应由会计人员通过回忆相关金额的记账凭证进行查找。

2. 尾数法

对于发生的角、分的差错可以只查找小数部分，以提高查错的效率。例如只差 0.09 元，只要查找尾数有 0.09 的金额，看是否已将其登记入账即可。

3. 除 2 法

当账账、账证或账实不符且差数为偶数时，应首先检查记账方向是否发生错误。在记账时，会计人员由于疏忽，可能错将借方金额登记到贷方或将贷方金额登记到借方，这必然会出现一方合计数增多，另一方合计数减少的情况，其差额恰好是记错方向数字的 1 倍且差数为偶数。对于这种错账的查找，可先将差错数除以 2，得出的商数就是账目中记账方向的反方向数字，然后再到账目中去寻找差错的数字就会有一定的针对性。

例如，会计凭证上的会计分录为:

借: 其他应收款——张三　　500

　贷: 库存现金　　　　500

假如会计人员在登记明细账时错把其他应收款记入贷方，那么在核对总账与明细账时，就会出现总账借方余额大于明细账借方余额 1000 元的情况，这时将 1000 元除以 2，正好是贷方记错的 500 元。

4. 除 9 法

除 9 法是指用对账差额除以 9 来查找错账的一种方法，主要适用于以下两种错账的查找。

（1）数字位数移位的查找

在查找错误时，如果差错的数额较大，会计人员应该检查一下是否在记账时发生了数字位数移位的情况。在记账时，有时会计人员会把位数看错，如把十位数看成百位数、百位数看成千位数，即把小数看大了；也可能把百位数看成十位数、千位数看成百位数，即把大数看小了。在这种情况下，差错数额一般比较大，可以用除 9 法进行检查。比如，将 40 元看成 400 元并登记入账，在对账时就会出现余额差 400−40=360（元），用 360 元除以 9，商为 40 元，40 元就是应该记录的正确数额；又如，将收入现金 600 元误记为 60 元，对账结果会出现 600−60=540（元）的差额，用 540 元除以 9，商为 60 元，60 元即为差错数。

（2）数字位数颠倒的查找

在记账时，有时会计人员会将相邻的两位数或三位数的数字登记颠倒，如将 68 记成 86、513 记成 315，它们的差额分别为 18 和 198，都可以被 9 整除，知道错误原因后，再进一步判断错在哪一笔业务上就可以了。

如果用上述方法检查均未发现错误，而对账结果又确实不符，就只有采用顺查、逆查、抽查等方法检查是否有漏记或重记等现象。顺查法是指按账务处理的顺序，从凭证开始到账簿记录为止从头到尾进行普遍核对的方法。逆查法是指与账务处理顺序相反，从尾到头进行检查的方法。抽查法是指抽取账簿记录中某些局部进行检查的方法。

4.4.3 错账的更正方法

在对会计账簿进行对账的过程中发现错账时，是不允许涂改、挖补、刮擦或用药水消除字迹的，也不能采用重新抄写的方式，必须按照错账更正的具体方法进行更正。

错账的更正方法一般包括划线更正法、红字冲销法和补充登记法。

1. 划线更正法

划线更正法又称红线更正法，是指在结账前核对账目时，发现账簿记录有错误，而其所依据的记账凭证没有错误，即只是账簿上的文字或数字有误。此时，应采用划线更正法进行更正。

划线更正法的具体步骤如下：

（1）在错误的文字或全部数字正中划一条红色横线，表示错误内容已被注销，但必须使原有字迹可辨认，以备查找。

（2）在划线的上方用蓝字或黑字将正确的文字或数字填写在同一行的上方位置，并由会计人员在更正处盖章，以明确责任。

假如是记错账簿或记错方向，可将错误内容划红线注销，然后将正确的文字或数字重新过入应记的账簿或方向栏内，同时在注销处加盖会计人员印章。

例 4.5　2019 年 1 月 3 日，时任成本会计的周文不慎将摘要文字写错。发现问题后，她马上进行更正，使用的正是划线更正法，如图 4.26 所示。

明细分类账

会计科目：生产成本　　第 1 页　总 3 页

2019 年 月	日	凭证 种类	号数	摘要	借方（项目） 原材料	工资	制造费用	合计	贷方	余额
1	1			上年结余	¥5000.00		¥3000.00	¥8000.00		¥8000.00
1	2	转账	01001	领用原材料	¥1000.00			¥1000.00		¥9000.00
1	3	转账	01002	退回原材料（~~领用原材料~~ 周文）	¥500.00			¥500.00		¥8500.00

图 4.26　文字错误的划线更正

例 4.6　2019 年 1 月 24 日，在登记总账时，会计周文误将数字 23500 写为 25300。发现问题后，她立刻进行划线更正，如图 4.27 所示。

总分类账

总账科目：应收账款

2019 年 月	日	记账凭证 字	号	摘要	借方	贷方	借或贷	余额
1	1			上月余额			借	¥689234.68
1	1	转	1	沈阳万兴退回所欠货款	¥531000.00		借	¥1220234.68
1	20	转	37	发现坏账		¥1000.00	借	¥1219234.68
1	24	转	44	西海公司还款并预付		¥23500.00（~~¥25300.00~~）	借	¥1195734.68

图 4.27　数字错误的划线更正

注意：若文字写错，可以只更正个别错字；若数字写错，则必须将错误的数字全部划线注销，不能只更正该数字中个别错误数字。例如，会计周文在根据记账凭证入账时，误把数字 23500 写为 25300。在更正时，不能只将 53 划一条红线注销，上方写 35 了结，必须按照正确的方法更正。

2. 红字更正法

红字更正法又称红字冲销法。在会计上，以红字记录表明对原记录的冲减。红字更正法适用于以下两种情况。

(1) 在记账后，经会计人员核对发现记账凭证中的应借、应贷会计科目或记账方向有错误，但记账凭证同账簿记录的金额吻合，这时应采用红字更正法更正。

① 先用红字填制一张与原错误记账凭证内容完全相同的记账凭证，在凭证的"摘要"栏内注明"冲销×月×日×字×号凭证"字样，并据以用红字登记入账；在账簿的"摘要"栏内注明"冲销×月×日错账"，在"凭证"栏内写上凭证的"字、号"，冲销原有错误的账簿记录。

② 用蓝字或黑字填制一张内容正确的记账凭证，在"摘要"栏内注明"订正×月×日×字×号凭证"字样，并据以用蓝字或黑字登记入账；在账簿的"凭证"栏内写入该凭证的"字、号"，在"摘要"栏内注明"更正×月×日错账"。

例 4.7 会计周文以现金支付银行利息 550 元，在填制记账凭证时误记入"银行存款"科目，并据以登记入账，其错误记账凭证对应的会计分录为：

借：应付利息　　550

　贷：银行存款　　550

已记账的错误凭证，如图 4.28 所示。

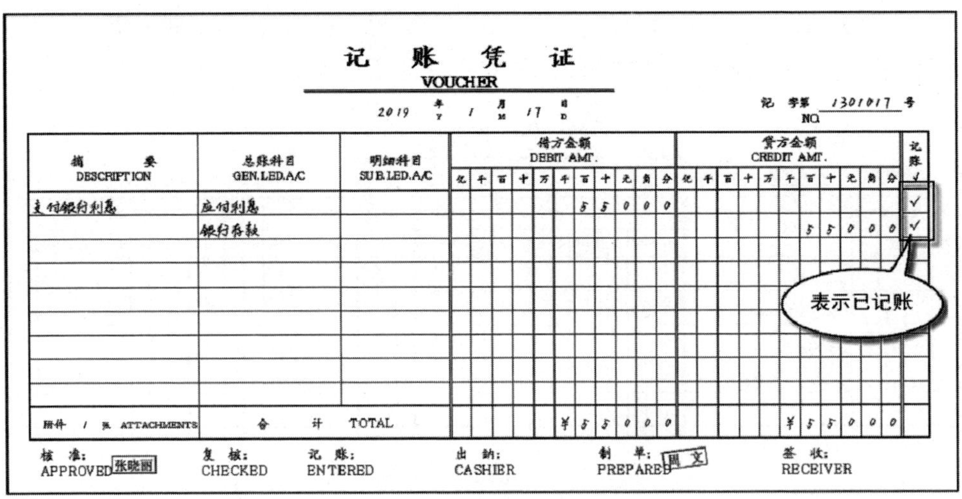

图 4.28　已记账的错误凭证

登记完成后的账簿，如图 4.29 所示。

银行存款日记账

开户银行：中国工商银行北京市支行

账　号：3265188845210235б

2019年 月	日	凭证字号	银行凭证	摘要	对应科目	借方	贷方	借或贷	余额	√
1	1			上年余额				借	¥7134587.69	
1	1	01001	2857	购买原材料款	原材料		¥5000.00	借	¥2084587.69	
1	5	01007	9866	收到中兴公司还款	应收账款	¥58700.90		借	¥2143287.69	
1	17	01011	3657	购买办公用品	管理费用		¥7500.00	借	¥7148787.69	
1	17	01017	6352	支付银行利息	应付利息		¥550.00	借	¥2147737.69	

总分类账

总账科目：应付利息

2019年 月	日	记账凭证 字	号	摘要	借方	贷方	借或贷	余额	√
1	1			上月余额			贷	¥3235.42	
1	17		1017	支付利息	¥550.00		贷	¥2685.42	

北京市财政局 监制

图 4.29　登记完成后的账簿

根据业务的发生，该项会计分录的贷方应记为“库存现金”科目。在更正时，应用红字编制以下会计分录：

借：应付利息　　550（红字）

　贷：银行存款　　550（红字）

更正的红字凭证，如图 4.30 所示。

记账凭证

VOUCHER

2019 年 Y　1 月 M　20 日 D　　记 字第 1301033 号 NO.

摘要 DESCRIPTION	总账科目 GEN.LED.A/C	明细科目 SUB.LED.A/C	借方金额 DEBIT AMT.	贷方金额 CREDIT AMT.	记账 √
更正凭证1017	应付利息		550.00		√
	银行存款			550.00	√
附件　张 ATTACHMENTS	合　计 TOTAL		¥550.00	¥550.00	

核准：APPROVED 张晓丽　复核：CHECKED　记账：ENTERED　出纳：CASHIER　制单：PREPARED 周文　签收：RECEIVER

图 4.30　更正的红字凭证

红字更正后的账簿，相关账簿如图 4.31 所示。

银行存款日记账

开户银行：中国工商银行北京市支行

账　号：32659888452102356

2019年 月	日	凭证字号	银行凭证	摘要	对应科目	借方	贷方	借或贷	余额	√
1	1			上年余额				借	¥213458769	
1	1	01001	2857	购买原材料款	原材料		¥5000000	借	¥208458769	
1	5	01007	9866	收到中兴公司还款	应收账款	¥58700000		借	¥214328700	
1	12	01011	3652	购买办公用品	管理费用		¥2500000	借	¥214828700	
1	11	01011	6352	支付银行利息	应付利息		¥55000	借	¥214113100	
1	20	01033		更正凭证1017	应付利息		¥55000	借	¥214828700	

总分类账

总账科目：应付利息

2019年 月	日	记账凭证 字	号	摘要	借方	贷方	借或贷	余额	√
1	1			上月余额			贷	¥373547	
1	17		1017	支付利息	¥55000		贷	¥268542	
1	26		1033	更正凭证1017	¥55000		贷	¥323542	

图 4.31　红字更正后的账簿

错误的记账凭证以红字更正后，表明已全部冲销原有错误记录，接着再用蓝字或黑字编制如下会计分录，并据以登记入账：

借：应付利息　　550

　贷：库存现金　　550

更正后正确的记账凭证，如图 4.32 所示。

记账凭证

VOUCHER

2019 年 1 月 20 日　　记 字第 1301034 号 NO.

摘要 DESCRIPTION	总账科目 GEN.LED.A/C	明细科目 SUB.LED.A/C	借方金额 DEBIT AMT.	贷方金额 CREDIT AMT.	记账 √
支付银行利息	应付利息		55000		√
	库存现金			55000	√
（附件凭证1017）					
附件　张 ATTACHMENTS	合　计　TOTAL		¥55000	¥55000	

核准：APPROVED 张晓丽　复核：CHECKED　记账：ENTERED　出纳：CASHIER　制单：PREPARED 周文　签收：RECEIVER

图 4.32　更正后正确的记账凭证

凭证入账后的账簿，如图 4.33 所示。

总分类账

总账科目：应付利息

北京市财政局监制

2019年 月	日	记账凭证 字	号	摘要	借方	贷方	借或贷	余额	√
1	1			上月余额			贷	¥323542	
1	17		1017	支付利息	¥55000		贷	¥268542	
1	20		1033	更正凭证1017	¥55000		贷	¥323542	
1	20		1034	更正凭证1017	¥55000			¥268542	

现金日记账

2019年 月	日	凭证字号 字	号	银行凭证	摘要	对应科目	借方	贷方	借或贷	余额	√
1	1				上年余额				借	¥258700	
1	1		1002		购买办公用品	管理费用		¥50000	借	¥208700	
1	5		1008		购买办公用品	管理费用		¥80000	借	¥128700	
1	10		1011	3655	提取备用金	银行存款	¥200000		借	¥328700	
1	18		1019		支付运杂费	管理费用		¥36800	借	¥291900	
1	20		1034		支付银行利息	应付利息		¥55000	借	¥236900	

图 4.33　凭证入账后的账簿

（2）在记账或结账后，经会计人员核对发现记账凭证中应借、应贷的会计科目和记账方向都没有错误，记账凭证和账簿记录的金额也吻合，只是所记金额大于应记金额，这时应采用红字更正法更正。

将多记的金额用红字填制一张与原错误记账凭证所记载的会计科目、借贷方向相同的记账凭证，在“摘要”栏内注明“冲销×月×日×字×号凭证多记金额”，并据以登记入账；在账簿的“摘要”栏内注明“冲销×月×日多记金额”，将原记录中多记的金额冲销，求得正确金额。

例 4.8　会计周文用银行存款 3000 元购买办公用品，在填制记账凭证时，误记金额为 30000 元，但会计科目、借贷方向均无错误，其错误记账凭证对应的会计分录为：

借：管理费用　　　30000

　贷：银行存款　　　30000

已记账的错误凭证，如图 4.34 所示。

在更正时，应将多记的差额 27000 元用红字编制以下会计分录：

借：管理费用　　　27000（红字）

　贷：银行存款　　　27000（红字）

更正的红字凭证，如图 4.35 所示。

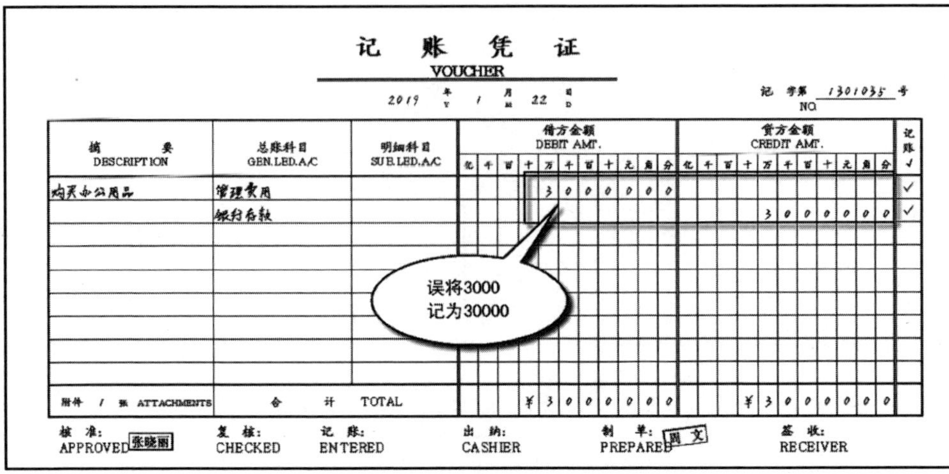

图 4.34　已记账的错误凭证

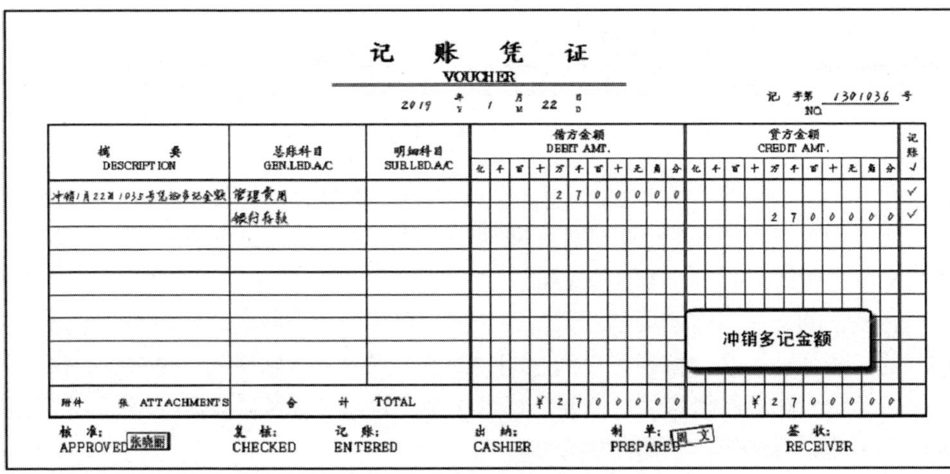

图 4.35　更正的红字凭证

错误的记账凭证以红字更正后，即可反映其正确金额 3000 元。

如果记账凭证所记录的文字、金额与账簿所记录的文字、金额不符，应首先采用划线更正法更正，然后用红字更正法更正。

3．补充登记法

在记账或结账后，经会计人员核对发现记账凭证中应借、应贷的会计科目和记账方向都没有错误，记账凭证和账簿记录的金额也吻合，只是所记金额小于应记金额，这时应采用补充登记法更正。

将少记的金额用蓝字或黑字填制一张与原错误记账凭证所记载的会计科目、借贷方向相同的记账凭证，在"摘要"栏内注明"补充×月×日×字×号凭证少记金额"，并据以登记入账；在账簿的"摘要"栏内注明"补充×月×日少记金额"，以补记少记金额，求得正确金额。

例 4.9　会计周文用银行存款 50000 元购买原材料，在填制记账凭证时，误记金额为 5000 元，但会计科目、借贷方向均无错误，其错误记账凭证对应的会计分录为：

借：原材料　　　　5000

　贷：银行存款　　　　5000

已记账的错误凭证，如图 4.36 所示。

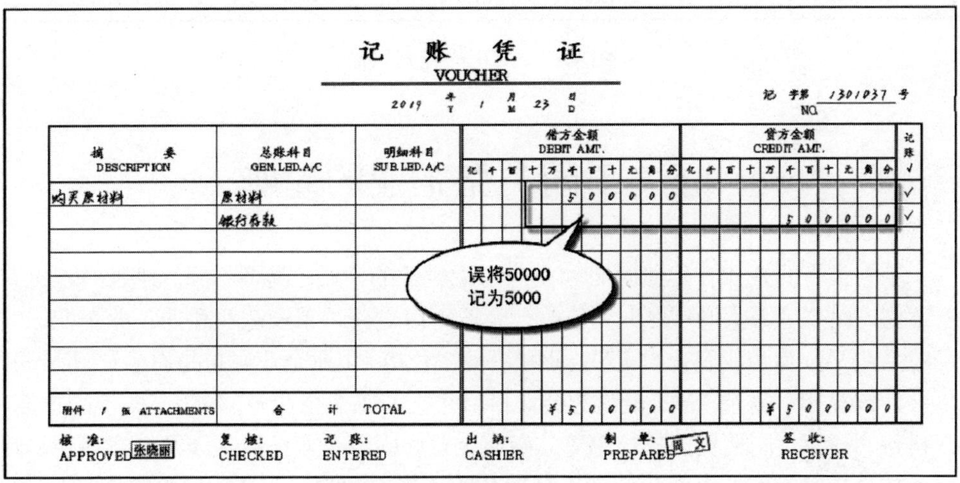

图 4.36　已记账的错误凭证

在更正时，应补充登记少记的 45000 元，用蓝字或黑字编制以下会计分录：

借：原材料　　　　45000

　贷：银行存款　　　　45000

更正的补充凭证，如图 4.37 所示。

错误的记账凭证以蓝字或黑字更正后，即可反映其正确金额 50000 元。

如果记账凭证中所记录的文字、金额与账簿所记录的文字、金额不符，应首先采用划线更正法更正，然后用补充登记法更正。

注意：在使用红字更正法、补充登记法时，必须注明所填记账凭证（或所改记账凭证）的日期、编号及更正说明，以便前后衔接，查实核对。

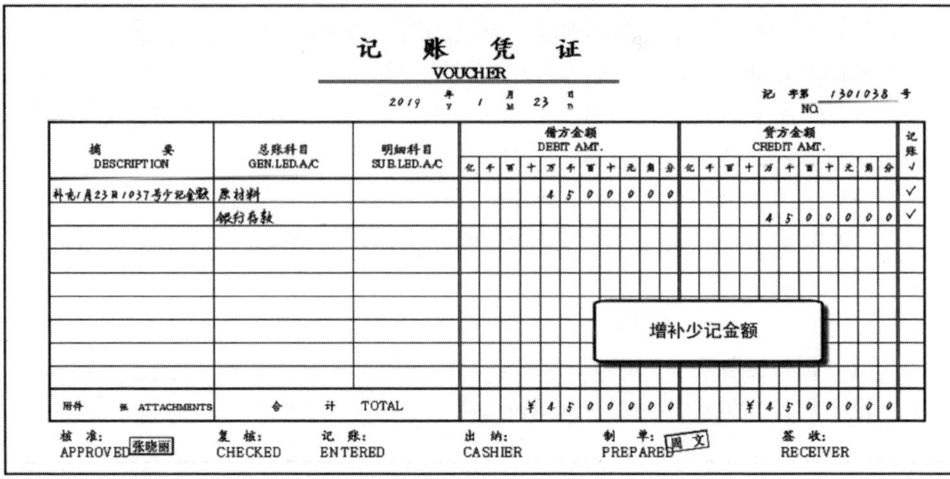

记 账 凭 证

VOUCHER

2019 年 1 月 23 日

记 字第 1301038 号 NO.

摘要 DESCRIPTION	总账科目 GEN.LED.A/C	明细科目 SUB.LED.A/C	借方金额 DEBIT AMT.	贷方金额 CREDIT AMT.	记账 √
补记1月23日1037号少记金额	原材料		450000		√
	银行存款			450000	√
附件 张 ATTACHMENTS	合 计 TOTAL		¥450000	¥450000	

核准：APPROVED 张晓丽　复核：CHECKED　记账：ENTERED　出纳：CASHIER　制单：PREPARED 周文　签收：RECEIVER

图 4.37　更正的补充凭证

4.5　不同类型企业的建账

不同类型的企业在建账时必须充分考虑企业的性质，类型不同，建账内容也有所不同。以“是否生产产品”为依据，企业可以划分为工业企业和非工业企业。非工业企业又分为商业企业、服务企业和事业单位等。工业企业必定是有生产环节的，其会计核算相对复杂，需要设置的会计科目也比非工业企业多，如生产成本的核算、原材料的核算、制造费用的核算等。商业企业和服务企业一般不涉及上述科目，其会计核算相对简单。下面我们就来具体介绍不同类型的企业是如何建账的。

4.5.1　企业建账应注意的问题

假设朝华贸易有限公司是一家贸易公司，以销售商品为主业，其商品的种类很多。公司筹建完成后，会计人员首先要进行建账工作，通过建账可以看出一个会计人员的会计业务能力及其对企业业务的熟悉程度。建账工作做得好，可以使经营管理者更好地了解企业资金、收入等信息，以便加强经济管理、提高公司盈利。那么，在建账时需要注意的问题有哪些呢？下面我们就来了解一下。

1. 确定企业的规模

企业规模和业务量是成正比的。企业在建账时要依据企业规模、经济业务的繁简程度、会计人员的多少来设置不同的账簿。

朝华贸易有限公司的业务量大、规模大、商品种类多，财务部门的分工相对较为复杂，需要设置的账簿也较多。公司除了必须设置现金和银行存款日记账，还要设置各种总账和明细账。有的公司规模小、业务量小，一个会计人员基本上就可以处理所有经济业务，需要设置的账簿自然也较少，所有的明细账合成一两本即可。另外，企业还要确定明细账的账页格式及记账凭证种类（如果企业现金收付业务较多，可以购买收款凭证、付款凭证、转账凭证；如果企业收付业务较少，可以购买通用记账凭证）。

企业应根据明细账的多少选择所需要的封面和装订明细账用的账本钉或线绳，同时还要准备企业章程、企业营业执照（三证合一）、验资报告等，特别是验资报告。它不但能反映企业的注册资本金额、账务中的实收资本金额，还能反映股东的出资方式是货币还是实物等。如果没有验资报告、不能确定股东的出资方式，是无法建账的。若注册资本发生变动，还应该取得历次的验资报告；若以实物出资，还要找到当时的评估报告。

2. 满足企业的管理需要

建立账簿一方面是为了满足企业的管理需要，另一方面是为了给经营管理者提供更加全面的会计信息，使其随时掌握企业经营情况，及时采取必要的措施弥补不足，改善经营管理。

例如，像朝华贸易有限公司这样规模大、业务量大的企业，其所产生的费用、日常的开支相对也较大，容易导致资金流量大、应收账款过多等问题。如果管理不完善，必定会影响公司的发展。因此，该公司应在每个环节上都设定部门权限管理，发挥互相监督的管理职能。在建账时，应避免重复设账、记账。

3. 选择账务处理程序

账务处理程序，也称会计核算组织程序，是指按一定的程序和方法整理会计凭证、登记账簿，最终编制财务报表的过程。具体来说，企业的会计人员除了要做好记账工作，还要计算成本的发生、完成成本的结转、核算产品的销售收入、费用、利润，这些计算、结转和核算工作就是账务处理的核算程序。它是根据每个企业的业务量大小来决定的。一套合理的账务处理程序不仅能简化会计核算手续、节约费用支出，还能促进会计工作的分工协作，为经营管理者提供及时、准确的会计信息。企业一旦选择了账务处理程序，就决定了其账簿的设置。

4.5.2 工业企业建账

工业企业就是我们所说的制造业，是专门从事产品的制造、加工、生产的企业。由于工业企业会计核算涉及的内容较多，成本核算程序较为复杂，所以工业企业建账相对较难，但具有典型意义。工业企业基本上是按日记账、明细分类账、总分类账等项目来建立财务体系的。

1. 现金日记账和银行存款日记账

现金日记账是用来登记企业库存现金每日的收入、支出和结存情况的账簿。在实际工作中，现金日记账要求日清月结，余额应与出纳保管的库存现金相符，杜绝资金的“体外循环”。

银行存款日记账是用来反映企业银行存款增加、减少和结存情况的账簿。如果企业有多个银行账号，还应分别登记各个账号的业务发生情况。银行存款日记账余额应与银行对账单相符，若不符，应在月初编制银行存款余额调节表，其格式如表 4.6 所示。

表 4.6 银行存款余额调节表

<table>
<tr><td colspan="10">银行存款余额调节表</td></tr>
<tr><td colspan="10">年　月　日</td></tr>
<tr><td colspan="5">单位名称：</td><td colspan="5">账号：</td></tr>
<tr><td colspan="3">企业账面余额</td><td colspan="2"></td><td colspan="3">银行账面余额</td><td colspan="2"></td></tr>
<tr><td colspan="3">加：企业未收账款</td><td colspan="2"></td><td colspan="3">加：银行未收账款</td><td colspan="2"></td></tr>
<tr><td colspan="3">减：企业未付账款</td><td colspan="2"></td><td colspan="3">减：银行未付账款</td><td colspan="2"></td></tr>
<tr><td colspan="3">调整后余额</td><td colspan="2"></td><td colspan="3">调整后余额</td><td colspan="2"></td></tr>
<tr><td colspan="4">会计主管：</td><td colspan="3">复核：</td><td colspan="3">出纳：</td></tr>
<tr><td colspan="5">企业未达账项</td><td colspan="5">银行未达账项</td></tr>
<tr><td>月</td><td>日</td><td>摘要</td><td>未收</td><td>未付</td><td>月</td><td>日</td><td>摘要</td><td>未收</td><td>未付</td></tr>
<tr><td></td><td></td><td></td><td></td><td></td><td></td><td></td><td></td><td></td><td></td></tr>
<tr><td></td><td></td><td></td><td></td><td></td><td></td><td></td><td></td><td></td><td></td></tr>
<tr><td></td><td></td><td></td><td></td><td></td><td></td><td></td><td></td><td></td><td></td></tr>
<tr><td></td><td></td><td></td><td></td><td></td><td></td><td></td><td></td><td></td><td></td></tr>
<tr><td colspan="3">合计</td><td></td><td></td><td colspan="3">合计</td><td></td><td></td></tr>
</table>

例 4.10　海地电子贸易有限公司采用根据收款凭证登记现金日记账、银行存款日记账的方法。现收到投资人张三转入企业银行账户的投资款 15 万元，会计人员可以依据银行出具的银行收款凭证填制银行存款收款凭证，编号为银收字 001 号，对应的会计分录为:

借：银行存款　　　　　　　150000

　贷：实收资本　　　　　　　　150000

根据以上会计分录填制的银收字 001 号凭证，可以登记银行存款日记账。

例 4.11　海地电子贸易有限公司的会计人员开出现金支票，从银行提取现金 3 万元作为公司日常支出。根据现金支票的存根联，会计人员可以填制银行存款付款凭证，编号为银付字 001 号，对应的会计分录为:

借：现金　　　　　　　　　30000

　贷：银行存款　　　　　　　　30000

根据以上会计分录填制的银付字 001 号凭证，可以登记现金日记账和银行存款日记账。

2．明细分类账

在不同性质的企业中，其明细分类账是根据企业自身的管理需要和外界各企业对本企业信息资料的需要设置的。在工业企业里，我们将其分为三大部分:

- □　资产负债类明细分类账，其格式如表 4.7 所示。
- □　基本成本明细分类账，其格式如表 4.8 所示。
- □　损益类明细分类账，其格式如表 4.9 所示。

表 4.7　资产负债类明细分类账的格式

序号	账户名称	备注	二级明细例子
1	短期投资	根据投资种类和对象设置	如 A 公司、B 公司等
2	应收账款	根据客户名称设置	如××客户等
3	其他应收款	根据应收部门、员工等设置	如行政部或××员工等
4	固定资产	根据固定资产类型设置	如办公设备、机械设备等
5	待摊费用	根据费用种类设置	如预付报刊订阅费等
6	短期借款	根据短期借款的种类或对象设置	如××银行
7	应付账款	根据应付对象设置	如××公司
8	预收账款	根据客户名称设置	如××公司
9	其他应付款	根据应付的内容设置	如医疗保险、住房公积金等
10	应付职工薪酬	根据应付部门设置	如行政部、财务部等

续表

序号	账户名称	备注	二级明细例子
11	应付福利费	根据福利费的构成内容设置	如医药费等
12	应交税费	根据税金的种类设置	如应交增值税等
13	管理费用	根据费用的构成设置	如办公费等
14	财务费用	根据费用的构成设置	如银行手续费等

表 4.8　基本成本明细分类账的格式

<table>
<tr><td colspan="2">基本成本明细分类账</td></tr>
<tr><td>材料成本明细分类账</td><td>生产成本明细分类账</td></tr>
<tr><td>一、采用材料按实际成本计价。设置在途物资或材料采购明细账，以便核算不同原材料的实际成本</td><td>一、设置基本生产成本明细账。根据企业选择的成本计算方法，按产品品种、批号、类别、生产步骤设置明细账</td></tr>
<tr><td rowspan="2">二、采用材料按计划成本计价。设置材料采购明细账，采用横线登记法。按材料的规格、型号登记材料采购的实际成本和发出材料的计划成本，计算出材料的成本差异。另外，还可以建立材料成本差异明细账，反映各种材料的实际成本与计划成本的差异，计算出材料成本差异分配率</td><td>二、设置辅助生产成本明细账。反映归集的辅助生产费用或生产成本及分配出去的辅助生产成本和转出去的完工的辅助生产产品费用，如修理费、待摊的租金、书刊费等</td></tr>
<tr><td>三、制造费用明细账是所有工业企业必须设置的。它是根据制造产品时发生的工资、折旧费、修理费、低值易耗品等来设置的</td></tr>
</table>

表 4.9　损益类明细分类账的格式

序号	账户名称	备注	二级明细例子
1	主营业务收入	根据产品的品种、类别设置	如甲产品、乙产品等
2	主营业务成本	与主营业务收入的分类相对应	如甲产品、乙产品等
3	其他业务收入		
4	其他业务成本		
5	税金及附加		

注意：在实际建账过程中，企业应根据业务量的大小和业务的实际需要增减明细账的设置，根据原始凭证、汇总原始凭证及记账凭证登记各种明细账。

3. 总分类账

总分类账是根据企业涉及的业务和会计科目来设置的。总体来讲，只要是企业涉及的会计科目就要有相应的总账账簿与之对应。

总分类账一览表，如表 4.10 所示。

表 4.10　总分类账一览表

工业企业通常设置的总账
库存现金、银行存款、其他货币资金、短期投资、应收账款、其他应收款、存货、待摊费用、固定资产、累计折旧、无形资产、短期借款、应付票据、其他应付款、应付职工薪酬、应付福利费、应交税费、其他应交款、预提费用、长期借款、实收资本（股本）、资本公积、盈余公积、未分配利润、本年利润、主营业务收入、主营业务成本、税金及附加、销售费用、其他业务收入、其他业务支出、营业外收入、营业外支出、所得税、以前年度损益调整等
与存货相关的账户
原材料、在途物资、材料采购、委托加工物资、包装物及低值易耗品、库存商品、发出商品等
与成本计算相关的账户
待摊费用、生产成本、劳务成本、研发支出等

总分类账可以根据记账凭证逐笔登记，也可以根据科目汇总表或汇总记账凭证进行登记。在建立总分类账时，没必要一个科目设置一本总账，我们可以对总账账页进行分页使用，因此，即便是业务量再大的企业，总账也只有几本。

为了方便登记，在对总账账页分页使用时，最好按资产、负债、所有者权益、收入、费用的顺序来分页，在标签纸的选择上也可将资产、负债、所有者权益、收入、费用以不同的颜色区分开，以便查找和登记。

最后，也是最为重要的，就是总账的期末余额与明细账的期末余额必须是相等的。

4．其他问题

由于工业企业的成本计算相对比较复杂，所以为了方便凭证的编制，需要设计部分计算用的表格，如领料单、进仓单、材料费用分配表、工资费用计算表、完工产品成本计算表等。

领料单的格式，如表 4.11 所示。

表 4.11　领料单的格式

领　料　单					
领用部门：		领料日期：			
序号	材料名称	规格	数量	单位	用途说明
1					
2					
3					
4					
5					
6					
主管/经理：	库管员：		领料人：		

第一联：存根联

进仓单的格式，如表 4.12 所示。

表 4.12 进仓单的格式

进 仓 单						
项目名称：						
供应商：				日期：		
序号	材料/设备名称	规格	单位	数量	单价	金额
1						
2						
3						
4						
5						
合计						
主管/经理：		采购员：		仓管员：		

完工产品成本计算表的格式，如表 4.13 所示。

表 4.13 完工产品成本计算表的格式

完工产品成本计算表											
年 月											
产品名称	单位	数量	成本项目					单位成本	总成本	备注
			材料	工资	福利费	制造费用	合计			
制表人：										

4.5.3 商业企业建账

商业企业，即商品流通企业，是从事商品流通的独立核算企业。它是没有生产线、不生产产品的，如商场、超市、销售公司等。商业企业的经济活动主要为流通领域中的购、销、存活动，主要核算的是采购成本，即主营业务成本的核算及商品流通费用的核算。商业企业建账的主要内容有以下几种。

1．现金日记账和银行存款日记账

商业企业的现金日记账和银行存款日记账的建立方式与工业企业的相同。

2．明细分类账

商业企业的明细分类账与工业企业的相比要简单得多。

资产负债类明细账，其涉及的账户和建立方式与工业企业的一样。

商品类明细账之一：商品采购明细账。它是用来核算购进商品进价成本及入库商品实际成本的明细账，按客户的名称来设置，用数量金额式账簿进行登记。

商品类明细账之二：库存商品明细账。它是用来核算商品收、发、结、存情况的明细账，按商品的种类、名称、规格或存放地点来设置，同样使用数量金额式账簿进行登记。商业企业在按实际成本计算已销售商品的成本时，可按加权平均法、先进先出法、后进先出法等计算。如果是商品零售企业，还应设置“商品进销差价”账户，由于此账户是“库存商品”的调整账户，所以它的明细账设置口径应与“库存商品”明细账一致。

损益类明细账，其涉及的账户和建立方式也与工业企业的基本相同。其中的“经营费用”反映商品流转整个经营环节所发生的各种费用，应按费用的种类，如运输费、装卸费、广告费等分类反映。

3．总分类账

商业企业总分类账的设置与工业企业的大致相同，但由于商业企业是大量地购进商品后直接销售的，所以除了要设置工业企业日常的总分类账簿，还要设置商品采购、库存商品、商品进销差价三个账簿。

商业企业必须使用总分类账簿。若经常委托他人代销商品或为他人代销商品，还应设置委托代销商品、代销商品款、受托代销商品账簿。在会计实际工作中，企业可根据业务量的大小和业务的实际需要增减总账账簿。

4．其他问题

因为商业企业与工业企业、服务企业在成本计算上差别比较大，所以需要外购或自制许多计算用的表格，如商品盘存汇总表、毛利率计算表等。

商品盘存汇总表的格式，如表 4.14 所示。

表 4.14 商品盘存汇总表的格式

商品盘存汇总表				
仓库：		年 月 日		
编号	品名	数量	单价	金额
1				
2				
3				
4				
5				
6				
合计				
制表人：				

4.5.4 服务企业建账

服务企业是指那些对外界提供劳务服务的企业，因为其提供的不是商品，而是一种劳务服务，所以我们称之为服务企业，即第三产业。它包括邮电通信业、文化体育业、旅游服务业、金融保险业、广告业等。服务企业的服务项目很多，但由于其成本核算比较简单，所以账簿的设置也相对简单。

1．现金日记账和银行存款日记账

服务企业的现金日记账和银行存款日记账的建立方式与工业企业和商业企业的相同。

2．明细分类账

服务企业明细分类账是根据服务企业的管理需要和实用性来设置的。与工业企业和商业企业基本相同，服务企业也需要设置销售费用明细账，其成本核算较为简单。

3．总分类账

服务企业需要设置的总分类账比工业企业和商业企业的少。它通常设置的科目有库存现金、银行存款、应收账款、其他应收款、存货、待摊费用、固定资产、累计折旧、无形资产、短期借款、应付账款、其他应付款、应付职工薪酬、应付福利费、应交税费、实收资本、资本公积、本年利润、营业收入、营业成本、所得税等。

服务企业只要将以上三类账簿建立起来，就完成了建账的基本工作。接下来，企业只要按规定进行日常的账务处理、登记账簿即可。

4.5.5 其他企业建账

除了工业企业、商业企业、服务企业，还有交通运输企业、施工企业、房地产开发企业、农业企业等。这些企业对于资产、负债、所有者权益的核算及建账方式都是相同的，主要区别在于成本计算方面总账和明细账的设置有所不同。下面我们就来简单介绍一下。

1．交通运输企业

交通运输企业是指专门从事运送货物和旅客的社会生产部门，包括铁路、公路、水运、航空等运输部门。由于其流动性大、营运点多、面广及线路多，所以应将一切与营运活动直接有关的支出，计入企业的运输成本；将发生的运输费用、管理费用和财务费用作为期间费用，计入当期损益。因公路运输企业的特殊性，运输成本有其特指的归集对象，主要是指公路运输企业在营运过程中实际发生的与运输、装卸、堆存等营运业务直接有关的各项支出。公路运输企业的运输成本组成，如图 4.38 所示。

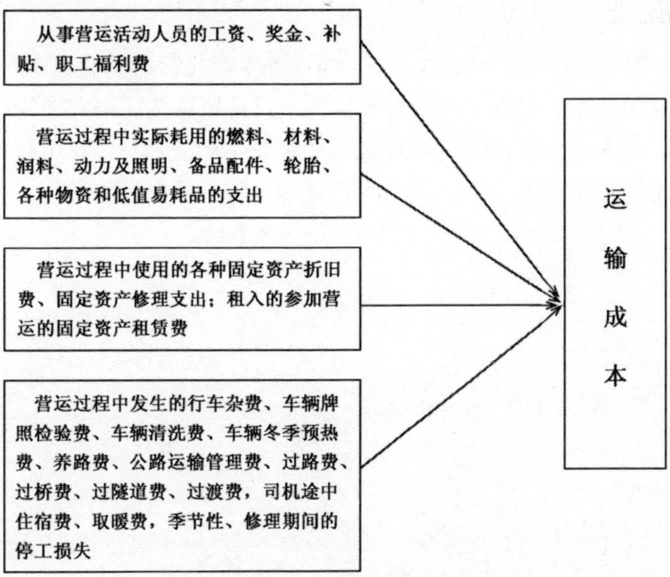

图 4.38 公路运输企业的运输成本组成

从图 4.38 中可以看出，交通运输企业在建账时需要设置“运输成本”“运输支出”“辅助营运费用”“营运间接费用”“装卸支出”等总账和明细账。

2. 施工企业

施工企业是指从事建造各种生产和非生产用房屋、建筑物、构筑物，安装各种机械设备，对原有房屋、建筑物进行修理和改造的企业。它包括建筑公司、设备安装公司、建筑装饰工程公司、地基与基础工程公司、土石方工程公司、机械施工公司等。工作地点具有流动性、工作内容具有多样性、施工机械体积大、受自然气候影响大、施工周期长等都是其特点。为了便于核算，施工企业在建账时需要设置“工程施工”“辅助生产”“机械作业”“工程结算成本”“工业生产”等总账和明细账。

3. 房地产开发企业

房地产开发企业是指专门从事房地产开发和经营的企业。根据房地产开发业务在企业经营范围中地位的不同，可将房地产开发企业分为房地产开发专营企业、兼营企业和项目公司。它的费用支出主要有土地征用及拆迁补偿费，前期规划、设计、水文、勘察、测绘、建筑安装工程费，道路、供水、供电、排污、通信、环卫、绿化等基础设施费，公共配套设施费，开发间接费等。为核算上述费用，房地产开发企业在建账时需要设置“开发成本”“开发间接费”“开发产品”等总账和明细账。

4. 农业企业

农业企业是指从事农、林、牧、副、渔业等生产经营活动的企业。它包括农业、林业、畜牧业和渔业。农业生产具有多样性，日常核算往往与农作物生长周期、养殖周期一致。农业企业在建账时需要设置“农业生产成本”“农用材料”“辅助生产成本”“畜牧业生产成本”“渔业生产成本”等总账和明细账。

第 5 章 具体业务的账务核算

账务处理程序也称会计核算组织程序，是对会计数据进行记录、归类、汇总、申报的步骤和方法，即从原始凭证的整理、汇总，记账凭证的填制、汇总，日记账、明细账的登记到财务报表的编制的步骤和方法。

账务处理程序的基本步骤可以概括为：原始凭证—记账凭证—会计账簿—财务报表。

5.1 认识账务核算

各企业应根据自身的实际情况和具体条件，把凭证和账簿合理地组织起来，设计出适合本企业经济业务特点的账务处理程序。

5.1.1 账务处理程序的意义

科学、合理地选择适用于本企业的账务处理程序，对有效组织会计核算具有重要意义。设计合理的账务处理程序对于科学组织会计核算工作、充分发挥会计在经济管理中的作用具有十分重要的意义。各企业在设计账务处理程序时应遵循以下原则：

（1）账务处理程序要与本企业的业务性质、规模大小、业务繁简程度、经营管理的要求和特点等相适应，这样有利于加强会计核算工作的分工协作，实现会计控制和监督目标。

（2）账务处理程序要能正确、及时、完整地提供会计信息使用者所需要的会计核算资料。

（3）账务处理程序要在保证会计核算工作质量的前提下，力求简化核算手续、节约人力和物力、降低会计信息成本、提高会计核算的工作效率。

5.1.2 账务处理程序的种类

账务处理程序有多种形式，具体采用何种账务处理程序，可由各企业自主选用或设计。常用的账务处理程序主要有以下几种：

- 记账凭证账务处理程序。
- 汇总记账凭证账务处理程序。
- 科目汇总表账务处理程序。
- 日记账总账账务处理程序。
- 多栏式日记账账务处理程序。
- 通用日记账账务处理程序。

在现代社会生活中，我国各企业通常采用的账务处理程序有四种：记账凭证账务处理程序、汇总记账凭证账务处理程序、科目汇总表账务处理程序和多栏式日记账账务处理程序。

5.1.3 账务的处理程序

会计核算形式又称账务处理组织程序或记账程序，是账簿组织、记账程序和记账方法相互结合的方式。账簿组织是指账簿的种类、格式和各种账簿之间的相互关系；记账程序和记账方法是指凭证的整理、传递，账簿的登记，财务报表的编制程序和方法。

由于每个企业的经济业务性质和特点不同、经济业务规模大小不同，因此设置的账簿、凭证的种类、格式和各种账簿之间的相互关系，以及与之相适应的记账程序和方法也有所不同。不同的账簿组织、记账程序和记账方法相互结合，就形成了各种不同的会计核算形式。每个企业应结合自己的实际状况和具体条件，选用或设计适合自身经济业务性质和特点的会计核算形式。

一种合理有效的会计核算形式，一般应该符合以下几点要求：

（1）与本企业生产、经营管理的特点、规模的大小和业务的繁简程度相适应。

（2）能正确、全面、及时地提供有关经济业务和财务收支情况，满足本企业经营管理和国家宏观管理工作的需要。

（3）要在保证核算指标正确、真实和系统完整的前提下，尽可能地简化不必要的核算手续，提高会计工作的效率，节约核算工作的人力、物力和财力。

5.2　银行取款和存款

货币资金是指企业在生产经营过程中处于货币形态的资产，包括库存现金、银行存款和其他货币资金。库存现金是指企业存放于财务部门由出纳人员保管的货币资金，是企业流动性最强的一项资产。企业应当严格遵守国家有关的现金管理制度，正确进行现金收支的核算，监督现金使用的合法性和合理性。

银行存款是企业存放于银行或其他金融机构的货币资金，是企业货币资产的重要组成部分。

其他货币资金包括企业的外埠存款、银行汇票存款、银行本票存款、信用证存款、信用卡存款和存出投资款等。为了核算其他货币资金的收支和结存情况，应设置“其他货币资金”账户，借方登记其他货币资金的增加数，贷方登记其他货币资金的减少数，余额在借方，表示其他货币资金的结存数额。

提出合理安排、利用资金的意见和建议，及时提供货币资金的使用与周转信息，是会计的工作职责之一。

会计人员在回答“账上还有多少钱”这样的问题时，要注意现金与银行存款日记账账面上的数字有些是未达账项，还有一些钱是在账面上不能随便动用的，如还没有划走的税款、社保款等。

（1）要求将账面上的数字核实无误。也就是说，会计人员对现金与银行存款日记账的账面余额要做到心中有数。这就要求会计人员要及时登记记账凭证，并及时结出　余额。

（2）学会从账面上估出实存数。这是对账户上未达账项的一个调整，由于银行存款余额调节表是不可能每天都做的，且银行的对账单也不是随时能够拿到的，所以会计人员应在心里对实存数有一个大概的估量。

会计人员在月初时对账面实存数的核对要加倍小心，因为这时会有税款和社保款的划扣，必须提前备好款项，防止顶票。在季末会有存款利息的进账和贷款利息的划扣，会计人员也需要小心处理。

（3）要求有一定的预算能力。会计人员需要预先知道某笔款项什么时候支出，以保证这项支出的正常进行。一般小公司所用的印章都保管在财务部门，那么会计人员根据合同金额及对方结款的日期就可以做出预算了。

在票据的管理方面，对于收到的银行承兑汇票，要建立应收票据备查簿，及时登记并到银行进行验证、查询，如果有到期的汇票、支票，应提早做好存入银行的准备，做到及时入账。

大部分公司的记账凭证与日记账的登记工作是由出纳完成的，也有一些公司是由会计来做的。

5.2.1 现金取款

现金和银行存款都是资产类的账户，其增加在借方，减少在贷方。现金取款业务增加的是库存现金，减少的是银行存款。

例 5.1 2019 年 10 月 8 日，某公司为了补充其备用金，从银行提现 2 万元，由出纳开具现金支票到银行办理取现业务，对应的会计分录为：

借：库存现金　　20000

　贷：银行存款　　20000

根据会计分录填制的银行存款付款凭证，如表 5.1 所示。

表 5.1 银行存款付款凭证

付　款　凭　证

总　号	
分　号	银付1号

贷方科目 银行存款　　2019 年 10 月 08 日　　附件 1 张

摘要	应借科目		过账	金额										
	一级科目	二级科目		亿	千	百	十	万	千	百	十	元	角	分
取现	库存现金							2	0	0	0	0	0	0
合计							¥	2	0	0	0	0	0	0

财会主管：　记账：　出纳：　复核：　制单：王文

注意：在现金和银行互转的业务上，要使用付款凭证。也就是说，现金取款业务要做银行存款付款凭证，现金存款业务要填制现金付款凭证。

银行存款付款凭证填制好后，要把现金支票的存根作为附件，粘贴在凭证的后面。现金支票的存根，如图 5.1 所示。

根据填制好的银行存款付款凭证分别登记现金日记账和银行存款日记账，如表 5.2、表 5.3 所示。

现金支票存根

NO.0002034

科　　目________

对方科目________

出票日期　2019 年 10 月 08 日

收款人：本单位

金　额：20000.00

用　途：备用金

单位主管　　　会计

图 5.1　现金支票的存根

表 5.2　现金日记账

现　金　日　记　账

2019年		凭证编号	摘要	对应科目	借方											贷方											余额									
月	日				千	百	十	万	千	百	十	元	角	分	√	千	百	十	万	千	百	十	元	角	分	√	千	百	十	万	千	百	十	元	角	分
			承前页																											¥	3	5	6	2	4	1
10	8	银付1	提现	银行存款			¥	2	0	0	0	0	0	0															¥	2	3	5	6	2	4	1

表 5.3　银行存款日记账

银　行　存　款　日　记　账

2019年		凭证编号	结算方式		摘要	借方											贷方											余额									
月	日		类	号码		千	百	十	万	千	百	十	元	角	分	√	千	百	十	万	千	百	十	元	角	分	√	千	百	十	万	千	百	十	元	角	分
					承前页																								¥	1	5	5	7	3	4	6	2
10	8	银付1	现	2034	提现														¥	2	0	0	0	0	0	0			¥	1	3	5	7	3	4	6	2

5.2.2 现金存款

与现金取款业务对应的就是现金存款业务，根据“现金与银行存款互转的业务一定要使用付款凭证”的规定，应填制现金付款凭证。

例 5.2 某公司于 2019 年 10 月 9 日以现金方式取得销售收入 5000 元，按照企业不得坐支现金的规定，该公司需要将所取得的现金送存银行，对应的会计分录为：

借：银行存款 5000

　贷：库存现金 5000

根据会计分录填制的现金付款凭证，如表 5.4 所示。

表 5.4 现金付款凭证

总号	
分号	现付1号

付 款 凭 证

贷方科目 库存现金　　2019 年 10 月 09 日　　附件 1 张

摘要	应借科目		过账	金额										
	一级科目	二级科目		亿	千	百	十	万	千	百	十	元	角	分
现金存款	银行存款								5	0	0	0	0	0
合计								¥	5	0	0	0	0	0

财会主管：　记账：　出纳：　复核：　制单：王文

现金付款凭证填制好后，要把银行现金送款计数单作为附件，粘贴在凭证的后面。办理完送款手续后银行盖章返回的银行现金送款计数单，如表 5.5 所示。

表 5.5 银行现金送款计数单

现金送款计数单

科目：　　　　总字第 号

对方科目：银行存款　填送：2019年10月09日　开户银行：××银行　字第 号

单位全称	太平洋公司	账号	11224567

人民币（大写）伍仟元整	亿	千	百	十	万	千	百	十	元	角	分
					¥	5	0	0	0	0	0

款项来源					
券别	张数	金额	券别	张数	金额
一百元	50	5000	五角		
五十元			二角		
十元			一角		
五元			五分		
二元			二分		
一元			一分		

（此处有银行专用业务受理章）

经办员

（银行签章处）

单位主管：　会计：　复核：　记账：

根据填制好的现金付款凭证分别登记现金日记账和银行存款日记账，如表 5.6、表 5.7 所示。

表 5.6　现金日记账

现　金　日　记　账

2019年		凭证编号	摘要	对应科目	借方										√	贷方										√	余额									
月	日				千	百	十	万	千	百	十	元	角	分		千	百	十	万	千	百	十	元	角	分		千	百	十	万	千	百	十	元	角	分
			承前页																											¥	3	5	6	2	4	1
10	8	银付1	提现	银行存款			¥	2	0	0	0	0	0	0															¥	2	3	5	6	2	4	1
10	9	现付1	交现金	银行存款															¥	5	0	0	0	0	0				¥	1	8	5	6	2	4	1

表 5.7　银行存款日记账

银　行　存　款　日　记　账

2019年		凭证编号	结算方式		摘要	借方										√	贷方										√	余额									
月	日		类	号码		千	百	十	万	千	百	十	元	角	分		千	百	十	万	千	百	十	元	角	分		千	百	十	万	千	百	十	元	角	分
					承前页																								¥	1	5	5	7	3	4	6	2
10	8	银付1	现	2034	提现														¥	2	0	0	0	0	0	0			¥	1	3	5	7	3	4	6	2
10	9	现付1			存现金				¥	5	0	0	0	0	0														¥	1	4	0	7	3	4	6	2

5.3　收入的账务处理

收入是指企业在日常活动中所形成的、会导致所有者权益增加的、与所有者投入资本无关的经济利益的总流入。收入可以按照不同的方式分成不同的种类。

根据性质不同，可以分为以下三类:

- 商品销售收入。
- 提供劳务收入。
- 让渡资产使用权收入。

根据经营业务主次不同，可以分为以下三类:

- 主营业务收入。
- 其他业务收入。

□ 营业外收入。

主营业务收入是指企业经常性的、由主要业务所产生的基本收入，如制造业销售的产品、半成品和提供工业性劳务作业的收入，由于其月末没有余额，所以也没有借贷差。

其他业务收入是指企业主营业务收入以外的所有通过销售商品、提供劳务及让渡资产使用权等在日常活动中所形成的经济利益的收入，具有不经常发生、每笔业务金额一般较小、占收入的比重较低等特点。

营业外收入是指与生产经营活动无直接关系，应列入当期利润的收入。例如，没收包装物押金收入、罚款收入、捐赠利得等。

5.3.1 商品销售收入

按照《企业会计准则——收入》的规定，企业因销售商品而取得的收入，应在下列条件同时满足时予以确认，如图 5.2 所示。

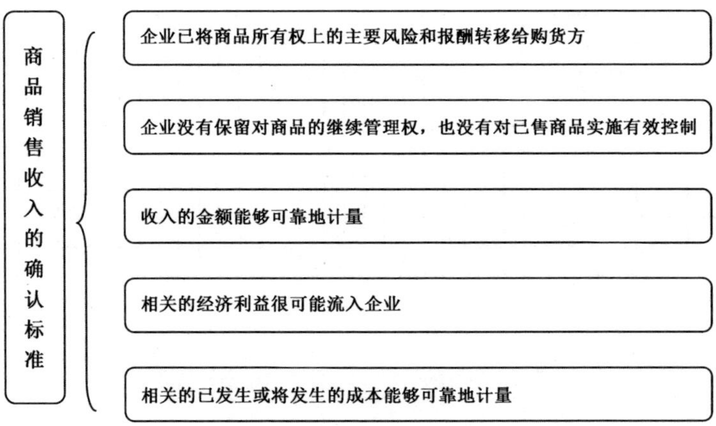

图 5.2 商品销售收入的确认标准

注意：在实务中，许多企业采用货票同行的销售办法，即发出货物就开出发票，这样可以直接以开出发票的日期确认销售的实现，简化了税务处理的程序。

太平洋公司的收入确认一般是以开票日期为准的，虽然也有因为工程项目跨年度而需要暂估金额入账的情况，但出现这种情况时会计一般会先自行开出一张发票来对应这个业务。

1．商品销售开具增值税普通发票

例 5.3 2019 年 10 月 9 日，某个人用户购买了一台计算机，用现金付款 5000 元，太平洋公司给该用户开具了一张增值税普通发票，如表 5.8 所示。

表 5.8　增值税普通发票

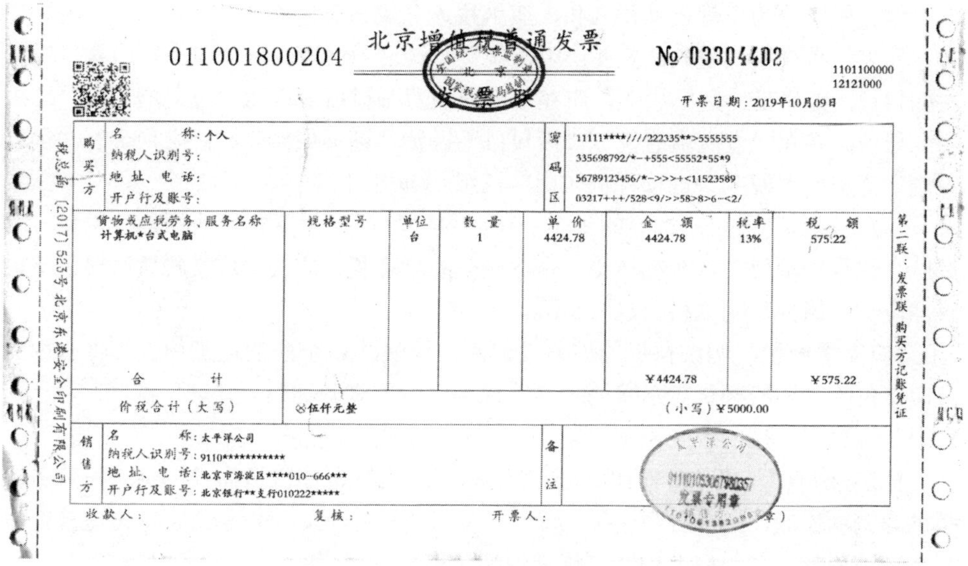

北京增值税普通发票

011001800204　　№ 03304402

1101100000
12121000

发票联

开票日期：2019年10月09日

购买方　名　　称：个人
纳税人识别号：
地 址、电 话：
开户行及账号：

密码区
11111****////222335**>5555555
335698792/*-+555<55552*55*9
56789123456/*->>>+<11523589
03217+++/528<9/>>58>8>6--<2/

货物或应税劳务、服务名称	规格型号	单位	数量	单价	金额	税率	税额
计算机*台式电脑		台	1	4424.78	4424.78	13%	575.22
合　　计					￥4424.78		￥575.22
价税合计（大写）	⊗伍仟元整				（小写）￥5000.00		

销售方　名　　称：太平洋公司
纳税人识别号：9110***********
地 址、电 话：北京市海淀区****010--666***
开户行及账号：北京银行**支行010222*****

备注

收款人：　　复核：　　开票人：　　（章）

第二联：发票联　购买方记账凭证

税总函〔2017〕523号 北京东港安全印刷有限公司

会计人员应将该笔销售收入直接记入“主营业务收入”科目，并要注意增值税普通发票的金额里已经包含了税款，所以得先把税款剔除再进行计算，即对销售金额要进行价税分离的处理。

注意：当发生商品销售业务时，不管对方要开具的是什么种类的发票，都要计算应缴纳的增值税。开具的发票不一样，只是对客户是否做增值税的抵扣有影响，对销售方而言是一样的。

增值税税率一般为 13%，特殊行业有税收优惠，可享受低税率。太平洋公司的增值税税率为 13%。

价税分离的计算方法：

- □　计入收入的金额=总金额/（1+增值税税率）
- □　应纳增值税税额=收入金额×增值税税率

根据公式可以得出：

计入收入的金额=5000/1.13=4424.78（元）

应纳增值税税额=4424.78×13%=575.22（元）

本笔业务对应的会计分录为：

借：库存现金　　　　　　　　　5000.00

　贷：主营业务收入　　　　　　　4424.78

　　　应交税费——应交增值税　　575.22

注意：本笔业务中应交税费的明细应为“应交税费——应交增值税（销项税

额）”。

增值税应分为小规模纳税人和一般纳税人分别核算：

如果是小规模纳税人，应在“应交税费”科目下设置一个“应交增值税”二级明细科目；如果是一般纳税人，应在“应交税费”科目下设置“应交增值税”二级明细科目，并在“应交增值税”二级科目下设置“进项税额”“已交税金”“销项税额”“出口退税”“进项税额转出”三级明细科目。

“应交税费”科目，核算的是企业按照税法等规定计算应缴纳的各种税费，可按应交的税费项目进行明细核算。企业应交的增值税，应在“应交税费”科目下设置“应交增值税”明细科目进行核算。

“应交增值税”明细科目的借方发生额，反映的是企业购进货物或接受应税劳务应支付的进项税额、实际缴纳的增值税等，借方应分别设置“进项税额”“已交税金”等科目。

“应交增值税”明细科目的贷方发生额，反映的是销售货物或提供应税劳务应缴纳的销项税额、出口货物退税、转出已支付或应分担的增值税等，贷方应分别设置“销项税额”“出口退税”“进项税额转出”等科目。

“应交增值税”明细科目期末如为贷方余额，反映的是企业尚未缴纳的增值税；期末如为借方余额，反映的是企业多缴纳或尚未抵扣的增值税。

现金销售商品的收款凭证，如表 5.9 所示。

表 5.9　现金销售商品的收款凭证

收　款　凭　证

总　号	
分　号	现收1号

借方科目 库存现金　　2016 年 10 月 10 日　　附件 2 张

摘要	应贷科目		过账	金额										
	一级科目	二级科目		亿	千	百	十	万	千	百	十	元	角	分
个人购买计算机	主营业务收入								4	2	7	3	5	0
	应交税费	应交增值税(销项税额)								7	2	6	5	0
合计								¥	5	0	0	0	0	0

财会主管：　　记账：　　出纳：　　复核：　　制单：王文

凭证的附件为所开具的增值税普通发票及出库单，出库单如表 5.10 所示。

表 5.10　出库单

出 库 单（存根）第　号

2019 年 10 月 09 日

科目 库存商品　　　　　　　　　　　　　　　　对方科目

一联存根

名称	单位	数量	单价	金额								
				百	十	万	千	百	十	元	角	分
B-426计算机	台	1										

注意：出库单上一般都会有“金额”栏，但是对于库房管理员来说，可以不填写这部分内容。

2．商品销售开具增值税专用发票

例 5.4　2019 年 10 月 10 日，太平洋公司销售系统集成设备一套，开具增值税专用发票，总金额为 11.3 万元，对方以转账支票支付货款。太平洋公司开具的增值税专用发票，如表 5.11 所示。

表 5.11　增值税专用发票

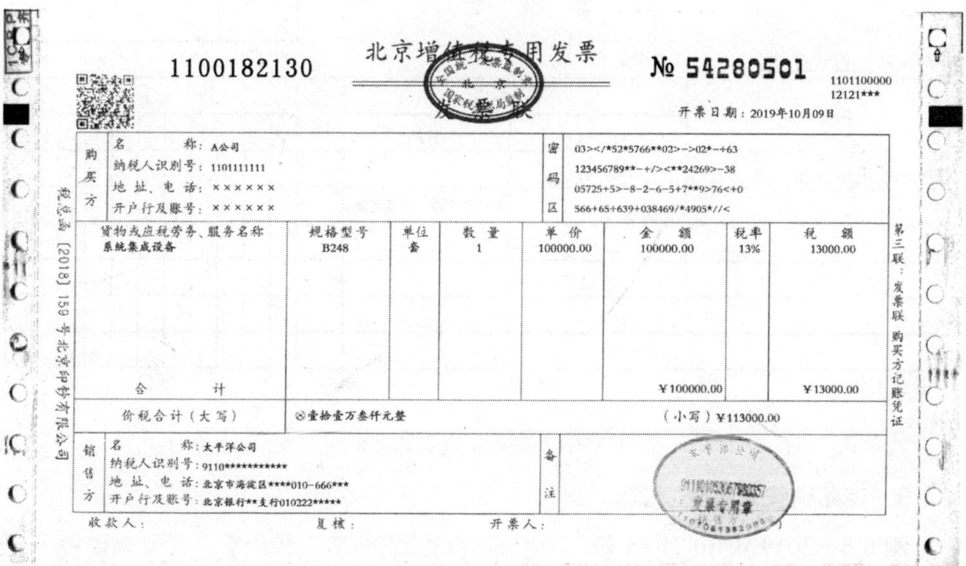

1100182130　　北京增值税专用发票　　№ 54280501

1101100000 12121***

发票联

开票日期：2019年10月09日

购买方	名　　称：A公司 纳税人识别号：1101111111 地 址、电 话：×××××× 开户行及账号：××××××	密码区	03></*52*5766**02>-->02*-+63 123456789**-+/><**24269>-38 05725+5>-8-2-6-5+7**9>76<+0 566+65+639+038469/*4905*//<

货物或应税劳务、服务名称	规格型号	单位	数量	单价	金额	税率	税额
系统集成设备	B248	套	1	100000.00	100000.00	13%	13000.00
合　　计					￥100000.00		￥13000.00
价税合计（大写）	⊗壹拾壹万叁仟元整				（小写）￥113000.00		

销售方	名　　称：太平洋公司 纳税人识别号：9110*********** 地 址、电 话：北京市海淀区****010-666*** 开户行及账号：北京银行**支行010222*****	备注	

收款人：　　　复核：　　　开票人：

第三联：发票联　购买方记账凭证

税总函［2018］159 号北京印钞有限公司

注意：由于增值税专用发票已经做好了价税分离，会计人员只要将其抄录下来就可以了。

收到转账支票后，会计人员将支票及时送交银行，得到一张有银行盖章的回单（银行进账单）并据以入账，如表 5.12 所示。

表 5.12 银行进账单

银行进账单（回单）

2019年10月10日 第 号

收款人			付款人		
收款人	全称	太平洋公司	付款人	全称	A公司
	账号	××××××		账号	××××××
	开户银行	××××××		开户银行	××××××

金额	人民币（大写）	亿	千	百	十	万	千	百	十	元	角	分
	壹拾壹万叁仟元整			¥	1	1	3	0	0	0	0	0

票据种类	转账支票	
票据张数	1张	
复核 记账		开户银行盖章

本笔业务对应的会计分录为：

借：银行存款 113000

　贷：主营业务收入 100000

　　应交税费——应交增值税（销项税额） 13000

根据会计分录填制的银行存款收款凭证，如表 5.13 所示。

表 5.13 银行存款收款凭证

收 款 凭 证

总 号	
分 号	银收1号

借方科目 银行存款　　2019 年 10 月 10 日　　附件 3 张

摘要	应贷科目		过账	金额										
	一级科目	二级科目		亿	千	百	十	万	千	百	十	元	角	分
销售系统集成设备一套	主营业务收入						1	0	0	0	0	0	0	0
	应交税费	应交增值税（进项税额）						1	3	0	0	0	0	0
合计						¥	1	1	3	0	0	0	0	0

财会主管：　记账：　出纳：　复核：　制单：王文

凭证的附件有三张：增值税专用发票、银行进账单、商品出库单。

3. 商品销售未收到货款

例 5.5 2019 年 10 月 15 日，太平洋公司销售网络设备一套，开具增值税专用发票，总金额为 5.65 万元，对方尚未支付货款。太平洋公司开具的增值税专用发票，如表 5.14 所示。

表 5.14　增值税专用发票

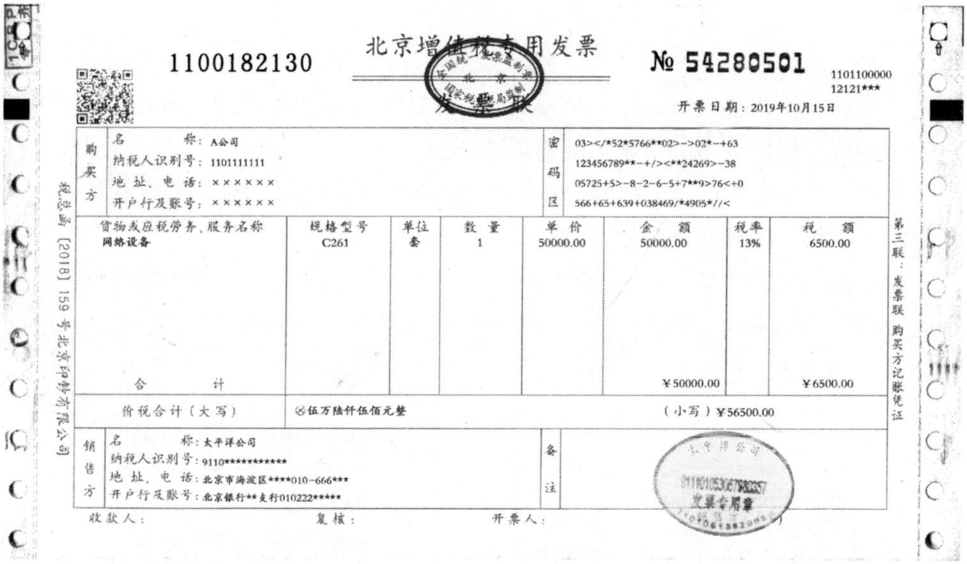
北京增值税专用发票

1100182130　　№ 54280501　　1101100000 12121***

发票联

开票日期：2019年10月15日

购买方	名　　称：A公司 纳税人识别号：1101111111 地址、电话：×××××× 开户行及账号：××××××			密码区	03></*52*5766**02>->02*-+63 123456789**-+/><**24269>-38 05725+5>-8-2-6-5+7**9>76<+0 566+65+639+038469/*4905*//<		
货物或应税劳务、服务名称	规格型号	单位	数量	单价	金额	税率	税额
网络设备	C261	套	1	50000.00	50000.00	13%	6500.00
合　　计					¥50000.00		¥6500.00
价税合计（大写）	⊗伍万陆仟伍佰元整				（小写）¥56500.00		
销售方	名　　称：太平洋公司 纳税人识别号：9110********** 地址、电话：北京市海淀区****010-666*** 开户行及账号：北京银行**支行010222*****			备注			

收款人：　　复核：　　开票人：

税总函〔2018〕159号北京印钞有限公司

第三联：发票联　购买方记账凭证

本笔业务对应的会计分录为：

借：应收账款——A 公司　　56500

　贷：主营业务收入　　50000

　　　应交税费——应交增值税（销项税额）　　6500

根据会计分录填制的销售转账凭证，如表 5.15 所示。

表 5.15　销售转账凭证

转　账　凭　证

总　号	
分　号	转1号

2019 年 10 月 15 日　　附件　2　张

摘要	一级科目	二级科目	过账	借方金额										贷方金额									
				千	百	十	万	千	百	十	元	角	分	千	百	十	万	千	百	十	元	角	分
销售网络设备一套	应收账款	A公司					5	6	5	0	0	0	0										
	主营业务收入																5	0	0	0	0	0	0
	应交税费	应交增值税（进项税额）																6	5	0	0	0	0
合计						¥	5	6	5	0	0	0	0			¥	5	6	5	0	0	0	0

财会主管：　　记账：　　出纳：　　复核：　　制单：王文

凭证的附件为增值税专用发票及商品出库单。

5.3.2 技术服务收入

太平洋公司有一类技术服务业务，此类业务有一部分是销售产品的附加业务，因此一并计入销售收入，还有一部分单独的纯技术服务计入其他业务收入。提供劳务收入的确认根据劳务的具体情况有所不同。

对于不跨年度的劳务，按照劳务合同来进行收入的确认，确认的金额为合同或协议的总金额，确认原则与销售商品收入的确认原则基本相同。

对于跨年度的劳务，如果能够在年末对结果进行可靠计量，可以采用完工百分比法进行收入的确认，否则按预计可收回的成本情况进行处理。完工百分比法的使用条件，如图 5.3 所示。

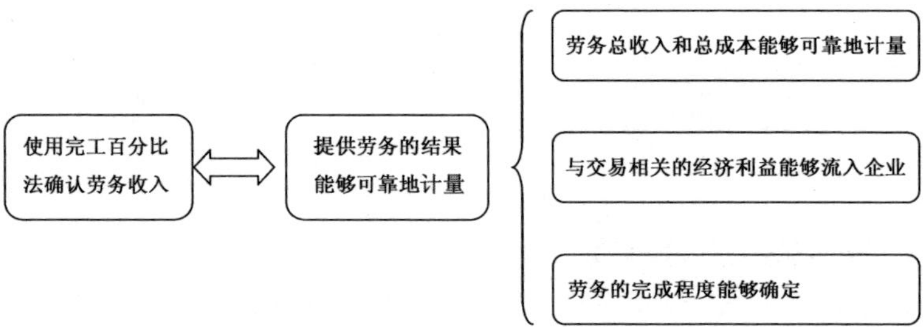

图 5.3 完工百分比法的使用条件

注意：采用完工百分比法确认收入，关键是确定劳务的完成程度。

当跨年度的劳务完成程度不能确认时，企业应正确预计已经收回或要收回的款项能弥补多少已经发生的成本，并分别进行处理。

（1）已经发生的劳务成本预计能够得到补偿的，按已经发生的劳务成本确认收入，按相同金额结转成本，不确认利润。

（2）已经发生的劳务成本只能部分得到补偿的，按能够得到补偿的劳务成本确认收入，按已发生的劳务成本确认成本，将差额确认为当期损失。

（3）已经发生的劳务成本预计全部不能得到补偿的，不应确认收入，将已发生的劳务成本确认为当期费用。

例 5.6 2019 年 10 月 16 日，太平洋公司为 B 公司提供网络技术服务，费用为 2 万元，款项已收到，对方以转账支票支付。太平洋公司开具的增值税专用发票，如表 5.16 所示。

本笔业务对应的会计分录为：

借：银行存款　　21200

　贷：其他业务收入　　20000

　　　应交税费——应交增值税（销项税额）　　1200

根据会计分录填制的银行存款收款凭证，如表 5.17 所示。

表 5.16　增值税专用发票

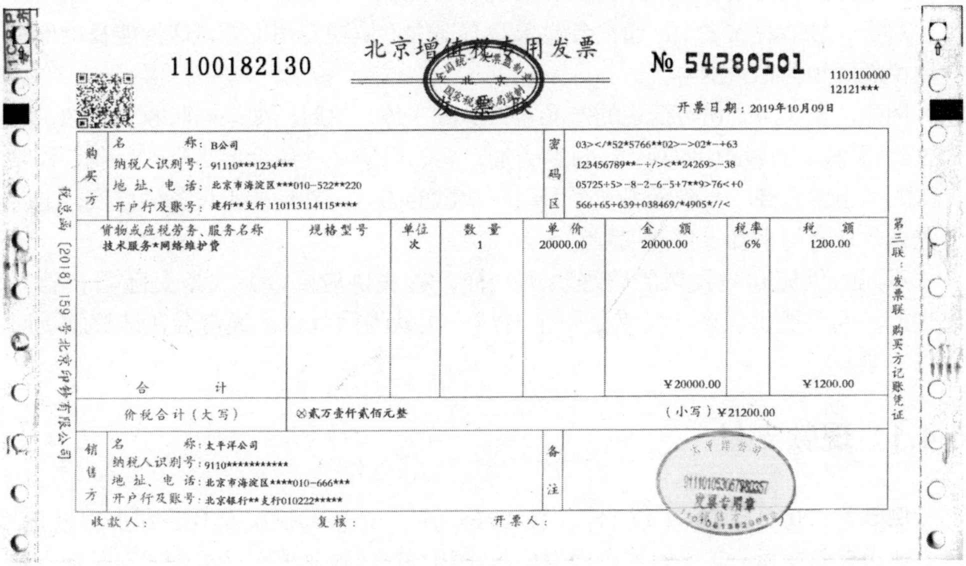

北京增值税专用发票

1100182130　　№ 54280501　　1101100000 12121***

开票日期：2019年10月09日

购买方	名　　称：B公司 纳税人识别号：91110***1234*** 地 址、电 话：北京市海淀区***010-522**220 开户行及账号：建行**支行 110113114115****	密码区	03></*52*5766**02>->02*-+63 123456789**-+/><**24269>-38 05725+5>-8-2-6-5+7**9>76<+0 566+65+639+038469/*4905*//<

货物或应税劳务、服务名称	规格型号	单位	数量	单价	金额	税率	税额
技术服务*网络维护费		次	1	20000.00	20000.00	6%	1200.00
合　　计					¥20000.00		¥1200.00
价税合计（大写）	⊗贰万壹仟贰佰元整				（小写）¥21200.00		

销售方	名　　称：太平洋公司 纳税人识别号：9110*********** 地 址、电 话：北京市海淀区****010-666*** 开户行及账号：北京银行**支行010222*****	备注	

收款人：　　复核：　　开票人：　　销售方：（章）

税总函〔2018〕159号北京印钞有限公司

第三联：发票联　购买方记账凭证

表 5.17　银行存款收款凭证

总号	
分号	银收 2 号

收　款　凭　证

2019 年 10 月 16 日　　附件　2　张

摘要	应贷科目		过账	贷方金额										
	一级科目	二级科目		亿	千	百	十	万	千	百	十	元	角	分
向 B 公司提供网络技术服务	其他业务收入							2	0	0	0	0	0	0
	应交税费	应交增值税（销项税额）							1	2	0	0	0	0
合计							¥	2	1	2	0	0	0	0

财会主管：　　记账：　　出纳：　　复核：　　制单：王文

5.4　进货的账务处理

进货是通过“库存商品”科目进行核算的，发生进货业务时，企业应借记“库存商品”科目，贷记相关科目。在月底结转成本时，则借记“主营业务成本”科目，贷记“库存商品”科目。

库存商品是指企业已完成全部生产过程并已验收入库，合乎标准规格和技术条件，可以按照合同规定的条件送交订货单位，或者可以作为商品对外销售的产品及外购或委托加工完成验收入库用于销售的各种商品。

对于一般纳税人来说，通常会要求对方提供增值税专用发票，这就涉及增值税进项税额抵扣的相关内容了。

例如，太平洋公司将抵达的产品直接验收入库，这时，如果同时收到发票，那么该公司可以直接增加库存。在付款方面，新的供应商一般会要求当时付款；经常合作的本市供应商，一般采用一个月结一次款的方式；外地的大设备供应商，通常会依据购货合同来确定付款期限。

不同的供应商对发票的管理也不一样。有些供应商，其发票是随着货物一起来的；而有些供应商，尤其是一个月结一次款的供应商，通常会在结算款项时才将发票开出。

5.4.1 现款支付

例 5.7 2019 年 10 月 17 日，太公洋公司从一个新的供应商 B 公司那里进货，对方要求现款支付，其增值税专用发票与货物同行，并要求太平洋公司同时把支票开出来。太平洋公司拿到增值税专用发票后编制的会计分录为：

借：库存商品 20000

　　应交税费——应交增值税（进项税额） 2600

　贷：银行存款 22600

根据会计分录填制的银行存款付款凭证，如表 5.18 所示。

表 5.18 银行存款付款凭证

付 款 凭 证

总　号	
分　号	银付2号

贷方科目 银行存款　　　2019 年 10 月 17 日　　　附件 3 张

摘要	应借科目		过账	金额										
	一级科目	二级科目		亿	千	百	十	万	千	百	十	元	角	分
购入商品	库存商品							2	0	0	0	0	0	0
	应交税费	应交增值税（进项税额）							2	6	0	0	0	0
合计							¥	2	2	6	0	0	0	0

财会主管：　　记账：　　出纳：　　复核：　　制单：王文

凭证的附件有三张：转账支票存根、增值税专用发票、商品入库单。转账支票存根和商品入库单，如图 5.4、表 5.19 所示。

××银行

转账支票存根

30101232

00074635

附加信息 ×××

出票日期：2019 年 10 月 17 日

收款人：B 公司

金　额：22600.00

用　途：货款

单位主管　　　会计

图 5.4　转账支票存根

表 5.19　商品入库单

入 库 单（存根）第　号

2019 年 10 月 17 日

科目　　库存商品　　　　　　　　　　　　对方科目

一联　存根

名称	单 位	数 量	单 价	金额 百	十	万	千	百	十	元	角	分
笔记本电脑	台	5	4520			2	2	6	0	0	0	0
					¥	2	2	6	0	0	0	0

主管：　　　会计：　　　保管员：　　　经手人：

5.4.2　预付货款

例 5.8　2019 年 10 月 18 日，太平洋公司有一笔 15 万元的进货事项，供应商 Z 公司要求预付 20%的货款后发货，并约定货到后付清余款。太平洋公司在预付款项时需要增加“预付账款”科目的金额，对应的会计分录为：

借：预付账款　　　　30000

　贷：银行存款　　　　30000

根据会计分录填制的银行存款付款凭证，如表 5.20 所示。

表 5.20 银行存款付款凭证

付　款　凭　证

总　号	
分　号	银付3号

贷方科目 银行存款　　2019 年 10 月 18 日　　附件 1 张

摘要	应借科目		过账	金额										
	一级科目	二级科目		亿	千	百	十	万	千	百	十	元	角	分
预付货款	预付账款	Z公司						3	0	0	0	0	0	0
合计							¥	3	0	0	0	0	0	0

财会主管：　记账：　出纳：　复核：　制单：王文

凭证的附件为支票存根或汇款单据。

2019 年 11 月 2 日，商品到货的同时收到发票，太平洋公司应做两笔会计分录，并分别填制银行存款凭证和销售转账凭证。

第一笔会计分录为：

借：预付账款　　120000

　贷：银行存款　　120000

与此会计分录对应的银行存款付款凭证的填制方法同表 5.20，凭证的附件也为支票存根或汇款单据。

第二笔会计分录为：

借：库存商品　　132743.36

　　应交税费——应交增值税（进项税额）　　17256.64

　贷：预付账款　　150000.00

与此对应的销售转账凭证，如表 5.21 所示。

表 5.21 销售转账凭证

转　账　凭　证

总　号	
分　号	转2号

2019 年 11 月 02 日　　附件 2 张

摘要	一级科目	二级科目	过账	借方金额										贷方金额									
				千	百	十	万	千	百	十	元	角	分	千	百	十	万	千	百	十	元	角	分
购入商品	库存商品					1	3	2	7	4	3	3	6										
	应交税费	应交增值税（进项税额）					1	7	2	5	6	6	4										
	预付账款	Z公司														1	5	0	0	0	0	0	0
合计					¥	1	5	0	0	0	0	0	0		¥	1	5	0	0	0	0	0	0

财会主管：　记账：　出纳：　复核：　制单：王文

凭证的附件为增值税专用发票和商品入库单。

5.4.3　以预估价入库

例 5.9　2019 年 10 月 26 日，太平洋公司有一笔 12 万元的进货事项，当月未结款，对方也没有开具增值税专用发票。

注意：当出现这样的情况时，因为既没有涉及钱款的往来，也没有见到发票，所以很多会计人员就不进行处理了。这样做问题在于，当后续需要进行成本核算时，如果没有库存和进货信息的支持，成本核算的数据就会失真。

为了便于会计进行成本核算，在这种情况下，会计人员应先以预估价入库，待拿到发票后再用红字冲回，以实际价格正式入库。太平洋公司在进货中要求对方开具的是增值税专用发票，并且只有在收到发票到税务局验证后才能进行抵扣，如果收到的是增值税普通发票，是不能进行抵扣的。

注意：在确定库存的价格时，可先以应支付的货款进行预估，虽然财务上要求以增值税专用发票进行结算，但真正到了结算的时候，不能担保没有变化。根据会计的谨慎性原则，会计人员可以先将商品计入库存，结转成本也可以这样处理。

太平洋公司在收到商品时，对应的会计分录为：

借：库存商品　　　　　　　　120000

　贷：应付账款——Z 公司　　　　　120000

根据会计分录填制的转账凭证，如表 5.22 所示。

表 5.22　转账凭证

转　账　凭　证

总　号

分　号　　转3号

2019 年 10 月 31 日　　　　附件　1　张

摘要	一级科目	二级科目	过账	借方金额										贷方金额									
				千	百	十	万	千	百	十	元	角	分	千	百	十	万	千	百	十	元	角	分
购入商品	库存商品					1	2	0	0	0	0	0	0										
	应付账款	Z公司														1	2	0	0	0	0	0	0
合计					¥	1	2	0	0	0	0	0	0		¥	1	2	0	0	0	0	0	0

财会主管：　　记账：　　出纳：　　复核：　　制单：王文

凭证的附件为商品入库单。

这时凭证的附件只有商品入库单，待拿到发票后再以红字冲回前面预估货款所做的会计分录（以负号代表红字），然后再按照票面做一笔会计分录。也就是说，这时应该做两笔会计分录。

第一笔会计分录为：

借：库存商品　　　-120000

　贷：应付账款　　　-120000

根据会计分录填制的转账凭证（在实际工作中以红字书写），如表 5.23 所示。

表 5.23　转账凭证

转　账　凭　证

总　号	
分　号	转1号

2019 年 11 月 10 日　　　附件　　　张

摘要	一级科目	二级科目	过账	借方金额										贷方金额									
				千	百	十	万	千	百	十	元	角	分	千	百	十	万	千	百	十	元	角	分
冲回11月转3号凭证	库存商品				-	1	2	0	0	0	0	0	0										
	应付账款	Z公司													-	1	2	0	0	0	0	0	0
合计				-	¥	1	2	0	0	0	0	0	0	-	¥	1	2	0	0	0	0	0	0

财会主管：　　记账：　　出纳：　　复核：　　制单：王文

此凭证没有附件。

第二笔会计分录为：

借：库存商品　　　106194.69

　　应交税费——应交增值税（进项税额）　　　13805.31

　贷：应付账款——Z 公司　　　120000.00

注意：应付账款业务不多时，也可用预付账款的贷方来代替。

根据会计分录填制的转账凭证，如表 5.24 所示。

表 5.24　转账凭证

转　账　凭　证

总　号	
分　号	转2号

2019 年 11 月 10 日　　　附件　1　张

摘要	一级科目	二级科目	过账	借方金额										贷方金额									
				千	百	十	万	千	百	十	元	角	分	千	百	十	万	千	百	十	元	角	分
进货	库存商品					1	0	6	1	9	4	6	9										
	应交税费	应交增值税（进项税额）					1	3	8	0	5	3	1										
	应付账款	Z公司														1	2	0	0	0	0	0	0
合计					¥	1	2	0	0	0	0	0	0		¥	1	2	0	0	0	0	0	0

财会主管：　　记账：　　出纳：　　复核：　　制单：王文

因为商品入库单已在做预估会计分录时粘贴过了，所以此时只要将增值税专用发票附在凭证后面即可。

5.5 费用的账务处理

狭义的费用是将费用限定于获取收入过程中发生的资源耗费；广义的费用则同时包括了经营成本和非经营成本。我国现行会计制度采用的是狭义的费用概念，即企业为销售商品、提供劳务等日常活动所发生的经济利益的流出，包括直接费用、间接费用和期间费用。

期间费用又可分为财务费用、销售费用和管理费用三种。

5.5.1 财务费用

企业的财务费用虽然是为了取得营业收入而发生的，但与营业收入的实现并没有明确的因果关系，因此不宜将它计入生产经营成本，只能作为期间费用、按实际发生额确认，并计入当期损益。

注意：企业发生的财务费用，一般在“财务费用”科目中进行核算，并按费用种类设置明细账。财务费用在发生时，应记入该科目的借方，期末将余额结转至“本年利润”科目时，应记入该科目的贷方。财务费用在会计中属于损益类科目。

太平洋公司的“财务费用”一级科目下设两个二级科目——“利息”“手续费”，分别用来核算银行存款、贷款的利息和办理汇兑等业务时所需支付的手续费。

1．购买支票工本费

例 5.10 太平洋公司在购买支票后会拿到购买支票工本费的单据，银行根据此单据收取工本费。购买支票工本费的单据，如表 5.25 所示。

太平洋公司对应的会计分录为：

借：财务费用——手续费　　　25

　贷：银行存款　　　　　　　25

根据会计分录填制的银行存款付款凭证，如表 5.26 所示。

购买支票工本费的单据应作为附件粘贴在银行存款付款凭证后面。

2．汇款邮电费及手续费

在向外地的供应商汇款时，银行会收取汇款手续费和邮电费。

表 5.25　购买支票工本费的单据

业务收费凭证

2019 年 10 月 18 日

户名：太平洋公司　　　　账号：××××　　　　单位：元

业务种类	起止号码	单价	数量	金额				
				工本费	邮电费	手续费	其他	小计
转账支票			1	20.00		5.00		25.00
合计				20.00		5.00		25.00
大写金额（币种）人民币贰拾伍元整					科目（贷）			
划款方式　□现金　■转账					对方科目（借）			
（交费单位盖章）								

出纳：　　　　复核：　　　　记账：

表 5.26　银行存款付款凭证

付　款　凭　证

总　号	
分　号	银付4号

贷方科目 银行存款　　　　2019 年 10 月 18 日　　　　附件　1　张

摘要	应借科目		过账	金额										
	一级科目	二级科目		亿	千	百	十	万	千	百	十	元	角	分
购买转账支票一本	财务费用	手续费									2	5	0	0
合计										¥	2	5	0	0

财会主管：　　记账：　　出纳：　　复核：　　制单：王文

注意：银行收取的手续费和邮电费依据金额不同而有所不同，如手续费为 0.5 元/笔，这个费用标准可能依银行不同而有所不同。

太平洋公司所在开户银行的邮电费标准：

- □　1 万元以下为 5 元。
- □　1 万～10 万元为 10 元。
- □　10 万～50 万元为 15 元。
- □　50 万～100 万元为 20 元。
- □　100 万元以上为 0.02%，无上限。

例 5.11　2019 年 10 月 18 日，太平洋公司汇款 3 万元给 Z 公司，需要支付的邮电费为 10 元，手续费 0.5 元，共计 10.5 元。汇款手续费单据，如表 5.27 所示。

表 5.27　汇款手续费单据

业务收费凭证

2019 年 10 月 18 日

户名：太平洋公司　　　　账号：××××　　　　单位：元

业务种类	起止号码	单价	数量	金额				
				工本费	邮电费	手续费	其他	小计
电汇			1		10.00	0.50		10.50
合计					10.00	0.50		10.50
大写金额（币种）人民币壹拾元零伍角					科目（贷）			
划款方式　□现金　■转账					对方科目（借）			
（交费单位盖章）								

出纳：　　　　复核：　　　　记账：

太平洋公司在办理汇款后，对应的会计分录为：

借：财务费用　　　　10.50

　贷：银行存款　　　　10.50

根据会计分录填制的银行存款付款凭证，如表 5.28 所示。

表 5.28　银行存款付款凭证

付　款　凭　证

总　号	
分　号	银付5号

贷方科目 银行存款　　　2019 年 10 月 18 日　　　附件　1　张

摘要	应借科目		过账	金额										
	一级科目	二级科目		亿	千	百	十	万	千	百	十	元	角	分
汇款手续费	财务费用	手续费									1	0	5	0
合计										¥	1	0	5	0

财会主管：　　记账：　　出纳：　　复核：　　制单：王文

此处为了便于理解，我们将一笔业务中的财务费用单提出来讲解。在实际工作中，我们在办理汇款后只做一笔会计分录即可：

借：预付账款——Z 公司　　　　30000.00

　　财务费用——手续费　　　　　10.50

　贷：银行存款　　　　　　　　　30010.50

3. 贷款利息

涉及公司利息的业务一般为贷款利息和存款利息，在进行账务处理时，都是通过“财务费用——利息”科目来进行核算的。

例 5.12　太平洋公司有一笔小额贷款需要按季度支付贷款利息，于 2019 年 10 月 18 日收到银行转来的利息划扣单，公司第三季度应付贷款利息为 10853.43 元。

太平洋公司在支付贷款利息后，对应的会计分录为：

借：财务费用——利息　　　10853.43

　贷：银行存款　　　　　　　10853.43

这部分费用应该按月计提、按季支付，对应的会计分录为：

借：财务费用——利息　　　3617.81

　贷：应付利息　　　　　　　3617.81

借：应付利息　　　　　　10853.43

　贷：银行存款　　　　　　　10853.43

注意：利息对于公司的整体业务影响不大，可以简便处理，在收到利息单据时直接记入“财务费用”科目即可。

根据会计分录填制的银行存款付款凭证，如表 5.29 所示。

表 5.29　银行存款付款凭证

付　款　凭　证

总　号	
分　号	银付6号

贷方科目 银行存款　　2019 年 10 月 18 日　　附件 1 张

摘要	应借科目		过账	金额										
	一级科目	二级科目		亿	千	百	十	万	千	百	十	元	角	分
第三季度贷款利息	财务费用	利息						1	0	8	5	3	4	3
合计							¥	1	0	8	5	3	4	3

财会主管：　　记账：　　出纳：　　复核：　　制单：王文

凭证的附件为银行转来的利息划扣单。

4．存款利息

例 5.13　太平洋公司于 2019 年 10 月 18 日收到第三季度的存款利息，金额为 2564.73 元，一并收到的还有银行转来的存款利息单。

由于费用类的账户在期间发生时只记借方，在期末结转利润时才从贷方转出，所以本笔业务对应的会计分录为：

借：银行存款　　　　　　　　2564.73
　　财务费用——利息　　　−2564.73

由于双借方的会计分录不符合一般的记账习惯，所以会计人员在做账务处理时可以编制以下会计分录：

借：银行存款　　　　　　　2564.73
　贷：财务费用——利息　　　　2564.73

根据会计分录填制的银行存款收款凭证，如表 5.30 所示。

表 5.30　银行存款收款凭证

收　款　凭　证

总　号	
分　号	银收3号

借方科目 银行存款　　2019 年 10 月 18 日　　附件 2 张

摘要	应贷科目		过账	金额										
	一级科目	二级科目		亿	千	百	十	万	千	百	十	元	角	分
第三季度存款利息	财务费用	利息							2	5	6	4	7	3
合计								¥	2	5	6	4	7	3

财会主管：　　记账：　　出纳：　　复核：　　制单：王文

注意：因为我们在期末对费用类账户进行结转时，总是加一个借方的合计数来计算结转的数额，所以当这笔利息收入在贷方时，很容易被漏掉，最后很可能导致账面不平的情况出现。由于这笔利息收入相当于费用的减少，可以用红字在借方进行冲减，因此该科目虽然在凭证上是贷方科目，但是在登账时要用红笔记入借方。

5.5.2　销售费用和管理费用

在公司的费用中，除财务费用由财务部门自行负责外，很多费用是用于维持公司日常经营的。这类费用的支付有两类：一类是公司的水电费、物业费、电话费等；另一类就是业务人员日常报销的费用。

根据自身的业务实际情况，太平洋公司在销售费用和管理费用下分别设置了二级科目。

太平洋公司在销售费用下设置了“运杂费”“车费”“工资”三个二级科目。“运杂费”科目用来核算公司运送货物的物流费用，一般按月以支票结算；“车费”科目用来记录员工发生的交通费用，涉及现金报销业务；“工资”科目用来计算相关人员的工资。

太平洋公司在管理费用下设置了“招待费”“办公费”“水电费”“电话费”“房租”“工资”等二级科目，分别记录各种费用。其中，“水电费”“电话费”“房租”“工资”以银行存款支付，“招待费”和“办公费”以现金报销的形式支付。

1. 支付房租

例 5.14 2019 年 10 月 18 日，太平洋公司行政办公室员工刘小兰来财务部申请房租款。该公司的房租是一个季度一交的，每个季度为 4 万元。公司一般会先以支票付款，对方在收到支票后开具发票。

刘小兰填写的房租请款单，如表 5.31 所示。

表 5.31 刘小兰填写的房租请款单

请款人：刘小兰	部门：行政办公室	请款日期：2019 年 10 月 18 日
请款事由： 第三季度房租	请款金额：¥40000.00 大写：人民币肆万元整（支票）	预计报销日期： 当天
申请人：刘小兰	部门经理：×××	总经理：×××

注意：“应付账款”科目是用来核算进货款的，如果是与进货无关的业务，则应通过“其他应付款”科目来核算。

本笔业务对应的会计分录为：

借：其他应付款　　　40000

　贷：银行存款　　　　40000

根据会计分录填制的银行存款付款凭证，如表 5.32 所示。

表 5.32　银行存款付款凭证

付　款　凭　证

总 号	
分 号	银付7号

贷方科目 银行存款　　　2019 年 10 月 18 日　　　附件　1　张

摘要	应借科目		过账	金额										
	一级科目	二级科目		亿	千	百	十	万	千	百	十	元	角	分
第三季度房租	其他应付款	房租						4	0	0	0	0	0	0
合计							¥	4	0	0	0	0	0	0

财会主管：　　记账：　　出纳：　　复核：　　制单：王文

在旧的会计准则下，付款时对应的会计分录为：

借：待摊费用

　贷：银行存款

每月再做摊销，对应的会计分录为：

借：管理费用

　贷：待摊费用

新的会计准则取消了待摊费用及预提费用。

2019 年 10 月 25 日，太平洋公司拿到了发票，对应的会计分录为：

借：管理费用——房租　　　40000

　贷：其他应付款　　　　　40000

根据会计分录填制的转账凭证，如表 5.33 所示。

表 5.33　转账凭证

转　账　凭　证

总 号	
分 号	转4号

2019 年 10 月 25 日　　　附件　1　张

摘要	一级科目	二级科目	过账	借方金额										贷方金额									
				千	百	十	万	千	百	十	元	角	分	千	百	十	万	千	百	十	元	角	分
房租	管理费用	房租					4	0	0	0	0	0	0										
	其他应付款																4	0	0	0	0	0	0
合计						¥	4	0	0	0	0	0	0			¥	4	0	0	0	0	0	0

财会主管：　　记账：　　出纳：　　复核：　　制单：王文

2. 银行代扣电话费

例 5.15 2019 年 10 月 18 日，太平洋公司收到银行转来的电话费代扣单据。它可以代替发票直接入账，对应的会计分录为：

借：管理费用——电话费　　　　8564.73

　贷：银行存款　　　　　　　　8564.73

根据会计分录填制的银行存款付款凭证，如表 5.34 所示。

表 5.34 银行存款付款凭证

总　号	
分　号	银付8号

付　款　凭　证

贷方科目 银行存款　　　2019 年 10 月 18 日　　　附件 1 张

摘要	应借科目		过账	金额										
	一级科目	二级科目		亿	千	百	十	万	千	百	十	元	角	分
9月电话费	管理费用	电话费							8	5	6	4	7	3
合计								¥	8	5	6	4	7	3

财会主管：　　记账：　　出纳：　　复核：　　制单：王文

3. 领用备用金

例 5.16 太平洋公司对备用金采取定额管理，并且需要先进行审批，再按审批表来核发。2019 年 10 月 20 日，有两个部门来领用备用金。

销售部的备用金审批表，如表 5.35 所示。

表 5.35 销售部的备用金审批表

部门名称：销售部	部门指定保管人：×××
备用金定额：（小写）¥1000.00	（大写）壹仟元整
核定开支范围： 交通费、与招待客户有关的餐费等	
部门主管：×××	总经理：×××

技术服务部的备用金审批表，如表 5.36 所示。

表 5.36　技术服务部的备用金审批表

部门名称：技术服务部	部门指定保管人：×××
备用金定额：（小写）¥1000.00	（大写）壹仟元整
核定开支范围： 交通费、零星工具采购费用	
部门主管：×××	总经理：×××

两个部门同时进行备用金的领用，对应的会计分录是一样的。

借：其他应收款——备用金　　　　1000

　贷：库存现金　　　　　　　　　1000

注意：由于两个部门领用的备用金金额相同，所以单从会计分录中难以分辨是哪个部门领用的，这时可以在“备用金”科目下按部门来设置三级科目。

销售部领取备用金，对应的会计分录为：

借：其他应收款——备用金（销售部）　　1000

　贷：库存现金　　　　　　　　　　　1000

注意：若凭证上只有二级科目，可以在“摘要”栏里写清楚。

根据会计分录填制的现金付款凭证，如表 5.37 所示。

表 5.37　现金付款凭证

付　款　凭　证

总　号	
分　号	现付2号

贷方科目 库存现金　　　2019 年 10 月 20 日　　　附件　1　张

摘要	应借科目		过账	金额										
	一级科目	二级科目		亿	千	百	十	万	千	百	十	元	角	分
销售部备用金	其他应收款	备用金							1	0	0	0	0	0
合计								¥	1	0	0	0	0	0

财会主管：　　记账：　　出纳：　　复核：　　制单：王文

同理，技术服务部领取备用金，对应的会计分录为：

借：其他应收款——备用金（技术服务部）1000

　贷：库存现金　　　　　　　　　　　1000

（现金付款凭证略）

4. 日常费用报销

太平洋公司日常费用的报销是在每周二与周四进行的，员工在这两天凭发票到财务部报销。公司来报销的人员集中在销售部和技术服务部这两个部门，票据以车票为主，销售部的餐费也不少。

虽然原始凭证比较多，但是填制的记账凭证并不多，因此，应该先对其进行分类。如果一个部门报销费用的原始凭证不多，可以合并填制一张记账凭证。

因为涉及签字权限的问题，所以有时不能按凭证的种类分类填制。一般按个人和按部门来填制，这样就会涉及多个科目，填制的凭证一般也是多借一贷的形式。

例 5.17 2019 年 10 月 25 日，销售部员工刘海来报销相关费用。会计人员对原始凭证进行整理汇总、核查无误后，所做的会计分录为：

借：管理费用——招待费 600

——办公费 280

销售费用——车费 165

贷：库存现金 1045

根据会计分录填制的现金付款凭证，如表 5.38 所示。

表 5.38 现金付款凭证

付 款 凭 证

总 号	
分 号	现付4号

贷方科目 库存现金　　2019 年 10 月 25 日　　附件 1 张

摘要	应借科目		过账	金额										
	一级科目	二级科目		亿	千	百	十	万	千	百	十	元	角	分
销售部刘海报销费用	管理费用	招待费								6	0	0	0	0
	管理费用	办公费								2	8	0	0	0
	销售费用	车费								1	6	5	0	0
合计									¥	1	0	4	5	0	0

财会主管：　记账：　出纳：　复核：　制单：王文

注意：处理这种附件（原始凭证）较多的凭证时，需要掌握一定的粘贴技术，否则到凭证装订时是一件麻烦事。报销完成后，就是附件整理和粘贴工作。在附件很多时，为了保证账务处理的及时性，会计人员可以先把凭证做出来，再将其与附件用曲别针别在一起，等有时间时一并粘贴。

5.5.3 工资发放

工资的发放应通过“应付职工薪酬”科目进行核算。“应付职工薪酬”是为企业计算及发放工资而设置的会计科目，集中反映企业应付职工的工资总额。工资总额是指企业在一定时期内支付给本单位职工的劳动报酬总额。凡属工资总额范围内的各项工资、奖金、津贴和补贴均应通过该科目核算。

“应付职工薪酬”科目借方应登记本月发放的工资总额，包括实发工资和代扣款项；贷方应登记本月应付工资总额，即本月分配的工资总额。

例 5.18　2019 年 10 月 25 日，太平洋公司发放职工工资。会计人员根据银行代发记录编制工资发放时的会计分录：

借：应付职工薪酬　　256328.57

　贷：银行存款　　256328.57

根据会计分录填制的银行存款付款凭证，如表 5.39 所示。

表 5.39　银行存款付款凭证

总　号	
分　号	银付9号

付　款　凭　证

贷方科目 银行存款　　2019 年 10 月 25 日　　附件　1　张

摘要	应借科目		过账	金额										
	一级科目	二级科目		亿	千	百	十	万	千	百	十	元	角	分
发放本月工资	应付职工薪酬						2	5	6	3	2	8	5	7
合计						¥	2	5	6	3	2	8	5	7

财会主管：　　记账：　　出纳：　　复核：　　制单：王文

凭证的附件为转账支票存根和工资发放清单。

工资核算是在计算好基本工资后，减去考勤扣款，加上加班费和奖金得出的。这部分金额应记入“应付职工薪酬”科目的贷方，实际发放数和代扣款项应记入“应付职工薪酬”科目的借方。

注意：由于工资的计算比较复杂，在一些大型企业中，会专门设置一个岗位甚至一个部门负责职工工资的核算工作。

在提取工资时，会计人员还得注意分清要记入的相关费用科目。太平洋公司做了以下简单划分：

业务第一线的员工，包括采购部、销售部、技术部、软件部和工程部员工，其工资应记入“销售费用”科目，也就是以前的“营业费用”科目。

辅助部门的员工，包括行政办公室、财务部员工及各位经理人员，其工资应记入

"管理费用"科目。

太平洋公司对应的会计分录为：

借：管理费用——工资　　　　87925.72

　　销售费用——工资　　　　271748.61

　贷：应付职工薪酬　　　　　　　359674.33

根据会计分录填制的转账凭证，如表 5.40 所示。

表 5.40　转账凭证

转　账　凭　证

总　号	
分　号	转5号

2019 年 10 月 25 日　　　　附件　1　张

摘要	一级科目	二级科目	过账	借方金额										贷方金额									
				千	百	十	万	千	百	十	元	角	分	千	百	十	万	千	百	十	元	角	分
提取工资	管理费用	工资					8	7	9	2	5	7	2										
	销售费用	工资				2	7	1	7	4	8	6	1										
	应付职工薪酬															3	5	9	6	7	4	3	3
合计					¥	3	5	9	6	7	4	3	3		¥	3	5	9	6	7	4	3	3

财会主管：　　记账：　　出纳：　　复核：　　制单：王文

另外，还得把代扣款项扣除掉，对应的会计分录为：

借：应付职工薪酬　　　　　　　　103345.76

　贷：其他应付款——社保　　　　　　39200.12

　　　　　　　——公积金　　　　　　28509.17

　　　应交税费——个人所得税　　　　35636.47

根据会计分录填制的转账凭证，如表 5.41 所示。

表 5.41　转账凭证

转　账　凭　证

总　号	
分　号	转6号

2019 年 10 月 25 日　　　　附件　1　张

摘要	一级科目	二级科目	过账	借方金额										贷方金额									
				千	百	十	万	千	百	十	元	角	分	千	百	十	万	千	百	十	元	角	分
工资代扣部分核算	应付职工薪酬					1	0	3	3	4	5	7	6										
	其他应付款	社保															3	9	2	0	0	1	2
		公积金															2	8	5	0	9	1	7
	应交税费	个人所得税															3	5	6	3	6	4	7
合计					¥	1	0	3	3	4	5	7	6		¥	1	0	3	3	4	5	7	6

财会主管：　　记账：　　出纳：　　复核：　　制单：王文

5.6　往来账款核算

对于企业的往来账款来说，其账务处理比较简单。往来账款核算的工作量主要在于对账款金额的核对和信用期的处理上，也就是说，往来账款的管理比账务处理更为重要。

就一般的小型企业而言，资金不足是一种常态。在资金紧张的情况下，既要保证各个项目的顺利进行，又要保证公司的信用不会因为经常拖欠款项而受到影响，这对会计人员来说确实是一项挑战。

5.6.1　应收账款管理

要想使公司保持充足的现金流，管理重点在于对源头的控制。如果没有足够的现金流入，对现金流的管理就无从谈起。对于应收账款的管理，一般需要依赖于销售人员的催收力度，但是具体的金额及时间的把握还需要会计人员提供财务数据支持。

应收账款是指企业由于销售产品、商品，提供劳务等原因，应向购货客户或接受劳务的客户收取的款项和代垫的运杂费。应收账款属于资产类科目。

应收账款是企业采取信用销售而形成的债权性资产，是企业流动资产的重要组成部分，因此，应收账款是公司可用的资产。

当今社会市场竞争非常激烈，企业要想获得利润，就要销售商品，取得销售收入。企业为了取得销售收入不得不采取多种方式促进销售，赊销就是重要的方式之一。赊销可以吸引客户，扩大销售额，为企业带来效益。当然，赊销必然会产生应收账款。

凡事有利就有弊，应收账款的存在为企业带来了收入，同时也带来了风险。如果应收账款没有及时收回，发生坏账损失，就会直接减少企业的利润，影响企业的生产经营。如果应收账款长期占用企业的资金，造成企业资金周转速度减慢，就会增加企业的经营成本。

对应收账款的管理面临着两难的局面：如果放得太松，则会直接影响企业的资金运作，导致应收账款不能收回，在企业中形成大量的呆账、坏账；如果管得太死，比如一些企业采取不给钱不发货、紧缩供货的方式，则会影响企业的销售，造成部分客户流失。

注意：对应收账款的管理得从加强日常管理工作入手，只有细化相关的工作，才能降低应收账款带来的坏账风险。会计人员需要做好基础记录，了解客户付款的及时程度，包括公司与客户建立信用关系的日期、客户付款的时间、目前的欠款数额等，只有充分掌握这些信息，才能及时采取相应的对策。

会计人员要关注应收账款的实际占用天数，起到监督作用，已超过信用期的欠款，要定时地向销售部提供数据支持。会计人员可以定时向销售部提供应收账款通知书，如表 5.42 所示。

表 5.42　应收账款通知书

应收账款通知书

2019年10月31日　　单位：元

项目名称	合同签订日期或销货日期	应收款金额	已开票金额	逾期天数	业务经手人	预计回款时间
A项目	2019/6/5	240000	240000	120	王海	
B项目	2019/7/24	150000	150000	100	田文	
……	……	……	……	……	……	
合计			3546700	平均100天		

注意：表 5.42 中的项目比较笼统，只能表现出大体的情况。为了进一步细化管理，会计人员还应该对一些重点客户做进一步的分析。

大客户是指客户的营业额在公司占据很高、很重要的比例，其业务直接影响到公司的收益，甚至影响到公司的生存能力。它们是公司的重点客户，因为收益较大，其风险也比较大；而一般的小客户，因为收益较小，其风险也比较小。公司要对重点客户的资料进行系统化的管理，对有经常性业务往来的客户也应进行单独管理，不能因为是老客户而放松危机管理意识。

注意：可以把有多笔业务往来的客户单列出来，以客户为单位详细列出每笔业务的应收账款情况，以便做进一步分析。重点客户应收账款对账单，如表 5.43 所示。

制度再好，也不能杜绝坏账的发生。如果发生应收账款实在收不回来的情况，那就只能将其变为坏账损失了。可以说，应收账款从产生的那一天起，就冒着可能收不回来的风险。对于整体业务来说，企业可以将个别坏账理解为赊销费用，从收益中扣除，不虚夸所有者权益及收益，这也是谨慎性原则的要求。

企业对坏账的处理方法有直接核销法和备抵法两种，其中备抵法更符合配比原则与谨慎性原则。如果企业的坏账不多，为了简便操作，也可以采用直接核销法。

管理好现金流入的源头，接下来的工作就是要调节好现金的流出。企业的支出分为费用和进货两部分。费用这部分支出基本上是固定的，如房租、电话费等是定期扣划的，没有什么可以规划的余地。

表 5.43　重点客户应收账款对账单

重点客户应收账款对账单

2019年10月31日

客户名称	C公司	账目负责人	苏华
客户地址	×××	客户电话	12345
已合作时间	三年	销售人员	王月
前期业务平均收款天数		80天	
应收账款情况：			
业务时间	金额（元）	开票时间	逾期天数
2019/5/23	400000	2019/6/30	120
2019/6/4	150000	2019/6/20	130
2019/7/2	200000	2019/8/20	72

企业现金的流出大部分在进货的环节，如果能调节好这部分现金的流出，则既能够使企业充分利用供应商所给予的信用政策，又不至于因为长期拖欠供应商的货款而影响企业的信誉。

注意：应付账款的管理和记录必须由财务部的应付账款会计专门负责，并且它必须是独立于请购、采购、验收付款职能以外的，这样才能防止舞弊现象的发生。

应付账款的确认和计量必须根据审核无误的各种必要的原始凭证来进行，这些原始凭证主要是供应商开具的发票、公司库管的入库单、采购部门的结算凭证等。有关人员必须审核这些原始凭证的真实性、合法性、完整性、合规性及正确性。

5.6.2　收回前期账款

例 5.19　2019 年 10 月 23 日，太平洋公司收到销售部小钱交来的支票 15 万元，支票是由客户 A 公司开出的。这是一笔前期业务的尾款，发票已经在业务发生时开出并交与对方，应该冲减 A 公司的应收账款，对应的会计分录为：

借：银行存款　　　　　　　　　150000

　贷：应收账款——A 公司　　　　　　　150000

根据会计分录填制的银行存款收款凭证，如表 5.44 所示。

表 5.44 银行存款收款凭证

总 号	
分 号	银收4号

收 款 凭 证

借方科目 银行存款　　2019 年 10 月 23 日　　附件 1 张

摘要	应贷科目		过账	金额										
	一级科目	二级科目		亿	千	百	十	万	千	百	十	元	角	分
收回货款	应收账款	A公司					1	5	0	0	0	0	0	0
合计						¥	1	5	0	0	0	0	0	0

财会主管：　记账：　出纳：　复核：　制单：王文

凭证的附件为支票入账时的进账单第一联，上面盖有银行业务受理的印章。

5.6.3 收到银行承兑汇票

商业汇票，是指收款人或付款人签发的、由承兑人承兑并于到期日向付款人或被背书人支付款项的票据。

按承兑人的不同，商业汇票可以分为商业承兑汇票和银行承兑汇票两种，如表 5.45 所示。

表 5.45 商业汇票的分类

名称	签发人	承兑人	适用范围	信用
商业承兑汇票	收款人或付款人	付款人	法人之间的商品交易款	依赖于付款人的信用
银行承兑汇票	收款人或承兑申请人	承兑申请人向开户银行申请，经银行审查同意承兑	企业之间的商品交易款，在同城和异地均可使用	高

注意：因为商业承兑汇票最后是要提示出票人付款的，所以如果出现纠纷或对方账上钱不够，收款企业就会承担风险。银行承兑汇票在到期时除非有合法事由，否则银行必须付款，即使出票方没有将款项存入银行，银行也得先行付款，然后再向出票企业收取利息，日息为万分之五。对收款方来说，银行承兑汇票基本能够保证其按时收到钱款。

例 5.20 2019 年 10 月 25 日，太平洋公司收到一张银行承兑汇票，金额为 20 万元，为 B 公司前期欠款，发票已开。太平洋公司收到的银行承兑汇票，如表 5.46 所示。

表 5.46　银行承兑汇票

银行承兑汇票

汇票号码347583

出票日期（大写）贰零壹玖年零伍月壹拾伍日

<table>
<tr><td>出票人全称</td><td colspan="2">山东省××化工厂</td><td rowspan="3">收款人</td><td colspan="2">全　称</td><td colspan="9">山东省××机械厂</td></tr>
<tr><td>出票人账号</td><td colspan="2">1111111</td><td colspan="2">账　号</td><td colspan="9">11111</td></tr>
<tr><td>付款行全称</td><td colspan="2">××× 银行</td><td colspan="2">开户银行</td><td colspan="3">×××</td><td colspan="2">行号</td><td colspan="4">11111</td></tr>
<tr><td rowspan="2">出票金额</td><td rowspan="2">人民币（大写）</td><td rowspan="2" colspan="2">贰拾万元整</td><td>亿</td><td>千</td><td>百</td><td>十</td><td>万</td><td>千</td><td>百</td><td>十</td><td>元</td><td>角</td><td>分</td></tr>
<tr><td></td><td></td><td>¥</td><td>2</td><td>0</td><td>0</td><td>0</td><td>0</td><td>0</td><td>0</td><td>0</td></tr>
<tr><td>汇票到期日（大写）</td><td colspan="2">贰零壹玖年壹拾壹月壹拾肆日</td><td rowspan="2">付款行</td><td>行号</td><td colspan="10">11111</td></tr>
<tr><td>承兑协议编号</td><td colspan="2">434566</td><td>地址</td><td colspan="10">山东省××市×××</td></tr>
<tr><td colspan="3">本汇票请你行承兑，此项汇票款我单位承兑协议于到期日前足额交存银行，到期请予以支付。

出票人签章</td><td colspan="6">本汇票已经承兑，到期日由本行付款。
承兑行签章
承兑日期　年　月　日
备注：</td><td colspan="6">

复核　　记账</td></tr>
</table>

注意：商业汇票允许的付款最长期限为 6 个月，超过 6 个月的商业汇票是不合法的。

太平洋公司收到的银行承兑汇票的背面，如表 5.47 所示。

表 5.47　银行承兑汇票的背面

被背书人：B 公司	被背书人：太平洋公司	被背书人：××银行
（山东省××机械厂印鉴） 【背书转让】 2019 年 06 月 12 日	（B 公司印鉴） 【背书转让】 2019 年 10 月 23 日	（太平洋公司印鉴） 【委托收款】 2019 年 11 月 14 日

商业汇票的背书转让率是很高的，为了避免占用自己的资金时间太长，各公司都会尽量将其转让出去。商业汇票通常是可以背书转让的，除非明确标明了“不准转让”的字样。如果背书不够用，可使用粘贴单。粘贴单要求有统一的格式，可以直接向银行索取。粘贴单与汇票的粘贴处要加盖骑缝章，章印要求清晰，并且在盖章时其连接处的缝隙应该穿过骑缝章的中心，不能与前面一手的印章重叠。

对背书的检查，首先要检查其形式是否符合规定，即背书人的签章应该是清晰的，而且必须盖在背书的格子内，被背书人的名称应该填写在上面的格子内，签章栏内还应有“背书转让”的记录。

其次要保证背书是连续的，即汇票收款人要与第一背书人的签章一致，后面每一个签章都要和前一格的被背书人名称一致。与支票一样，被背书人名称要求为全称，不能简写、涂改；背书的日期前后必须符合逻辑，后面的日期不得在前。

注意：在实际工作中，好多企业为了省事不将商业汇票信息填写完整，只盖章了事，这其实是不负责任的表现，给后面接手的人员增加了额外的工作量。商业汇票在交与银行之前必须填写齐全，否则银行是不收的。

商业汇票交与银行应写“委托收款”，转让给别的公司应写“背书转让”。

注意：商业汇票到期日的规定与支票到期日的规定是一样的，到期日 10 天内应提示付款。

如果着急用钱，商业汇票是可以到银行申请贴现的。

贴现是指银行承兑汇票或商业承兑汇票的持票人将未到期的票据转让给银行，银行将票面金额扣除贴现利息后将余额付给持票人的一种融通资金行为。简单地说，就是把汇票转让给银行，银行先把钱给你，但是因为提前取现，银行要收取一定的利息。

现阶段，银行办理贴现的汇票一般仅限于银行承兑汇票，办理商业承兑汇票贴现的须由上级银行另行授权。一级分行由总行授权，经总行授权的一级分行可对其所辖银行授权。

银行承兑汇票贴现须由申请人提供有关履行该票据项下商品交易合同的发货单、运输单、提货单等凭证，其内容应与商品交易合同内容一致，而且必须符合国家法律、法规及有关政策。

银行规定，向银行申请银行承兑汇票贴现的申请人必须具备以下条件：

- 必须是具有法人资格或实行独立核算，在经办行开立存款账户并依法从事经营活动的经济单位。
- 持有的银行承兑汇票凭证真实，票式填写完整，盖印、压数无误，凭证在有效期内，背书连续完整。
- 贴现申请人经营状况良好，具有到期还款能力。

按照相关业务规定，银行承兑汇票贴现申请人申请贴现必须向经办行提交以下材料：

- 银行承兑汇票贴现申请书。
- 银行承兑汇票。
- 出示贴现票据项下的商品交易合同原件并提供复印件，或者其他能够证明银行承兑汇票合法性的凭证。

- □ 能够证明票据项下的商品交易确已履行的凭证（如发货单、运输单、提货单、增值税发票等的复印件）。
- □ 贴现申请人的财务会计报表（复印件）。

贴现利息的计算公式:

贴现利息=票面到期值×贴现天数×贴现率

实收金额=面值−贴现利息

到期日：按月算，次月对日。例如，某公司于 8 月 3 日开出一张 2 个月到期的商业汇票，则到期日应该为 10 月 3 日。

到期日也可按天计算。例如，某公司于 8 月 3 日开出一张 60 天的商业汇票，到期日为 10 月 2 日。如果 9 月 10 日贴现，那么贴现日期为 22 天。

注意：银行在接收贴现的商业汇票时相当的谨慎，如果商业承兑汇票到期没收回钱，那么银行会从贴现的企业账上直接把钱划走，再把那张收不回钱的承兑汇票退给企业，由企业自行去找出票方交涉。如果贴现企业账面余额不足，银行会直接将此笔钱款转成逾期贷款。

承例 5.20，天平洋公司对应的会计分录为:

借：应收票据　　　　　　　　200000

　贷：应收账款——B 公司　　　　　　200000

根据会计分录填制的转账凭证，如表 5.48 所示。

表 5.48　转账凭证

转　账　凭　证

总　号

分　号　　转7号

2019 年 10 月 25 日　　　　附件　1　张

摘要	一级科目	二级科目	过账	借方金额										贷方金额									
				千	百	十	万	千	百	十	元	角	分	千	百	十	万	千	百	十	元	角	分
收到B公司承兑汇票	应收票据					2	0	0	0	0	0	0	0										
	应收账款	B公司														2	0	0	0	0	0	0	0
合计					¥	2	0	0	0	0	0	0	0		¥	2	0	0	0	0	0	0	0

财会主管：　　记账：　　出纳：　　复核：　　制单：王文

注意：商业汇票本身不能贴在凭证后面作为附件，因为到期了要去银行兑付。会计人员可以把商业汇票的复印件贴在凭证后面，作为凭证的依据。

表 5.48 是太平洋公司在收到汇票时所做的凭证，等到汇票到期去银行兑付后，公司会得到一张银行盖章返回的进账单，这个时候要做银行收款的会计分录，以冲

减应收票据。

借：银行存款　　　　　200000

　贷：应收票据　　　　　200000

（会计凭证略）

如果将汇票转让，可直接冲减应付账款，与对方开来的发票同步时，可以增加库存商品。

借：应付账款（库存商品）

　贷：应收票据

若将汇票贴现，需要做贴现利息的账务处理，并将其记入“财务费用”科目。

借：银行存款

　　财务费用

　贷：应收票据

5.7 固定资产核算

固定资产核算是指对固定资产的增减变动、清理报废、使用保管，以及计提折旧、大修理基金等业务的反映和监督。它是在一定的财务时期，对固定资产进行重新估值、记录的财务处理过程。

固定资产是指企业使用期限超过 1 年的房屋、建筑物、机器、机械、运输工具，以及其他与生产经营有关的设备、器具、工具等。不属于生产经营主要设备的物品，单位价值在 2000 元以上且使用年限超过 2 年的，也应当视为固定资产。

固定资产是企业的劳动手段，也是企业赖以生产经营的主要资产。从会计的角度划分，固定资产一般被分为生产用固定资产、非生产用固定资产、租出固定资产、未使用固定资产、不需用固定资产、融资租赁固定资产、接受捐赠固定资产等。

《企业会计准则》中规定，固定资产满足下列条件之一的，应当予以终止确认：该固定资产处于处置状态；该固定资产预期通过使用或处置不能产生经济利益。

为了核算企业因出售、报废和毁损等原因转入清理的固定资产价值及其在清理过程中所发生的清理费用和清理收入的情况，应设置“固定资产清理”科目。该科目借方登记转入清理的固定资产净值、清理过程中发生的清理费用及应缴纳的税金，贷方登记清理固定资产的变价收入、保险公司或过失人的赔偿款等，期末余额反映企业尚未清理完毕的固定资产价值及清理净收益或净损失。

因进行大修理而停用的固定资产，应当照提折旧，计提的折旧额应计入相关资产成本或当期损益。折旧是指在固定资产的使用寿命内，按照确定的方法对应计折旧额进行系统分摊。

企业应当根据与固定资产有关的经济利益的预期实现方式，合理选择固定资产折旧方法。折旧方法一经选定，不得随意变更。可选用的折旧方法包括年限平均法、工作量法、双倍余额递减法和年数总和法，其中双倍余额递减法和年数总和法属于加速折旧法。

1．年限平均法

年限平均法又称直线法，是将固定资产的应计折旧额均衡地分摊到固定资产预计使用寿命内的一种方法。使用这种方法计算的每期折旧额均是相等的。年限平均法的计算公式如下：

年折旧率=（1-预计净残值率）/规定的折旧年限×100%

月折旧率=年折旧率/12

月折旧额=固定资产原值×月折旧率

2．工作量法

工作量法是根据实际工作量计提固定资产折旧额的一种方法。工作量法的计算公式如下：

每单位工作量折旧额=固定资产原值×（1-净残值率）/预计总工作量

某项固定资产月折旧额=该项固定资产当月工作量×每单位工作量折旧额

3．双倍余额递减法

双倍余额递减法是指在不考虑固定资产残值的情况下，根据每期期初固定资产账面净值和双倍的直线法折旧率计算固定资产折旧的一种方法。双倍余额递减法的计算公式如下：

年折旧率=2/预计折旧年限×100%

月折旧率=年折旧率/12

月折旧额=固定资产账面价值×月折旧率

4．年数总和法

年数总和法又称合计年限法，是指将固定资产的原价减去预计净残值后的余额乘以一个逐年递减的变动折旧率计算每年的折旧额的一种方法。年数总和法的计算公式如下：

固定资产各年的折旧率=固定资产各年初尚可使用年数/固定资产预计使用年限各年数字之和×100%

固定资产月折旧率=固定资产年折旧率/12

固定资产月折旧额=（固定资产原值-预计净残值）×月折旧率

除国务院财政、税务主管部门另有规定外，固定资产计算折旧的最低年限如下：

（1）房屋、建筑物，为20年。

（2）飞机、火车、轮船、机器、机械和其他生产设备，为10年。

（3）与生产经营活动有关的器具、工具、家具等，为5年。

（4）飞机、火车、轮船以外的运输工具，为4年。

（5）电子设备，为3年。

计提折旧的固定资产：

- 房屋、建筑物。
- 在用的机器设备、仪表、运输车辆、工具器具。
- 季节性停用及修理停用的设备。
- 以经营租赁方式租出的固定资产和以融资租赁方式租入的固定资产。

不计提折旧的固定资产：

- 已提足折旧仍继续使用的固定资产。
- 以前年度已经估价单独入账的土地。
- 提前报废的固定资产。
- 融资租出的固定资产。

固定资产明细账采用固定资产卡片账，即单独账页。这种账页在表头上需要填写的内容比普通的账簿更多，需要登记固定资产的各项资料。它是每一项固定资产的全部档案记录，即固定资产从进入企业到退出企业的整个生命周期所发生的全部事项，都要在卡片上进行记载。

固定资产卡片上的栏目有类别、编号、名称、规格、型号、建造单位、建造年月、投产日期、原始价值、预计使用年限、折旧率、存放地点、使用单位、大修理日期和金额，以及停用、出售、转移、报废清理等内容。

注意：如果企业处理固定资产的业务不多，那么只需要在新购入时和报废时多加留意，之后每月按计算好的折旧数额提取折旧即可。

例5.21 2019年10月26日，公司购入一台网络打印机，原价为2.26万元，增值税专用发票与货同行，以转账支票支付。

注意：按现行规定，固定资产的进项税额也可以进行抵扣。

本笔业务对应的会计分录为：

借：固定资产　　20000

　　应交税费——应交增值税（进项税额）　　2600

　贷：银行存款　　22600

根据会计分录填制的银行存款付款凭证，如表5.49所示。

表 5.49　银行存款付款凭证

付　款　凭　证

总　号	
分　号	银付10号

贷方科目 银行存款　　　　2019 年 10 月 26 日　　　　附件　1　张

摘要	应借科目		过账	金额										
	一级科目	二级科目		亿	千	百	十	万	千	百	十	元	角	分
购入网络打印机	固定资产							2	0	0	0	0	0	0
	应交税费	应交增值税（进项税额）							2	6	0	0	0	0
合计							¥	2	2	6	0	0	0	0

财会主管：　　记账：　　出纳：　　复核：　　制单：王文

凭证的附件为增值税专用发票及固定资产使用单。

这台网络打印机以 5 年计提折旧，残值率为 5%。从第二个月起，采用直线法每月计提折旧：

每月折旧额=20000×（1−5%）/5/12=316.67（元）

至于计提折旧时对应的费用科目，因固定资产的使用性质不同应分别记入“生产成本”“销售费用”“管理费用”科目。在太平洋公司，这台网络打印机的折旧记入“管理费用”科目，对应的会计分录为：

借：管理费用——折旧　　316.67

　贷：累计折旧　　　　316.67

根据会计分录填制的转账凭证，如表 5.50 所示。

表 5.50　转账凭证

转　账　凭　证

总　号	
分　号	转1号

2019 年 11 月 01 日　　　　附件　1　张

摘要	一级科目	二级科目	过账	借方金额										贷方金额									
				千	百	十	万	千	百	十	元	角	分	千	百	十	万	千	百	十	元	角	分
计提折旧	管理费用	折旧							3	1	6	6	7										
	累计折旧																		3	1	6	6	7
合计								¥	3	1	6	6	7					¥	3	1	6	6	7

财会主管：　　记账：　　出纳：　　复核：　　制单：王文

注意：此处为了对应说明，将提取折旧的数额按单项固定资产填制凭证。在实际的业务处理中，应当先按整体的应提折旧额填制凭证，再在固定资产明细账上体现具体单项固定资产的应提折旧额。

与固定资产相关的业务还有对固定资产报废的处理。它需要先把原值和累计折旧的差额转到“固定资产清理”科目，再从“固定资产清理”科目转到“营业外支出”科目，对应的会计分录为：

借：固定资产清理

　　累计折旧

　贷：固定资产

借：营业外支出

　贷：固定资产清理

5.8 工资核算

工资是员工因参加企业劳动作为劳动报酬领取的、由企业定期支付的一定数额的货币。工资核算是企业会计核算中的基本业务之一，是指对企业员工的工资进行结算、分配、核算，以及各项相关经费的计提。工资核算主要包括工资的发放、工资费用的分配，以及对应付福利费、工会经费等费用的提取。

企业在工资核算时，应设置“应付职工薪酬”科目。该科目总括地反映企业与员工有关工资的结算情况，其借方反映从工资中代扣的款项、实发工资、期末结转的未领工资，贷方反映应付职工的工资额，期末结转未领工资后本科目无余额。

在工资的计算上，很多企业是由人力资源部门负责的，也有许多小型公司是由财务部门负责的，行政办公室只负责考勤的统计与上报。财务部门的工作内容如下：

（1）计算工资单据，发放工资奖金。根据实有员工人数和工资标准，审核工资奖金计算表，办理代扣款项（包括计算个人所得税、住房公积金、社保等），计算实发工资。

（2）负责工资核算，提供工资数据。按照工资总额的组成和支付工资的来源，进行明细核算。根据管理部门的要求，编制有关工资总额报表。

工资总额的计算原则应以直接支付给员工的全部劳动报酬为依据。在计算应发放的工资时，需要在基本工资的基础上，将员工自己负担的社保与住房公积金部分扣除，扣除缺勤扣款、计算加班工资、确认奖金补助，并正确计算应缴纳的个人所得税。

根据以上项目设计的工资计算表，如表 5.51 所示。

表 5.51　工资计算表

工资计算表

年　月

员工编号	员工姓名	所属部门	基本工资	社会保险金	住房公积金	考勤扣款	奖金	其他	代缴个税	实际发放
			(1)	(2)	(3)	(4)	(5)	(6)	(7)	(8)
……	……									
……	……									
……	……									
……	……									
……	……									
……	……									
合计	——	——	Σ	Σ	Σ	Σ	Σ	Σ	Σ	Σ

表 5.51 中的前三列和（1），即“员工编号”“员工姓名”“所属部门”“基本工资”是根据原始记录直接得到的；（5）和（6）的数据一般无须财务部门计算，可直接采用其他部门提供的数据；会计人员需要计算（2）（3）（4）（7）的数据，最后根据公式计算出（8）的金额，即员工工资的实际发放数。员工工资实际发放数的计算公式如下:

（8）=（1）-（2）-（3）-（4）+（5）-（6）-（7）

5.8.1　社保计算

我们常说的“五险一金”中的“五险”是指社保的养老保险、医疗保险、失业保险、工伤保险和生育保险这五个险种，“一金”是指住房公积金。

社保和住房公积金的计算方法并不难，记住以下计算公式即可:

缴费金额=缴费基数×缴费比例

社保和住房公积金是根据职工上一年的基本工资来核定缴费基数的。它在一年之内是一个固定的数字，每个月支付的数额是一致的。

社保基数是指职工在一个社保年度的社会保险缴费基数。它是按上一年 1—12 月申报个人所得税的工资、薪金税项的月平均额来计算的，按个人工资水平（在当地社会平均工资的 300%～60%范围内）来确定，不得低于最低缴费标准。

缴费基数上限是指职工工资收入超过上一年省、市在岗职工月平均工资算术平均数 300%以上的部分不计入缴费基数。

缴费基数下限是指职工工资收入低于上一年省、市在岗职工月平均工资算术平均数 60%的，以上一年省、市在岗职工月平均工资算术平均数的 60%为缴费基数。

如果员工的工资高于上一年平均工资，社保的缴费基数就是一样的；如果低于上一年平均工资，基数就不一样了。

例如，2012 年北京社会平均工资为 4037 元，社保缴费上限为 12111 元，养老保险、失业保险、工伤保险的缴费下限为 1614 元，生育保险、医疗保险的缴费下限为 2422 元。

每年社保中心会发布当年的平均工资和上下限的数据。

社保的支付分为两部分，一部分为单位支付，另一部分为个人支付。工资表里只计算个人应支付的部分，由公司作为代扣代缴人替员工个人上缴到社保中心。

单位支付的部分要计入费用中，还涉及月初去社保中心缴纳时的总数额，所以既要分开计算，又要有合计数。缴费基数确定了，用基数乘以相应险种的缴费比例就可以了。

社保缴费比例如下所示。

养老保险：单位 16%，个人 8%。

医疗保险：单位 10%，个人 2%，个人另外还有一个大额医疗保险 3 元。

失业保险：单位 2%，个人 1%。

工伤保险和生育保险完全由企业承担，个人不需要缴纳。

工伤保险的缴费比例根据企业的业务性质不同采用不同的比例。太平洋公司工伤保险的缴费比例为 3‰，生育保险的缴费比例为 8‰。

太平洋公司的社保缴纳计算表，如表 5.52 所示。

表 5.52 社保缴纳计算表

社保缴纳计算表

2019年10月　　单位：元

员工编号	员工姓名	合计	基数					单位支付						个人支付			
			养老	医疗	失业	工伤	生育	养老	医疗	失业	工伤	生育	小计	养老	医疗	失业	小计
		(1)	(2)	(3)	(4)	(5)	(6)	(7)	(8)	(9)	(10)	(11)	(12)	(13)	(14)	(15)	(16)
1	赵一	2529	6000	6000	6000	6000	6000	1200	480	120	18	48	1866	480	123	60	663
2	钱二	1602.8	3800	3800	3800	3800	3800	760	304	76	11.4	30.4	1181.8	304	79	38	421
3	孙三	1350.2	3200	3200	3200	3200	3200	640	256	64	9.6	25.6	995.2	256	67	32	355
4	李四	1350.2	3200	3200	3200	3200	3200	640	256	64	9.6	25.6	995.2	256	67	32	355
5	王小	1266	3000	3000	3000	3000	3000	600	240	60	9	24	933	240	63	30	333
……	……	……	……	……	……	……	……	……	……	……	……	……	……	……	……	……	……

太平洋公司的社保缴纳计算公式如下:

(7) = (2) ×20%

(8) = (3) ×8%

(9) = (4) ×2%

(10) = (5) ×3‰

(11) = (6) ×8‰

(12) =∑ [(7) : (11)]

(13) = (2) ×8%

(14) = (3) ×2%+3

(15) = (4) ×1%

(16) = (13) + (14) + (15)

(1) = (12) + (16)

然后把表 5.52 中的 (16) ——“个人支付小计”项目下的数据填入表 5.51 中的 (2) ——“社会保险金”项目下。

5.8.2 住房公积金计算

住房公积金是单位为其在职职工缴存的长期住房储金，是住房分配货币化、社会化和法制化的主要形式。住房公积金制度是国家法律规定的重要的住房社会保障制度，具有强制性、互助性、保障性。

我国对职工个人缴存的住房公积金及单位为其缴存的住房公积金实行专户存储，归职工个人所有。

住房公积金的计算公式与社保一样:

缴费金额=缴费基数×缴费比例

住房公积金的缴纳比例是单位和个人各为 5%～12%。

住房公积金缴存基数没有下限的说法。根据规定，职工工资扣除住房公积金月缴存额后，低于北京市劳动和社会保障局公布的当年最低工资标准的，住房公积金月缴存额可以降低，以达到最低工资标准为限；单位住房公积金月缴存额不变。另外，若有下岗、内退等情况，职工工资扣除住房公积金月缴存额后，低于北京市劳动和社会保障局公布的当年下岗职工基本生活费的，住房公积金月缴存额可以降低，以达到下岗职工基本生活费为限；单位住房公积金月缴存额不变。

住房公积金月缴存额上限，按上一年度北京市全市职工月平均工资的 300%，分别乘以当年单位和个人住房公积金缴存比例之和确定。

太平洋公司的住房公积金缴纳计算表，如表 5.53 所示。

表 5.53 住房公积金缴纳计算表

住房公积金缴纳计算表

2019 年 10 月

单位：元

员工编号	员工姓名	基数	单位支付	个人支付	合计
1	赵一	6000	720	720	1440
2	钱二	3800	456	456	912
3	孙三	3200	384	384	768
4	李四	3200	384	384	768
5	王小	3000	360	360	720
……	……	……	……	……	……

太平洋公司的住房公积金缴纳计算公式如下（假定缴费比例为 12%）：

单位支付金额=缴费基数×12%

个人支付金额=缴费基数×12%

合计金额=单位支付金额+个人支付金额

然后把表 5.53 中“个人支付”项目下的数据填入表 5.51 中的（3）——“住房公积金”项目下。

5.8.3 考勤调整

太平洋公司的会计人员在计算员工工资前，一般会收到行政办公室交来的员工考勤表，如表 5.54 所示。

表 5.54 员工考勤表

员工考勤表

2019年10月

员工编号	员工姓名	所属部门	木月出勤（天）	缺勤（天）			加班（时）		
				病假	事假	旷工	平日	周末	法定假日
1	赵一	技术	22					5	
2	钱二	采购	21		1				
3	孙三	销售	20	5					
4	李四	销售	22						
5	王小	软件	22						
……	……	……	……	……	……	……	……	……	……

注意：现在除了一些工人的工资是采用计件工资核算的，其他大部分员工的工资都是按计时工资核算的。

计时工资是按考勤记录登记的职工出勤、缺勤天数和每人的工资标准进行计算的，一般有月薪制和日薪制两种方式。

在月薪制下，无论各月日历天数多少，只要员工全勤，即可得到相同的标准工资；若员工缺勤，缺勤工资应从标准工资中扣除。月薪制的计算公式如下：

应付计时工资=标准工资-缺勤应扣工资

缺勤应扣工资=事假天数×日工资率+病假天数×日工资率×扣款百分比+旷工天数×日工资率×扣款百分比

日工资率是员工每日应得平均工资。

注意：工资计算中的天数是以工作日天数进行计算的，不能以实际的自然日计算。

太平洋公司规定员工工资计算中的天数为每月 21.5 天，旷工的扣款百分比为 200%。3 天之内的病假是不扣款的，超过 3 天的，按日工资率的 60%计算。

先算出日工资，再除以 8，就可以得到小时工资了。计算缺勤扣款金额时，可以把三种缺勤情况的天数都乘以相应的系数，再计算应扣款金额。

太平洋公司加班系数的规定：平时加班为 1.5 倍标准工资，周末加班为 2 倍标准工资，法定节假日加班为 3 倍标准工资。

太平洋公司的考勤扣款计算表，如表 5.55 所示。

表 5.55　考勤扣款计算表

考勤扣款计算表

2019年10月　　　　金额单位：元

员工编号	员工姓名	基本工资	日工资	小时工资	缺勤天数	缺勤扣款	加班工时	加班工资	考勤扣款合计
		(1)	(2)	(3)	(4)	(5)	(6)	(7)	(8)
1	赵一	6000	279.07	34.88			10	348.84	-348.84
2	钱二	3800	176.74	22.09	1	176.74			176.74
3	孙三	3200	148.84	18.60	1.2	178.60			178.60
4	李四	3200	148.84	18.60					
5	王小	3000	139.53	17.44					
……	……	……	……	……	……	……	……	……	……
合计	——	——	——	——	——	Σ	——	Σ	Σ

太平洋公司的考勤扣款计算公式如下：

（1）=基本工资

（2）=（1）/21.5

（3）=（2）/8

（4）=旷工天数×2+事假天数+（病假天数−3）×0.6

（5）=（4）×（2）

（6）=平日加班×1.5+周末加班×2+法定节假日加班×3

（7）=（6）×（3）

（8）=（5）−（7）

然后把表 5.55 中的（8）——“考勤扣款合计”项目下的数据填入表 5.51 中的（4）——“考勤扣款”项目下。

5.8.4 代缴个人所得税

工资、薪金所得是指个人因任职或受雇而取得的工资、薪金、奖金、年终加薪、劳动分红、津贴、补贴，以及与任职、受雇有关的其他所得。

企业和个人按照国家或地方政府规定的比例提取，并向指定金融机构实际缴付的住房公积金、医疗保险金、基本养老保险金，不计入个人当期的工资、薪金收入，免予征收个人所得税；超过国家或当地政府规定的比例缴付的住房公积金、医疗保险金、基本养老保险金，应将其超过部分并入个人当期的工资、薪金收入，计征个人所得税。

注意：在计算个人所得税的应纳税所得额时，应把限额内个人负担的社保和公积金减去，奖金和补贴等加上。

个人所得税应在发放工资时由支付单位代扣代缴。

注意：如果有超标报销的费用也要加入个人的应纳税收入里，如通信费补贴、交通费补贴等，这些费用虽然是企业的福利，但在计算个人所得税时是要计算纳税的。

《中华人民共和国个人所得税法》（以下简称《个人所得税法》）有如下规定：

第一条　在中国境内有住所，或者无住所而一个纳税年度内在中国境内居住累计满一百八十三天的个人，为居民个人。居民个人从中国境内和境外取得的所得，依照本法规定缴纳个人所得税。

在中国境内无住所又不居住，或者无住所而一个纳税年度内在中国境内居住累计不满一百八十三天的个人，为非居民个人。非居民个人从中国境内取得的所得，依照本法规定缴纳个人所得税。

纳税年度，自公历一月一日起至十二月三十一日止。

第二条　下列各项个人所得，应当缴纳个人所得税：

（一）工资、薪金所得；

（二）劳务报酬所得；

（三）稿酬所得；

（四）特许权使用费所得；

（五）经营所得；

（六）利息、股息、红利所得；

（七）财产租赁所得；

（八）财产转让所得；

（九）偶然所得。

居民个人取得前款第一项至第四项所得（以下称综合所得），按纳税年度合并计算个人所得税；非居民个人取得前款第一项至第四项所得，按月或者按次分项计算个人所得税。纳税人取得前款第五项至第九项所得，依照本法规定分别计算个人所得税。

第三条　个人所得税的税率：

（一）综合所得，适用百分之三至百分之四十五的超额累进税率（税率表附后）；

……

第六条　应纳税所得额的计算：

（一）居民个人的综合所得，以每一纳税年度的收入额减除费用六万元以及专项扣除、专项附加扣除和依法确定的其他扣除后的余额，为应纳税所得额。

……

第九条　个人所得税以所得人为纳税人，以支付所得的单位或者个人为扣缴义务人。

纳税人有中国公民身份号码的，以中国公民身份号码为纳税人识别号；纳税人没有中国公民身份号码的，由税务机关赋予其纳税人识别号。扣缴义务人扣缴税款时，纳税人应当向扣缴义务人提供纳税人识别号。

……

第十四条　扣缴义务人每月或者每次预扣、代扣的税款，应当在次月十五日内缴入国库，并向税务机关报送扣缴个人所得税申报表。

纳税人办理汇算清缴退税或者扣缴义务人为纳税人办理汇算清缴退税的，税务机关审核后，按照国库管理的有关规定办理退税。

……

个人所得税税率表（综合所得适用），如表 5.56 所示。

表 5.56　个人所得税税率表（综合所得适用）

级数	全年应纳税所得额	税率（%）
1	不超过 36000 元的	3
2	超过 36000 元至 144000 元的部分	10
3	超过 144000 元至 300000 元的部分	20
4	超过 300000 元至 420000 元的部分	25
5	超过 420000 元至 660000 元的部分	30
6	超过 660000 元至 960000 元的部分	35
7	超过 960000 元的部分	45

注意：工资、薪金所得应缴纳的个人所得税采用超额累进税率进行计算，是分段计算的。

带速算扣除数的 7 级超额累进税率表，如表 5.57 所示。

表 5.57　带速算扣除数的 7 级超额累进税率表

<table>
<tr><th>级数</th><th>全年应纳税所得额</th><th>税率（%）</th><th>速算扣除数</th><th>说明</th></tr>
<tr><td>1</td><td>不超过 36000 元的</td><td>3</td><td>0</td><td rowspan="7">1. 本表含税级距指以每月收入额减除费用 5000 元后的余额或者减除附加减除费用后的余额
2. 含税级距适用于由纳税人负担税款的工资、薪金所得；不含税级距适用于由他人（单位）代付税款的工资、薪金所得</td></tr>
<tr><td>2</td><td>超过 36000 元至 144000 元的部分</td><td>10</td><td>2520</td></tr>
<tr><td>3</td><td>超过 144000 元至 300000 元的部分</td><td>20</td><td>16920</td></tr>
<tr><td>4</td><td>超过 300000 元至 420000 元的部分</td><td>25</td><td>31920</td></tr>
<tr><td>5</td><td>超过 420000 元至 660000 元的部分</td><td>30</td><td>52920</td></tr>
<tr><td>6</td><td>超过 660000 元至 960000 元的部分</td><td>35</td><td>85920</td></tr>
<tr><td>7</td><td>超过 960000 元的部分</td><td>45</td><td>181920</td></tr>
</table>

注意：第十三届全国人民代表大会常务委员会第五次会议通过了《关于修改〈中华人民共和国个人所得税法〉》的决定，并于 2018 年 10 月 1 日起过渡施行，2019 年 1 月 1 日起正式施行。

例 5.22　以下为太平洋公司个人所得税计算示例。

（1）太平洋公司员工张三 2019 年 1 月工资为 30000 元，所有扣除项合计为 3000 元。

本月预扣预缴税额=（30000−5000−3000）×3%−0

=22000×3%−0

=660（元）

注意：减除费用 5000 元和各项专项附加扣除后的余额为应纳税所得额 22000 元，从表 5.56 中可以看出适用税率为 3%。

（2）张三 2019 年 2 月工资为 32000 元，所有扣除项合计为 4000 元。

本月累计预扣预缴税额=（32000−5000−4000+22000）×10%−2520

=45000×10%−2520

=1980（元）

2 月应预扣预缴税额=本月累计−上月累计

=1980−660=1320（元）

（3）张三 2019 年 3 月工资为 35000 元，所有扣除项合计为 6000 元。

本月累计预扣预缴税额=（35000−5000−6000+45000）×10%−2520

=69000×10%−2520

=4380（元）

3 月应预扣预缴税额=本月累计−上月累计

=4380−1980=2400（元）

在套用公式后，太平洋公司代扣代缴个人所得税计算表，如表 5.58 所示。

表 5.58　太平洋公司代扣代缴个人所得税计算表

代扣代缴个人所得税计算表

2019 年 10 月

单位：元

员工编号	员工姓名	工资基数	社保	住房公积金	考勤扣款	奖金补助	纳税调整	应纳税所得额	应纳税额
		（1）	（2）	（3）	（4）	（5）	（6）	（7）	（8）
1	赵一	6000.00	663.00	720.00	−348.84	1000.00		965.84	28.98
2	钱二	3800.00	421.00	456.00	176.74	1000.00		0.00	0.00
3	孙三	3200.00	355.00	384.00	178.60	3000.00		282.40	8.47
4	李四	3200.00	355.00	384.00		4000.00		1461.00	43.83
5	王小	3000.00	333.00	360.00		1000.00		0.00	0.00
……	……	……	……	……	……	……	……	……	……
合计	—	—	—	—	—	—	—	Σ	Σ

太平洋公司员工的社保与住房公积金的缴纳基数都不超标，所以在计算个人所得税时都可以扣除。另外，公司有奖金和通信补贴，直接把数字填写上就可以了。

太平洋公司的个人所得税计算公式如下：

（7）=（1）-（2）-（3）-（4）+（5）+（6）

（8）=［（7）-5000］×相应级距税率-速算扣除数

注意：年终奖可以分摊到每个月内，按每个月分摊后的适用税率计算，那样比一次性计算纳税额少得多。

对于既有年终加薪（双薪）又有全年一次性奖金的纳税人而言，应将两项收入合并，适用全年一次性奖金的分摊计税方法，在不同月份发放年终奖和全年一次性奖金不能合并按照全年一次性奖金计算个人所得税。

注意：只能使用一次全年一次性奖金的计算方法，再次发放时须并入当月工资，按工资、薪金所得缴纳个人所得税。

下面我们来填写太平洋公司的工资计算表。填写完整后的工资计算表，如表5.59所示。

表 5.59　填写完整后的工资计算表

工资计算表

2019 年 10 月

单位：元

员工编号	员工姓名	所属部门	基本工资	社会保险金	住房公积金	考勤扣款	奖金	其他	代缴个税	实际发放
			（1）	（2）	（3）	（4）	（5）	（6）	（7）	（8）
1	赵一	技术	6000.00	663.00	720.00	-348.84		1000.00	28.98	5936.86
2	钱二	采购	3800.00	421.00	456.00	176.74		1000.00	0.00	3746.26
3	孙三	销售	3200.00	355.00	384.00	178.60	2000.00	1000.00	8.47	5273.93
4	李四	销售	3200.00	355.00	384.00		3000.00	1000.00	43.83	6417.17
5	王小	销售	3000.00	333.00	360.00			1000.00	0.00	3307.00
……	……	……	……	……	……	……	……	……	……	……
合计	——	——	Σ	Σ	Σ	Σ	Σ	Σ	Σ	Σ

太平洋公司的工资计算公式如下：

（8）=（1）-（2）-（3）-（4）+（5）±（6）-（7）

第 6 章 财产清查

财产清查是对各项财产物资进行实地盘点和核对，查明财产物资、货币资金和结算款项的实有数额，确定其账面结存数额与实际结存数额是否一致，以保证账实相符的一种会计专门方法。

6.1 认识财产清查

财产清查对于企业来说是很重要的一项工作。企业即使将物资管理得再严密，也会发生各种原因的缺失，如自然的风化、使用中的磨损等。有些存货，如生鲜水果，在分装时还会产生一定的损耗。因此，定期进行财产清查是非常必要的。

6.1.1 财产清查的意义

财产清查的意义有以下三点:

(1) 通过财产清查，可以查明各项资产物资的实际结存数。将实际结存数与账面结存数进行核对，可以确定各项财产物资的盘盈、盘亏，以便及时调整账簿记录，保证账簿记录的真实性和可靠性，做到账实相符，提高会计信息的质量。

(2) 通过财产清查，可以了解各项财产物资的使用情况，如是否有短缺、损毁等情况，从而改善经营管理，充分利用各项财产物资，加速资金周转，提高财产物资的使用效果。

(3) 通过财产清查，可以查清各项财产物资的储备和保管等情况，进一步促使财产物资保管人员加强责任感，保证各项财产物资的安全性和完整性。促使经办人员自觉遵守财经制度和结算纪律，尽量避免在债权债务的结算活动中出现拖欠等不合理的情况，及时结清债权债务，避免发生坏账损失。

6.1.2 财产清查的作用

对财产的管理，应当建立在对财产的各种情况充分了解的基础上，而财产清查的作用正是体现在对企业各项财产状况的了解上。当然，财产清查的作用并不止这一点。

财产清查的作用体现在以下五个方面:

（1）确定各项财产物资、债权债务的实有数，查明账存数与实存数之间的差异及产生差异的原因和责任，以便及时调整账面记录，使账存数与实存数一致，保证会计核算资料的真实性和可靠性。

（2）查明各项财产物资的储备和利用情况，以便采取措施，充分利用财产物资，促进财产物资的有效使用。

（3）查明各项财产物资有无被挪用、贪污、盗窃，以及毁损、变质和浪费等情况，以便及时采取措施，加强管理，保证各项财产物资的安全性和完整性。

（4）检查会计主体对财经纪律的遵守情况，查明各种往来款项的结算是否正常，及早发现长期拖欠的债权债务，避免坏账损失的发生，并自觉遵守结算纪律和制度。

（5）查明财产物资的验收、保管、调拨、报废，以及现金出纳、账款结算等手续制度的贯彻和落实情况，发现问题并及时采取措施，建立、健全有关规章制度，提高管理水平。

6.1.3 财产清查的种类

财产清查的种类可以按照清查对象和范围以及清查时间来划分，如图 6.1 所示。

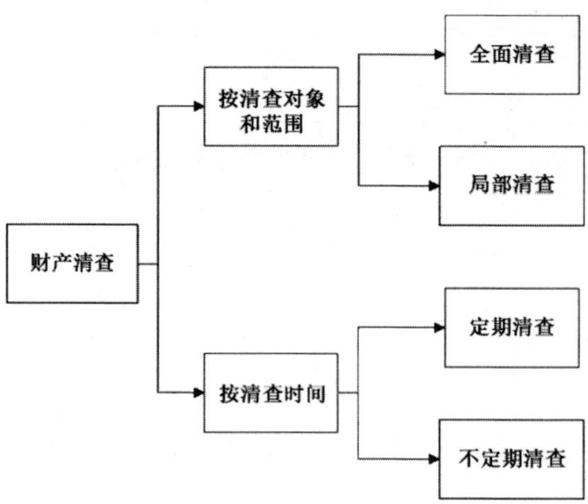

图 6.1 财产清查的种类

1．按清查对象和范围划分

（1）全面清查

全面清查是指对全部财产和权益进行彻底的盘点和核对。全面清查的对象和范围是企业的全部财产及权益，是对企业资产的彻底清查和全面了解。全面清查的优点是可以翔实地了解企业资产的全面情况，真正做到企业全面的账实相符；但是，全面清查也有不足之处。全面清查的范围广、对象多，因而清查所需要的时间也较长，需要投入众多人力、物力，如果经常进行全面清查，会对企业的正常运营造成影响。

因此，全面清查适合在比较长的时期内偶尔为之，如一年一次或一年两次。有些企业，如高新技术企业，由于其实物资产不多，无须全面投入人力、物力，可以根据情况来安排全面清查。

对数据的即时性要求比较高的企业，如商品零售企业，由于其盘点时要尽量不影响商场门店的正常运营，又要获得同一截止时间下的数据，所以要投入更多的人力，以便多点同时进行。

（2）局部清查

局部清查是指根据需要对某一部分财产和权益进行的清查、核对，其清查的主要对象是流动性较大的财产。

所谓局部，即整体的某一个部分，或者多个部分。最典型的局部清查，就是出纳的日清月结。出纳对手中的库存现金每天都要进行账实核对，以保证最具流动性的现金资产的安全。

局部清查的优点是显而易见的，由于开展清查活动的范围小，所以只需要涉及的部门和人员参加即可，其规模可大可小，灵活方便，对于不对即时数据要求那么严格的企业来说，是非常明智的选择。

局部清查也有相应的缺点，那就是它针对的只是局部范围和对象，无法对企业的全面数据进行了解。

全面清查和局部清查可以互为补充、相互配合，只要运用得当，就可以满足企业的所有需求。

2．按清查时间划分

（1）定期清查

定期清查是指根据管理制度的规定或预先计划、安排好的时间对财产和权益进行的清查。定期清查的特点就在于“定期”二字。它是制度性和计划性的清查，如某些公司的管理制度规定，每季度必须进行一次清查，甚至规定每季度的最后一个工作日为财产清查日等。

定期清查的优点是其时间相对固定，方便各部门提前做好清查前的准备工作，无须临时进行组织和安排，制度化的清查也便于企业更好地开展资产管理工作；同时，由于定期清查是制度化的清查，清查责任也更加清晰明了，方便企业的人员管理工作。

出纳的日清月结也是一种定期清查，这种清查在每天工作结束前都要进行，在每月的结账日也要进行。

（2）不定期清查

不定期清查是指根据实际情况对财产和权益进行的随机性、临时性的清查。不定期清查的特点在于出其不意，由于无论哪种清查都可能存在漏洞，所以有必要进行不定期的临时检查，以确认定期清查的结果是否存在误差。

不定期清查的优缺点：它的优点是灵活多变、出其不意，有利于发现企业在定期清查中发现不了的各种问题，以及企业在定期清查中存在的弊端；它的缺点则是无法进行制度化的工作安排，也不能做常规性的工作规划。

6.2 财产清查工作

财产清查工作看起来很复杂，但只要在事前准备充分、在清点时仔细认真、在核对时周全谨慎，其实并不难。

6.2.1 财产清查的组织

财产清查在大多数情况下都需要与一个以上的部门进行协调，在清查过程中要求数据极为精确，而且需要人员全程相互监督，因此，财产清查的组织工作必须提前统筹安排好。

财产清查的组织工作可以分为以下几个步骤有序地进行：

（1）确定清查的目的和范围。

（2）确定清查的负责人。

（3）安排清查的人员及其分组。

（4）安排清查的时间及地点。

（5）安排清查结果的核对及报告方案。

（6）安排清查结果处理的相关事宜。

财产清查也称盘点，在传统的商品零售企业中，盘点是经常小查、定期中查、不定期大范围清查的重要事务性工作，能够避免库存与账面记录不符的情况。其他企业如果有相关库存的，也会定期或不定期地盘点。

注意：即便是没有实物库存的企业，也应定期进行财产清查，以确认企业相关资产的现状。

6.2.2 财产物资的盘存制度

财产物资的盘存制度是指在日常会计核算中采用什么方法确定各项财产物资的盘存数。企业财产物资的盘存制度通常有永续盘存制和实地盘存制两种。

1. 永续盘存制

永续盘存制又称账面盘存制，是指对各项财产物资的增减变动情况都必须根据会计凭证在有关账簿中进行连续登记，并随时在账簿中结算出各项财产物资结存数的一种盘存制度。

采用永续盘存制可以随时掌握和了解各项财产物资的增减变动和结存情况，尽管日常的核算工作比较复杂，但有利于加强财产物资的管理。因此，一般情况下，各单位均应采用这种盘存制度。

采用这种盘存制度虽然能在账面上及时反映各项财产物资的结存数，但是由于前文提到的种种原因，仍然可能会发生账实不符的情况。因此，即使采用永续盘存制的单位，也要对各项财产物资进行定期或不定期的清查盘点，以便查明账实是否相符。对于账实不符的情况，要及时查明原因，按照有关规定进行处理，以达到账实相符的目的。

永续盘存制的工作程序，如图 6.2 所示。

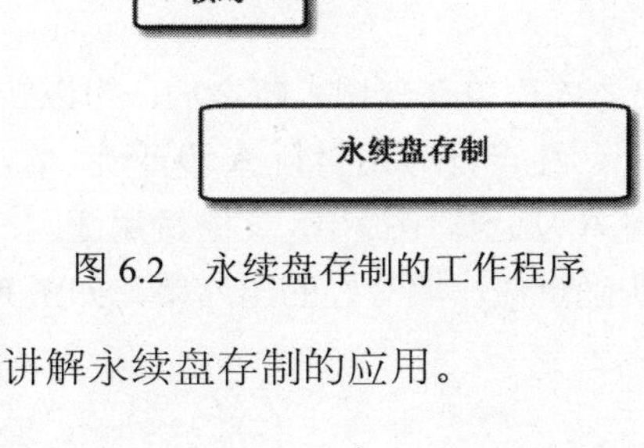

图 6.2 永续盘存制的工作程序

下面我们就来详细讲解永续盘存制的应用。

例 6.1 太平洋公司 2019 年年初材料 A 的明细分类账，如图 6.3 所示。

原材料 明细分类账

监制

明细科目 材料A

仓库：仓库1
单位：千克

2019年		单号	摘要	借方（收入）			贷方（支出）			结存			√
月	日			数量	单价	金额（亿千百十万千百十元角分）	数量	单价	金额（亿千百十万千百十元角分）	数量	单价	金额（亿千百十万千百十元角分）	
1	1		上年结存							600	221	¥13260000	
1	2												

图 6.3 2019 年年初材料 A 的明细分类账

在永续盘存制下，太平洋公司材料 A 的明细分类账在以下业务发生时的变化。

（1）2019 年 1 月 2 日，公司购进材料 A 800 千克，单价 220 元，运费 800 元。

仓库保管人员对购入的材料进行清点和整理，开具入库单，对材料进行入库处理，再根据入库单进行明细分类账的登记。开具的入库单，如图 6.4 所示。

入 库 单

部门：仓库1　　2019 年 1 月 2 日　　NO.7868

编号	名称及规格	单位	数量		实际价格				计划价格		
			交库	实收	单价	金额	运杂费	合计	单价	金额	
0102	材料A	千克	800	800	220.00	176000.00	300.00	176800.00	221.00	176800.00	
总计金额	（大写）壹拾柒万陆仟捌佰元整								¥ 176800.00		

第二联 记账

记账：　　经手人：吴浩

图 6.4 开具的入库单

会计人员根据入库单，将相应的数据登记入账。入账后材料 A 的明细分类账，如图 6.5 所示。

从图 6.5 中可以看出，入库单在登记入账之后，可以结出材料 A 的即时库存。

（2）2019 年 1 月 5 日，生产部领用材料 A 50 千克。

仓库保管人员将材料 A 从仓库中提出，交给领用部门，双方交接无误后，在填写好的出库单上签章以明确责任。填写好的出库单，如图 6.6 所示。

原材料　明细分类账

（北京市财政局 监制）

明细科目：材料A　　　　仓库：仓库1　　单位：千克

2019年 月	日	单号	摘要	借方（收入）数量	借方 单价	借方 金额	贷方（支出）数量	贷方 单价	贷方 金额	结存 数量	结存 单价	结存 金额	√
1	1		上年结存							600	221	¥13260000	
1	2	7868	购入原材料	800	221	¥17680000				1400	221	¥30940000	

图 6.5　入账后材料 A 的明细分类账

出　库　单

部门：生产部　　　　2019 年 1 月 5 日　　　　编号：3577

编号	品名	规格	单位	数量	单价	金额	备注
0102	材料A		千克	50	221.00	¥ 11050.00	
合计	（大写）壹万壹仟零伍拾元整					¥ 11050.00	

负责人：张革命　　　　经手人：吴浩

图 6.6　填写好的出库单

会计人员根据出库单，将相应的数据登记入账。登记完成后材料 A 的明细分类账，如图 6.7 所示。

原材料　明细分类账

（北京市财政局 监制）

明细科目：材料A　　　　仓库：仓库1　　单位：千克

2019年 月	日	单号	摘要	借方（收入）数量	借方 单价	借方 金额	贷方（支出）数量	贷方 单价	贷方 金额	结存 数量	结存 单价	结存 金额	√
1	1		上年结存							600	221	¥13260000	
1	2	7868	购入原材料	806	221	¥17680000				1400	221	¥30940000	
1	5	3577	生产部领用材料				50	221	¥1105000	1350	222	¥29970000	

结出即时库存

图 6.7　登记完成后材料 A 的明细分类账

从图 6.7 中可以看出，出库单在登记入账之后，可以结出材料 A 的即时库存。这样无论何时查看账簿，都能够了解材料 A 当前库存的状况。

2. 实地盘存制

实地盘存制又称定期盘存制，是指对各种财产物资平时只在明细账簿中登记增加数，不登记减少数，月末根据对财产物资实地盘点的结存数倒挤出财产物资的减少数，并据以登记有关账簿的一种盘存制度。

采用实地盘存制的优点：由于平时无须计算、记录财产物资的减少数和结存数，可以大大简化日常核算的工作量，财产物资的收发手续也比较简便。

采用实地盘存制的缺点：由于平时不做存货的减少记录，使得日常财产物资的实体流转与账面变化并不完全一致，且发货手续不严密，不利于对存货的控制和管理；由于期末所得的存货减少数是一个倒挤数，有可能把不正常的财产物资的损失数，如被盗、浪费、遗失或盘点遗漏等造成的损失都包括在发出成本中，这样就会影响日常核算的真实性和经营成果的核算；另外，由于每个会计期末都必须花费大量的人力、物力对财产物资进行盘点和计价，加大了期末会计核算的工作量，甚至会影响正常的生产经营。因此，企业一般很少采用这种盘存制度。

综上所述，不同的财产物资盘存制度对财产清查工作的要求、目的和作用是不同的，但无论如何，财产清查工作都是必不可少的。

6.2.3 财产清查的范围

财产清查的范围相当广泛，包括企业本身全部的资产和权益、当时暂不在本企业存放的财产物资，以及虽属外单位或个人所有，但存放在企业的财产物资。工业企业财产清查的范围包括：

（1）货币资金的清查，主要是对库存现金和银行存款的清查。

（2）各种存货的清查，主要包括对库存原材料、燃料、包装物、低值易耗品、库存商品、在产品、自制半成品、外购商品等的清查。

（3）固定资产的清查，主要包括对机器、厂房、办公设备、汽车，以及在建工程物资等的清查。

（4）对应收应付、预收预付等各种往来款项的清查。

6.2.4 财产清查的方法

企业的资产清查虽然在程序上都是一样的，但是针对不同资产的特点，又有不同的清查方法。下面我们就来介绍不同资产所对应的清查方法。

1. 库存现金的清查方法

库存现金的清查是通过实地盘点的方法进行的，即先确定库存现金的实存数，再与现金日记账的账面余额核对，以确定盈亏情况。

在进行库存现金清查时，为了明确经济责任，出纳人员必须在场。在清查过程中，不能用白条抵库，即不能用不具有法律效力的借条、收据等抵充库存现金。库存现金盘点后，应根据盘点的结果及与现金日记账核对的情况，填制库存现金盘点表，如表6.1所示。

表6.1 库存现金盘点表

年　月　日　　　　　　　　　　编号：

账存金额	实存金额	盘盈	盘亏	备注

盘点人（签章）：　　　　　　　　出纳员（签章）：

2. 银行存款的清查方法

银行存款的清查是通过与开户银行核对账目的方法进行的，即将企业的银行存款日记账与开户银行转来的对账单逐笔进行核对。

在清查之前，会计人员应将企业所发生的经济业务过入银行存款日记账，再对账面记录进行检查复核，确定账簿记录都是完整、准确的，然后将银行转来的对账单与银行存款日记账账面记录进行逐笔核对。但是，即使双方记账都没有错误，银行存款日记账的余额和银行对账单的余额也可能出现不一致的情况。导致这种不一致的原因有两个，一是某一方记账有错误，二是存在未达账项。

注意：未达账项是指企业与银行由于核算时间不同而形成的一方已入账、另一方尚未入账的会计事项。未达账项大致有以下四种情况：

（1）企业已收、银行未收款。

（2）企业已付、银行未付款。

（3）银行已收、企业未收款。

（4）银行已付、企业未付款。

上述任何一种情况的出现，都会造成企业银行存款日记账的余额与银行对账单的余额不一致。此时，应根据未达账项及有关数据编制银行存款余额调节表，再通过此表检验双方结余数是否一致。

3. 实物资产的清查方法

实物资产包括固定资产及各种存货，这些资产的清查方法为：先用盘存表将实际库存清点出来，再与账面库存数量进行对比，最后填写实存账存对比表或盘点结果汇总表等。

盘存表及实存账存对比表的格式，如图 6.8 所示。

盘　存　表

单位名称：　　　　盘点时间：　　　　编号：

财类产别：　　　　存放地点：　　　　单位：元

编 号	规 格	名 称	计量单位	数 量	单 价	金 额	备 注

盘点人签章：　　　　保管人签章：

实存账存对比表

单位名称：　　　　年　月　日　　　　单位：元

<table>
<tr><td rowspan="3">编号</td><td rowspan="3">名称</td><td rowspan="3">规格</td><td rowspan="3">计量单位</td><td rowspan="3">单价</td><td colspan="2">实 存</td><td colspan="2">账 存</td><td colspan="4">对 比 结 果</td><td rowspan="3">备注</td></tr>
<tr><td rowspan="2">数量</td><td rowspan="2">金额</td><td rowspan="2">数量</td><td rowspan="2">金额</td><td colspan="2">盘盈</td><td colspan="2">盘亏</td></tr>
<tr><td>数量</td><td>金额</td><td>数量</td><td>金额</td></tr>
<tr><td></td><td></td><td></td><td></td><td></td><td></td><td></td><td></td><td></td><td></td><td></td><td></td><td></td><td></td></tr>
<tr><td></td><td></td><td></td><td></td><td></td><td></td><td></td><td></td><td></td><td></td><td></td><td></td><td></td><td></td></tr>
<tr><td></td><td></td><td></td><td></td><td></td><td></td><td></td><td></td><td></td><td></td><td></td><td></td><td></td><td></td></tr>
<tr><td></td><td></td><td></td><td></td><td></td><td></td><td></td><td></td><td></td><td></td><td></td><td></td><td></td><td></td></tr>
</table>

单位负责人签章：　　　　填表人签章：

图 6.8　盘存表及实存账存对比表的格式

4. 往来款项的清查方法

往来款项主要包括各种应收应付、预收预付款项。我们一般采取“函证核对法”进行清查，即通过证件同对方经济往来单位核对账目的方法。

清查单位按每一个经济往来单位编制往来款项对账单（一式两份，其中一份作为回联单），转送对方企业或个人进行核对。如果对方经过核对数字相符，则在回联单上加盖公章退回，表示已核对；如果对方经过核对数字不相符，则应在回联单上注明情况或另抄对账单退回，以便进一步查明原因，再次进行核对，直到相符为止。

6.3　财产清查结果的处理

在清查过程中，如果遇到物资与账面不符的情况，必须查明原因，并且在处理过程中格外谨慎，否则很可能会承担相应的责任。

6.3.1　财产清查结果的处理程序

企业通过财产清查必然会发现财产管理和会计核算以至整个经营管理工作中存在的问题，妥善地处理好这些问题，是财产清查工作的主要目的之一。做好财产清查工作有助于确保会计核算资料的真实可靠，促进企业加强对财产物资的管理，充分发挥会计的管理职能。

财产清查结果的处理工作主要有以下几个方面：

（1）查明财产物资盘盈、盘亏的原因并按规定进行处理。

（2）总结经验教训，建立和健全财产管理制度。

（3）及时处理积压物资。

（4）进行财产物资盘盈、盘亏的账务处理。

6.3.2　财产清查结果的账务处理

财产清查结束后，发现清查的物资与账面不符时，会计人员要进行的账务处理如下：

（1）将物资的长短部分暂时过渡到“待处理财产损益”科目中，以保证清查结束后账实相符。

（2）拿到长短物资的处理决定后，应根据情况对其进行处理。

常见的处理方式，如短款由相关责任人赔偿，可记入“其他应收款”科目；正常的保管损耗，可以记入相关的费用科目，如“管理费用”等。

具体财务处理方法可参见 6.4 节财产清查结果的账务处理实例。

6.4 财产清查结果的账务处理实例

6.4.1 材料盘盈

例 6.2 太平洋公司在财产清查中，发现 A 材料盘盈 10 千克，每千克 15 元，其账务处理如下所示。

（1）尚未报经批准时的会计分录为：

借：原材料——A 材料 150

贷：待处理财产损益——待处理流动资产损益 150

（2）经查明，盘盈的 A 材料是计量仪器不准造成的，批准冲减管理费用。根据批准处理意见进行账务处理，对应的会计分录为：

借：待处理财产损益——待处理流动资产损益 150

贷：管理费用 150

6.4.2 机器设备盘盈

例 6.3 太平洋公司在财产清查中，盘盈账外机器一台，估计重置价值为 5000 元，已提折旧 3000 元，其账务处理如下所示。

（1）尚未报经批准时的会计分录为：

借：固定资产 5000

贷：累计折旧 3000

以前年度损益调整 2000

（2）固定资产经批准后转销，计提企业所得税（税率为 25%），对应的会计分录为：

借：以前年度损益调整 500

贷：应交税费——应交所得税 500

6.4.3 库存现金短款

例 6.4 太平洋公司在财产清查中，发现库存现金短缺 12.8 元，其账务处理如下所示。

（1）根据清查结果填制库存现金盘点表，对应的会计分录为：

借：待处理财产损益——待处理流动资产损益 12.80

贷：库存现金 12.80

（2）经查，短缺为出纳人员工作疏忽造成的，应由其负责赔偿。收到赔偿款时的会计分录为：

借：库存现金　　　　　　　　　　　　　　　12.80

　贷：待处理财产损益——待处理流动资产损益　　　12.80

（3）若上述短款是由于非常损失（火灾、盗窃等）造成的，经报批核销时的会计分录为：

借：营业外支出　　　　　　　　　　　　　　12.80

　贷：待处理财产损益——待处理流动资产损益　　　12.80

6.4.4　银行存款余额调节

例 6.5　太平洋公司 2019 年 12 月 31 日银行存款日记账的余额为 5400 元，银行转来对账单的余额为 8300 元。经逐笔核对，发现以下未达账项：

（1）企业送存转账支票 6000 元，并已登记银行存款增加，但银行尚未记账。

（2）企业开出转账支票 4500 元，但持票单位尚未到银行办理转账，银行尚未记账。

（3）企业委托银行代收某公司购货款 4800 元，银行已收妥并登记入账，但企业尚未收到收款通知，尚未记账。

（4）银行代企业支付水电费 400 元，银行已登记入账，企业银行存款减少，但企业未收到银行付款通知，尚未记账。

太平洋公司根据上述业务编制银行存款余额调节表，如表 6.2 所示。

表 6.2　银行存款余额调节表

单位：元

项目	金额	项目	金额
企业银行存款日记账余额	5400	银行对账单余额	8300
加：银行已入账、企业未入账的收入	4800	加：企业已入账、银行未入账的收入	6000
减：银行已入账、企业未入账的支出	400	减：企业已入账、银行未入账的支出	4500
调节后的存款余额	9800	调节后的存款余额	9800

6.4.5　综合实例

例 6.6　太平洋公司于 2019 年 11 月在企业内部进行全方位的财产清查，发现以下账实不符的情况：

（1）盘亏设备一台，其原值为1.5万元，已提折旧1.3万元。

（2）盘盈A材料60千克，每千克15元。

（3）盘亏B材料1000千克，每千克8元。

（4）盘盈电视机一台，重置完全价值为1000元，估计已提折旧600元。

（5）盘亏C材料100千克，每千克4元。

上述情况报公司上级部门，经研究后，其原因认定及相关处理决定如下:

（1）上述盘亏B材料是自然灾害造成的，经批准转销。

（2）上述盘盈A材料是计量不准造成的，经批准冲减管理费用。

（3）上述盘亏C材料，属保管人员责任，应由其赔偿50%，其余转作管理费用处理。

请根据上述经济业务，编制相应的会计分录。

1．发现账实不符时，应进行以下账务处理

（1）借：待处理财产损益——待处理固定资产损益　　2000
　　　　累计折旧　　13000
　　贷：固定资产　　15000

（2）借：原材料——A材料　　900
　　贷：待处理财产损益——待处理流动资产损益　　900

（3）借：待处理财产损益——待处理流动资产损益　　8000
　　贷：原材料——B材料　　8000

（4）借：固定资产　　1000
　　贷：累计折旧　　600
　　　　待处理财产损益——待处理固定资产损益　　400

（5）借：待处理财产损益——待处理流动资产损益　　400
　　贷：原材料——C材料　　400

2．针对原因认定及相关处理决定，应进行以下账务处理

（1）借：营业外支出　　8000
　　贷：待处理财产损益——待处理流动资产损益　　8000

（2）借：待处理财产损益——待处理流动资产损益　　900
　　贷：管理费用　　900

（3）借：其他应收款　　200
　　　　管理费用　　200
　　贷：待处理财产损益——待处理流动资产损益　　400

第 7 章 月底账务处理

在完成日常的账务处理后，能否做好月底的结转工作才是衡量会计人员是否合格的标尺。月末、年末是会计人员忙于结账的时间。一般结账的时点都在自然月的月末，当然在实务中有些单位根据自身的业务量大小有自己定义的结账日。越忙乱，越容易出现错误。会计人员要将结账工作进行归类，分清轻重缓急，切忌盲目工作。

7.1 月末需要处理的事项

下面我们从实务的角度来了解月末结账的方法和程序。会计人员月末处理事项，如图 7.1 所示。

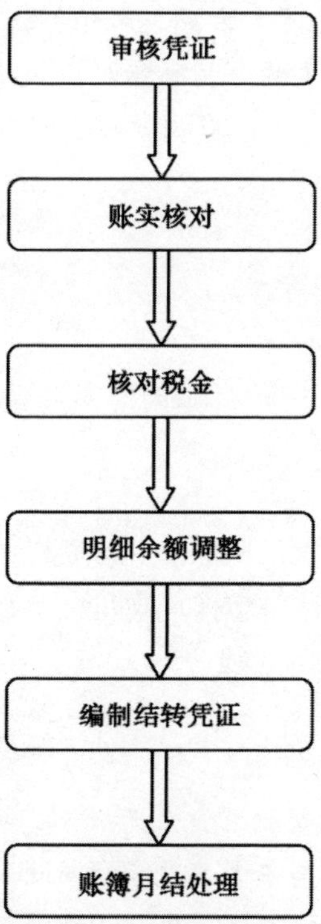

图 7.1 月末处理事项

第一项：对本月所有凭证进行全面审核、仔细核对，以减少差错。

注意：月末结账建立在日常会计凭证的基础上，要求日常的会计凭证数据和分录准确无误。

第二项：进行账实核对。

- □ 现金：在结账日进行清点，编制现金盘点表。现金的账实相符可以证明所有关于现金的会计分录的正确性。如有不符，应核对现金日记账和所有现金相关凭证，查明原因并进行处理。
- □ 银行存款：要求为所有明细账号都编制银行存款余额调节表，以保证银行存款账实相符。
- □ 存货：包括原材料、在产品、产成品等。在月末时应对存货进行盘点，并将盘点结果与明细账进行核对。如有差异，应查明原因并进行处理。

第三项：对相关税金进行计算与核对。

- □ 对税务进项税额认证清单、“四小票”软件清单（包括运费发票、海关完税凭证、废旧物资发票、农产品收购凭证）和企业的“应交税费——应交增值税（进项税额）”明细账进行核对，以调节在同一张税票中应做进项税额转出的税法规定不可以抵扣项目的金额、进货退回折让证明单的时间性差异。
- □ 对于销项税额，对金税开票的销项清单及普通发票与无票收入清单和企业的“应交税费——应交增值税（销项税额）”进行核对。
- □ 对于进项税额转出等其他应交税费的明细科目，核对的原理是一样的。核对平衡后，编制所有税务当月申报表。

第四项：查看所有明细科目余额，对有异常方向余额的明细科目进行调整。

- □ 对应收应付账户进行核对。
- □ 对所有明细账与总账进行核对。
- □ 对应收账款、应付账款、预收账款、预付账款有无串户的情况进行核对。

注意：查看应收账款、预付账款、其他应收款明细账有无贷方余额，如有余额，应查明原因并进行调整。一般原因为记错账户或一个单位开了两个明细账户，如应收账款贷方应调到预收账款、预付账款贷方应调到应付账款、其他应收款应调到其他应付款等。

第五项：进行月末结账结转凭证的编制。

- □ 按权责发生制原则计提所有费用，如工资、福利费等。
- □ 摊销低值易耗品、无形资产、计提折旧等。
- □ 暂估材料入账、结转制造费用、结转产成品成本、结转产品销售成本等。
- □ 结转本年利润，结平所有损益类科目。

第六项：对账簿记录进行月结处理。

现金和银行存款日记账的月结方法是在本月最后一笔记录下面划一条通栏单红线，并在下一行的“摘要”栏中用红字居中书写“本月合计”字样，同时在该行结出本月发生额合计及余额，然后在该行下面再划一条通栏单红线。

注意：明细账在月结时应注意以下几种情况。

- □ 本月没有发生额的账户，不必进行月结，不划结账红线。
- □ 需要按月结出本月发生额的账户包括库存商品、应交税费、生产成本、制造费用及各种损益类明细账等。由于财务报表须填写本月发生额，因此都要结出“本月合计”发生额及余额，并在“本月合计”行下面划一条通栏单红线。
- □ 对需要结计本年累计发生额的账户，按月结出本年累计发生额，在“本月合计”行下划一条通栏单红线后，在下面一行“摘要”栏中注明“本年累计”字样，结出发生额及余额，并在“本年累计”行下划一条通栏单红线。

- 无须按月结计本月发生额的账户，如各项应收、应付款及各项财产物资明细账等，在月末结出余额后，只要在本月最后一笔记录下面划一条通栏单红线，表示“本月记录到此结束”即可。
- 对于业务较多的总账账户，平时可以每隔 5 天结一次余额，月末结出月末余额，一般月末可不结计“本月合计”，结出月末余额后，只要在本月最后一笔记录下面划一条通栏单红线，表示“本月记录到此结束”即可。

7.2　计提与摊销

月底的计提与摊销事项处理的是与平常业务发生关联不大，只是根据会计事项规定应处理的事宜。这部分业务出纳人员基本接触不到，会计人员处理此类事项的要点在于防止遗漏。

注意：会计人员可以针对此类业务提前编写凭证，到月底时再编号或填写具体数字，以防月底事项太多而有所遗漏。

新会计准则取消了“预提费用”与“待摊费用”两个科目，月底需要计提与摊销的业务因此减少了很多。除税金的计算提取外，基本上就是提取折旧和利息事项。

以前的做法是按工资总额的 8%计提职工教育经费，对应的会计分录为：

借：管理费用——职工教育经费

　贷：其他应付款——职工教育经费

现在的规定是，企业可在工资总额的 8%内据实列支，不再提取。

7.2.1　提取工会经费

例 7.1　工会经费按工资总额的 2%计提，太平洋公司 2019 年 10 月的工资总额为 306328.5 元，则工会经费需要提取 6126.57 元，对应的会计分录为：

借：管理费用——工会经费　　　6126.57

　贷：其他应付款——工会经费　　　6126.57

根据会计分录填制的计提工会经费的转账凭证，如表 7.1 所示。

注意：无工会的企业可不计提，否则还要在年底进行纳税调整。

表 7.1　计提工会经费的转账凭证

转　账　凭　证

总　号	
分　号	转　号

2019 年 10 月 30 日　　附件　　张

摘要	一级科目	二级科目	过账	借方金额										贷方金额									
				千	百	十	万	千	百	十	元	角	分	千	百	十	万	千	百	十	元	角	分
计提工会经费	管理费用	工会经费						6	1	2	6	5	7										
	其他应付款	工会经费																6	1	2	6	5	7
合计							¥	6	1	2	6	5	7				¥	6	1	2	6	5	7

财会主管：　记账：　出纳：　复核：　制单：王文

7.2.2 提取固定资产折旧

需要提取折旧的固定资产是在月初时点上在册并正在使用的固定资产，根据这项规定，本月新增加的固定资产只能从下月提取折旧，本月新减少未提足折旧的固定资产本月依然提取折旧。

注意：可在月初就填制好这份凭证，以防混淆。在计算折旧时，如果上月没有变动，可直接抄录上期的数字，无须重新计算。

例 7.2　太平洋公司 2019 年 10 月管理部门的固定资产折旧费为 25732.46 元，销售部门的固定资产折旧费为 27746.26 元，累计折旧为 53478.72 元，对应的会计分录为：

借：管理费用——折旧费　　25732.46

　　销售费用——折旧费　　27746.26

　贷：累计折旧　　53478.72

根据会计分录填制的计提折旧的转账凭证，如表 7.2 所示。

表 7.2　计提折旧的转账凭证

转　账　凭　证

总　号	
分　号	转36号

2019 年 10 月 30 日　　附件　　张

摘要	一级科目	二级科目	过账	借方金额										贷方金额									
				千	百	十	万	千	百	十	元	角	分	千	百	十	万	千	百	十	元	角	分
计提折旧	管理费用	折旧					2	5	7	3	2	4	6										
	销售费用	折旧					2	7	7	4	6	2	6										
	累计折旧																5	3	4	7	8	7	2
合计						¥	5	3	4	7	8	7	2			¥	5	3	4	7	8	7	2

财会主管：　记账：　出纳：　复核：　制单：王文

注意：固定资产提取折旧时，所填制的凭证中体现的是一个总数，在日常的账簿记录中，需要分项进行登记。另外，需注意通过整体计算与分别计算时的小数问题。

7.2.3　提取贷款利息

一般企业从银行取得贷款，银行会按季度计算并扣除利息。为了体现权责发生制的核算特点，防止利润受此影响而出现较大波动，要求企业按月计提银行贷款利息。

例 7.3　太平洋公司 2019 年 10 月贷款利息为 3617.81 元，对应的会计分录为：

借：财务费用——利息　　　　3617.81

　贷：应付利息　　　　　　　　3617.81

根据会计分录填制的计提利息的转账凭证，如表 7.3 所示。

表 7.3　计提利息的转账凭证

转　账　凭　证

总号：

分号：转37号

2019 年 10 月 30 日

附件　　张

摘要	一级科目	二级科目	过账	借方金额										贷方金额									
				千	百	十	万	千	百	十	元	角	分	千	百	十	万	千	百	十	元	角	分
计提折旧	财务费用	利息						3	6	1	7	8	1										
	应付利息																	3	6	1	7	8	1
	合计						¥	3	6	1	7	8	1				¥	3	6	1	7	8	1

财会主管：　　记账：　　出纳：　　复核：　　制单：王文

注意：如果此项金额在企业的日常经营中对利润的影响不大，可以不用按月计提，可在收到银行的划款通知后直接计入财务费用。

7.3　结转成本

结转成本在月底是一项重点工作。工业企业的成本核算非常复杂，涉及对各种成本项目的确认、计量与分配，以及成本在产成品与在产品之间分配比例的确定。

对于商贸企业来说，所销售商品的成本就在于商品的进货价及运费，其计算会涉及不同批次产品的计价问题。对于发出商品而言，选择一个合适的计价方法决定了企业成本的计算方法，对于企业的利润有着重要的影响。

一般商品的计价方法包括先进先出法、后进先出法、移动平均法等，具体的成本计价方法由各公司根据自身的实际情况进行确定。

例 7.4 太平洋公司的进货成本比较好确定。公司主要经营计算机相关商品，此类商品的特征是价格波动较大，而且更新换代速度快，相对贬值的速度也快。公司囤货的情况不多见，集中在一些小的耗材上。由于这些小的耗材每批的价格变动不大，可以采用先进先出法进行核算。

太平洋公司销售的商品一般是为了单一项目或是客户而专门进货的，在成本的核算上基本属于单独计价方法，只要将进货与发货一一对应即可。经过计算，公司在 2019 年 10 月共发出库存商品的成本为 563659.72 元，对应的会计分录为：

借：主营业务成本　　563659.72

　贷：库存商品　　　　563659.72

根据会计分录填制的结转成本的转账凭证，如表 7.4 所示。

表 7.4 结转成本的转账凭证

转 账 凭 证

总 号	
分 号	转38号

2019 年 10 月 30 日　　　　附件　　张

摘要	一级科目	二级科目	过账	借方金额										贷方金额									
				千	百	十	万	千	百	十	元	角	分	千	百	十	万	千	百	十	元	角	分
结转成本费用	主营业务成本					5	6	3	6	5	9	7	2										
	库存商品															5	6	3	6	5	9	7	2
合计					¥	5	6	3	6	5	9	7	2		¥	5	6	3	6	5	9	7	2

财会主管：　　记账：　　出纳：　　复核：　　制单：王文

7.4 税金计算

每月月底，会计人员除了各种结转工作，最主要的就是对各项税金进行正确的计算与缴纳。会计实际工作中常见的税种有增值税、消费税、城市维护建设税、教育费附加、房产税、土地使用税、印花税、车船使用税、个人所得税、企业所得税等。

通过“应交税费”科目核算的有增值税、消费税、城市维护建设税、企业所得税、教育费附加等。

注意：在会计实际工作中，并不是所有的税金都通过“应交税费”科目来核算。教育费附加以前是通过“其他应交款”科目来核算的，新会计准则下则是通过“应交税费”科目来核算的。

7.4.1 增值税

增值税是对从事销售货物或提供加工、修理修配劳务，以及从事进口货物的单位和个人取得的增值额为课税对象征收的一种税。按照企业规模大小和会计核算是否健全，增值税纳税人可以分为一般纳税人和小规模纳税人。

“应交税费——应交增值税”明细科目的借方发生额，反映企业购进货物或接受应税劳务支付的进项税额和实际已缴纳的增值税；贷方发生额，反映企业销售货物或提供应税劳务应缴纳的增值税、出口货物退税、转出已支付或应分担的增值税；期末借方余额，反映企业多缴纳或尚未抵扣的增值税；期末贷方余额，反映企业尚未缴纳的增值税。

“应交增值税”明细科目的借方既要反映已交税金，又要反映进项税额；贷方既要反映销项税额，又要反映出口退税、进项税额转出等情况。因此，在账户设置上宜采用多栏式账户，在应交税费——应交增值税明细账中的借方和贷方各设若干个专栏加以反映，如表 7.5 所示。

应交税费——应交增值税明细账可以设置以下几个专栏：

- “进项税额”专栏，记录企业购入货物或接受应税劳务而支付的、准予从销项税额中抵扣的增值税。企业购入货物或接受应税劳务支付的进项税额，用蓝字登记；退回所购货物应冲销的进项税额，用红字登记。
- “已交税金”专栏，记录企业已缴纳的增值税。企业已缴纳的增值税，用蓝字登记；退回多缴纳的增值税，用红字登记。
- “销项税额”专栏，记录企业销售货物或提供应税劳务应收取的增值税。企业销售货物或提供应税劳务应收取的销项税额，用蓝字登记；退回销售货物应冲销的销项税额，用红字登记。
- “出口退税”专栏，记录企业出口适用零税率的货物，向海关办理报关出口手续后，凭出口报关单等有关凭证，向税务机关申报办理出口退税而收到退回的税款。出口货物退回的增值税，用蓝字登记；出口货物办理退税后发生退货或者退关而补交已退的税款，用红字登记。

表 7.5　应交税费——应交增值税明细账

年		凭证		摘要	借方					贷方					借或贷	余额
					合计		进项税额	已交税金	出口抵减内销产品应纳税额	合计		销项税额	出口退税	进项税额转出		
月	日	种类	号数		千百十万千百十元角分		亿百十万千百十元角分	亿百十万千百十元角分	亿百十万千百十元角分	千百十万千百十元角分		亿百十万千百十元角分	亿百十万千百十元角分	亿百十万千百十元角分		百十万千百十元角分

- □ “进项税额转出”专栏，记录企业因购进货物、在产品、产成品等发生非正常损失，以及其他原因而不应从销项税额中抵扣、按规定转出的进项税额。考虑到有些企业在购进货物时已将增值税专用发票上记载的进项税额记录到“进项税额”专栏，但具体使用时又用于非应税项目，或者发生非正常损失等。按照税收条例规定，这些进项税额不能从销项税额中抵扣，要相应转入有关的科目，因此设置了“进项税额转出”专栏。

在旧的会计准则下，一般纳税人应在“应交税费”科目下设置“应交增值税”“未交增值税”两个明细科目。

在“应交增值税”明细科目中，应设置九项专栏，即进项税额、已交税金、减免税款、出口抵减内销产品应纳税额、转出未交增值税、销项税额、出口退税、进项税额转出、转出多交增值税。科目的期末余额在借方，反映尚未抵扣的增值税。

“未交增值税”明细科目用于核算企业月度终了时从“应交增值税”明细科目转入的应交未交、转入多交的增值税。本科目期末借方余额反映多交的增值税，贷方余额反映未交的增值税。

当月上交本月增值税，则借记“应交增值税”明细科目（已交税金）；当月上交上月应交未交的增值税，则借记“未交增值税”明细科目。

而在新的会计准则下，不再包括未交增值税部分，在缴纳时也不再区分是本期还是上期的增值税，一律在“应交税费——应交增值税（已交税金）”科目中核算。

应纳税额的计算公式如下：

本期应纳增值税税额=销项税额+出口退税+进项税额转出数-进项税额-已交税款

缴纳税金时，借记“应交税费——应交增值税（已交税金）”科目，贷记“银行存款”科目。

注意：一般纳税人增值税的计算不需要通过以上的公式来进行，只要记着随时结出应交税费——应交增值税明细账下的余额，就可知道本月应缴纳增值税的税额了。假设本月不再发生其他涉及增值税的业务，则本月应缴纳的增值税税额就为应交税费——应交增值税明细账下的贷方余额。

如果是在辅导期的企业，还应在“应交税费”科目下设置“待抵扣进项税额”明细科目。

辅导期一般纳税人对收取的增值税专用发票采用“先比对，后抵扣”的方式。“先比对，后抵扣”是指辅导期一般纳税人在取得增值税专用发票后，先通过防伪税控系统将认证信息上传至国家税务总局进行比对，总局比对结束后将比对结果下发各省市，各主管国税局将比对结果通知辅导期一般纳税人进行抵扣。由于企业一般会在认证的次月收到比对结果并抵扣，因此需要在“应交税费”科目下设置“待抵扣进项税额”明细科目。

企业认证发票后的会计分录为：

借：库存商品

　　应交税费——待抵扣进项税额

　贷：银行存款

企业次月收到比对结果后的会计分录为：

借：应交税费——应交增值税（进项税额）

　贷：应交税费——待抵扣进项税额

小规模纳税人销售货物或提供应税劳务时，只能开具增值税普通发票，而增值税普通发票不注明销项税额和进项税额，因此小规模纳税人可以采用简易的核算方法。

小规模纳税人应按实现的销售收入和按规定收取的增值税，借记“应收账款——应交增值税”科目；按实现的销售收入，贷记“产品销售收入”“商品销售收入”“其他业务收入”等科目。

购入货物或接受应税劳务，无论是否取得增值税专用发票，均应将所支付的进项税额直接计入有关货物及劳务成本。在会计核算时，借记“材料采购”“商品采购”“制造费用”“管理费用”“经营费用”“其他业务支出”等科目，贷记“银行存款”“应付票据”“应付账款”等科目。

注意：小规模纳税人只需设置“应交增值税”二级明细科目，无须设置三级明细科目。

以一般纳税人为例，增值税的会计处理新准则（应用指南）与旧准则（制度）相比，其变化主要表现在以下三个方面，如表 7.6 所示。

表 7.6　增值税的会计处理新、旧准则对比

<table>
<tr><th colspan="3">变化项目</th><th>变化内容</th></tr>
<tr><td rowspan="4">会计科目的变化</td><td rowspan="2">总账科目的变化</td><td>新</td><td>应交税费——应交增值税</td></tr>
<tr><td>旧</td><td>应交税费——应交增值税、应交税费——未交增值税</td></tr>
<tr><td rowspan="2">明细科目设置的变化</td><td>新</td><td>“进项税额”“已交税金”“销项税额”“出口退税”“进项税额转出”等明细科目对增值税进行核算，明细科目相比原来有所减少</td></tr>
<tr><td>旧</td><td>“进项税额”“已交税金”“转出未交增值税”“减免税款”“销项税额”“出口退税”“进项税额转出”“出口抵减内销产品应纳税额”“转出多交增值税”等科目</td></tr>
<tr><td colspan="2" rowspan="2">视同销售会计处理的变化</td><td>新</td><td>与销售做同样的处理，即确认收入，同时结转成本</td></tr>
<tr><td>旧</td><td>按照产品、商品或材料的成本结转成本，按照计税价格（或市场售价）核算增值税，不核算收入</td></tr>
</table>

续表

变化项目		变化内容
增值税月末缴纳时会计核算的变化	新	不再包括未交增值税部分，在缴纳时也不再区分是本期还是上期的增值税，一律在“应交税费——应交增值税（已交税金）”科目中核算
	旧	将增值税分为两部分：一部分为应交增值税；另一部分为未交增值税。月末要将未交或多交的增值税转入未交增值税中 在缴纳时，区分是缴纳本月的增值税还是其他期的增值税 本月缴纳本期的增值税，借记“应交税费——应交增值税（已交税金）”科目，贷记“银行存款”等科目；本月尚未缴纳或多交的增值税转入未交增值税中。若为应缴纳而尚未缴纳的增值税，借记“应交税费——应交增值税（转出未交增值税）”科目，贷记“应交税费——未交增值税”科目；若为多缴纳的增值税，则借记“应交税费——未交增值税”科目，贷记“应交税费——应交增值税（转出多交增值税）”科目 本月缴纳上期的增值税，借记“应交税费——未交增值税”科目，贷记“银行存款”等科目

《中华人民共和国增值税暂行条例实施细则》规定，单位或者个体工商户的下列行为，视同销售货物：

（1）将货物交付其他单位或个人代销。

（2）销售代销货物。

（3）设有两个以上机构并实行统一核算的纳税人，将货物从一个机构移送其他机构用于销售，但相关机构设在同一县（市）的除外。

（4）将自产或者委托加工的货物用于非增值税应税项目。

（5）将自产或者委托加工的货物用于集体福利或者个人消费。

（6）将自产、委托加工或者购进的货物作为投资，提供给其他单位或者个体工商户。

（7）将自产、委托加工或购进的货物分配给股东或者投资者。

（8）将自产、委托加工或购进的货物无偿赠送其他单位或者个人。

一般纳税人有关增值税的账务处理包括与销项税额有关的账务处理、与进项税额有关的账务处理和税款缴纳的账务处理。

注意：混合销售行为主要是指纳税人在销售商品或提供劳务时，附带提供运输服务，并取得运输收入。对于这类销售行为，税法要求附带收入与其主营业务收入一起缴纳增值税，其核算与前述正常业务的账务处理基本相同。

平时，企业有关销项税额和进项税额都在“应交税费——应交增值税”科目中反映。增值税缴纳期满时，应根据该科目的借贷方发生额确定本期的应纳税额。实际上，本期的应纳税额包括两项内容：

（1）购进、接受各种物资时的进项税额。

（2）期末销项税额大于进项税额的差额。

简而言之，应交增值税的计算公式如下：

应交增值税=销项税额−进项税额

应交增值税具体的会计分录有以下两种情况。

（1）购货时

例 7.5 太平洋公司于 2019 年 10 月 18 日购入一批含税价为 15 万元的商品，货款已提前支付，对应的会计分录为：

借：库存商品 132743.36

　　应交税费——应交增值税（进项税额） 17256.64

　贷：预付账款 150000.00

根据会计分录填制的进货转账凭证，如表 7.7 所示。

表 7.7 进货转账凭证

总号	
分号	转 23 号

转 账 凭 证

2019 年 10 月 18 日　　　　附件 2 张

摘要	一级科目	二级科目	过账	借方金额											贷方金额										
				亿	千	百	十	万	千	百	十	元	角	分	亿	千	百	十	万	千	百	十	元	角	分
购入商品	库存商品						1	3	2	7	4	3	3	6											
	应交税费	应交增值税（进项税额）						1	7	2	5	6	6	4											
	预付账款	Z 公司																1	5	0	0	0	0	0	0
合计						¥	1	5	0	0	0	0	0	0			¥	1	5	0	0	0	0	0	0

财会主管：　　记账：　　出纳：　　复核：　　制单：王文

（2）销售货物时

例 7.6 太平洋公司于 2019 年 10 月 15 日向 A 公司销售一批商品，不含税价为 282178 元，销项税额为 36683.14 元，货款尚未收回。

借：应收账款——A 公司 318861.14

　贷：主营业务收入 282178.00

　　　应交税费——应交增值税（销项税额） 36683.14

根据会计分录填写的销售转账凭证，如表 7.8 所示。

假设本月不再发生其他涉及增值税的业务，则本月应缴纳的增值税税额为应交税费——应交增值税明细账下的贷方余额，即 19426.5 元。

借：应交税费——应交增值税（已交税金） 19426.50

　贷：银行存款 19426.50

根据会计分录填制的缴纳增值税的付款凭证，如表 7.9 所示。

表 7.8　销售转账凭证

总号	
分号	转 1 号

转　账　凭　证

2019 年 10 月 15 日　　附件　2　张

摘要	一级科目	二级科目	过账	借方金额											贷方金额										
				亿	千	百	十	万	千	百	十	元	角	分	亿	千	百	十	万	千	百	十	元	角	分
销售商品	应收账款	A 公司					3	1	8	8	6	1	1	4											
	主营业务收入																	2	8	2	1	7	8	0	0
	应交税费	应交增值税（进项税额）																	3	6	6	8	3	1	4
合计						¥	3	1	8	8	6	1	1	4			¥	3	1	8	8	6	1	1	4

财会主管：　　记账：　　出纳：　　复核：　　制单：王文

表 7.9　缴纳增值税的付款凭证

总号	
分号	银付 3 号

付　款　凭　证

贷方科目 银行存款　　2019 年 11 月 08 日　　附件　1　张

摘要	应借科目		过账	借方金额										
	一级科目	二级科目		亿	千	百	十	万	千	百	十	元	角	分
缴纳增值税	应交税费	应交增值税（已交税金）						1	9	4	2	6	5	0
合计							¥	1	9	4	2	6	5	0

财会主管：　　记账：　　出纳：　　复核：　　制单：王文

7.4.2　企业所得税

企业所得税是对我国境内的企业和其他取得收入的组织的生产经营所得及其他所得征收的一种税。企业所得税的征税对象是纳税人取得的所得，包括销售货物所得、提供劳务所得、转让财产所得、股息红利所得、利息所得、租金所得、特许权使用费所得、接受捐赠所得和其他所得。也就是说，公司的收入基本都会纳入征税的范围。

对于企业所得税来说，收入、费用、成本、利润的概念都与其有关，也就是说，企业所得税的计算会用到这些概念。企业所得税是一般企业都会涉及的税种，也是计算最为复杂的税种之一。

企业所得税采取的是按季预缴，年底再汇缴的政策。

注意：企业所得税是以公司的利润来计算的，不过不同于平常财务报表中所列的利润，可以用于计算企业所得税的利润是需要经过调整的、符合税法规定的利润。

企业所得税的复杂除了体现在那些税收优惠和减免政策的多样性，还有其可扣除项目的严格规定，这就导致了财务报表中所列的利润和企业所得税中所列的应纳税所得额是不能直接对应的。

企业所得税法定扣除项目是据以确定企业所得税应纳税所得额的项目，即可以在计算企业所得税前扣除的项目。《中华人民共和国企业所得税法实施条例》规定，企业应纳税所得额的确定，是企业的收入总额减去成本、费用、损失，以及准予扣除项目的金额。

企业所得税应纳税所得额=收入总额−不征税收入−免税收入−抵扣项目−允许弥补的以前年度的亏损

应纳税额=应纳税所得额×适用税率−减免税额−抵免税额

企业所得税税率表，如表 7.10 所示。

表 7.10　企业所得税税率表

序号	税率	适用企业
1	25%	居民企业；在中国境内设有机构、场所及所得与机构、场所有关联的非居民企业
2	20%	符合条件的小型微利企业
3	15%	国家需要重点扶持的高新技术企业；西部鼓励类产业企业；技术先进型服务企业等
4	10%	在中国境内未设立机构、场所的非居民企业；虽设立机构、场所但取得的所得与其所设机构、场所无实际联系的非居民企业

在计算企业应纳税所得额时，对纳税人的财务会计处理与税收规定不一致的，应按照税收规定予以调整。税收有关规定中明确了一些须按税收规定进行纳税调整的扣除项目，也就是说，同样是费用成本，在编制财务报表时可以扣除，在计算企业所得税时可能有所限制，不能据实扣除。

企业所得税法定扣除项目很多，具体内容如表 7.11 所示。

表 7.11　企业所得税法定扣除项目

扣除项目	可扣除标准
利息支出	不能扣除高利息的利息支出
计税工资	企业合理的工资、薪金予以据实扣除，对明显不合理的工资、薪金不予扣除
职工福利费	工资、薪金总额的 14%
工会经费	工资、薪金总额的 2%
职工教育经费	不超过工资、薪金总额 8%的部分，准予扣除；超过部分，准予在以后纳税年度结转扣除
捐赠	纳税人的公益、救济性捐赠，在年度利润总额 12%以内的部分，允许扣除；超过 12%的部分，可以向以后年度结转 3 年扣除
业务招待费	按照实际发生额的 60%扣除，但最高不得超过销售（营业）收入的 5‰
广告费	纳税人每一纳税年度发生的广告费支出不超过销售（营业）收入 15%的，可据实扣除［特殊情况：化妆品制造与销售、医药制造、饮料制造（不含酒类制造）这三个行业限额比例为 30%］；超过部分可无限期向以后纳税年度结转。烟草企业的烟草广告费不得在税前扣除。纳税人因行业特点等特殊原因确实需要提高广告费扣除比例的，须报国家税务总局批准
业务宣传费	纳税人每一纳税年度发生的业务宣传费（包括未通过媒体的广告性支出），在不超过销售（营业）收入 15%范围内的，可据实扣除
坏账准备金	除另有规定外，坏账准备金提取比例一律不得超过年末应收账款余额的 5‰
亏损弥补	纳税人发生的年度亏损，可以用下一年度的所得弥补，下一纳税年度的所得不足以弥补的，可以逐年延续弥补，但最长不得超过 5 年
各种罚款	不能在税前扣除

注意：其他相关的规定包括职工养老基金和待业保险基金的扣除、残疾人保障基金的扣除；财产、运输保险费的扣除；固定资产租赁费的扣除；坏账准备金、呆账准备金和商品削价准备金的扣除；转让固定资产支出的扣除；固定资产、流动资产盘亏、毁损、报废净损失的扣除；总机构管理费的扣除；国债利息收入的扣除；其他收入的扣除等。

在计算企业应纳所得税税额时，将经过调整的应纳税所得额乘以税率即可。

例 7.7　太平洋公司 2019 年 10 月的利润总额为 480319.32 元，经过调整后的应纳税所得额为 494307.76 元，适用 25%的法定税率。假定 2019 年 10 月份之前已经缴纳企业所得税 107032.98 元，则：

应纳所得税税额=494307.76×25%=123576.94（元）

本月应纳所得税税额=123576.94−107032.98=16543.96（元）

（1）提取所得税时的会计分录为：

借：所得税费用　　　　　　　　　　16543.96

　贷：应交税费——应交所得税　　　　　　16543.96

根据会计分录填制的提取所得税的转账凭证，如表 7.12 所示。

表 7.12　提取所得税的转账凭证

转　账　凭　证

总　号	
分　号	转40号

2019 年 10 月 30 日　　　　附件　　　张

摘要	一级科目	二级科目	过账	借方金额										贷方金额									
				千	百	十	万	千	百	十	元	角	分	千	百	十	万	千	百	十	元	角	分
提取所得税	所得税费用						1	6	5	4	3	9	6										
	应交税费	应交所得税															1	6	5	4	3	9	6
合计						¥	1	6	5	4	3	9	6			¥	1	6	5	4	3	9	6

财会主管：　　记账：　　出纳：　　复核：　　制单：王文

（2）上缴税金时的会计分录为：

借：应交税费——应交所得税　　　　16543.96

　贷：银行存款　　　　　　　　　　16543.96

根据会计分录填制的缴纳所得税的付款凭证，如表 7.13 所示。

表 7.13　缴纳所得税的付款凭证

付　款　凭　证

总　号	
分　号	银付5号

贷方科目 银行存款　　2019 年 11 月 08 日　　附件　1　张

摘要	应借科目		过账	金额										
	一级科目	二级科目		亿	千	百	十	万	千	百	十	元	角	分
缴纳所得税	应交税费	应交所得税						1	6	5	4	3	9	6
合计							¥	1	6	5	4	3	9	6

财会主管：　　记账：　　出纳：　　复核：　　制单：王文

7.4.3　消费税

简单来说，消费税就是政府向消费品征收的税项。消费税实行价内税，只在应税消费品的生产、委托加工和进口环节缴纳，在以后的批发、零售等环节不用再缴纳，税款最终由消费者承担。

在我国，消费税的纳税人是《中华人民共和国消费税暂行条例》中规定的应税消费品的单位和个人。消费税的特点，如图 7.2 所示。

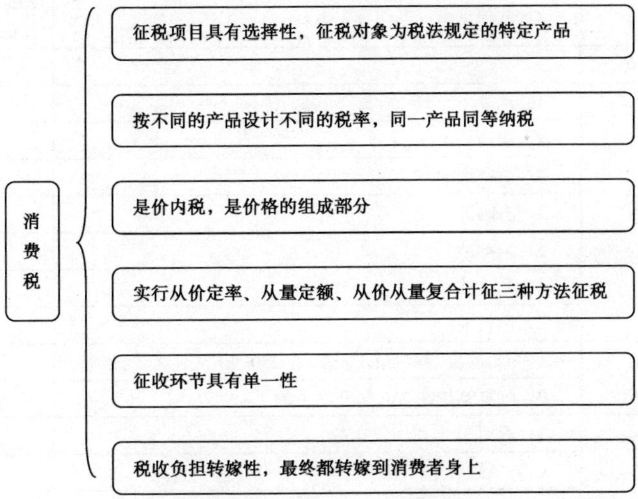

图 7.2　消费税的特点

注意：实行从价定率办法计算的应纳税额等于销售额乘以适用税率；实行从量定额办法计算的应纳税额等于销售数量乘以单位税额。

目前，消费税共设置了 15 个税目，有的税目下面还包括若干个子目。消费税税目税率表，如表 7.14 所示。

表 7.14　消费税税目税率表

税目	子目	税率
一、烟	1．烟卷	
	（1）甲类卷烟	56%加 0.003 元/支（生产环节）
	（2）乙类卷烟	36%加 0.003 元/支（生产环节）
	（3）批发环节	11%加 0.005 元/支
	2．雪茄烟	36%
	3．烟丝	30%
二、酒	1．白酒	20%加0.5 元/500 克（或500 毫升）
	2．黄酒	240 元/吨
	3．啤酒	
	（1）甲类啤酒	250 元/吨
	（2）乙类啤酒	220 元/吨
	4．其他酒	10%

续表

三、高档化妆品	—	15%
四、贵重首饰及珠宝玉石	1．金银首饰、铂金首饰和钻石及钻石饰品	5%（零售环节纳税）
	2．其他贵重首饰和珠宝玉石	10%（生产、进口、委托加工提货环节纳税）
五、鞭炮、焰火	—	15%
六、成品油	1．汽油	1.52 元/升
	2．柴油	1.20 元/升
	3．航空煤油	1.20 元/升
	4．石脑油	1.52 元/升
	5．溶剂油	1.52 元/升
	6．润滑油	1.52 元/升
	7．燃料油	1.20 元/升
七、摩托车	1．气缸容量（排气量，下同）在 250 毫升（只这一个容量）	3%
	2．气缸容量在 250 毫升以上的	10%
八、小汽车	1．乘用车	
	（1）气缸容量在 1.0 升（含 1.0 升）以下的	1%
	（2）气缸容量在 1.0 升以上至 1.5 升（含 1.5 升）的	3%
	（3）气缸容量在 1.5 升以上至 2.0 升（含 2.0 升）的	5%
	（4）气缸容量在 2.0 升以上至 2.5 升（含 2.5 升）的	9%
	（5）气缸容量在 2.5 升以上至 3.0 升（含 3.0 升）的	12%
	（6）气缸容量在 3.0 升以上至 4.0 升（含 4.0 升）的	25%
	（7）气缸容量在 4.0 升以上的	40%
	2．中轻型商用客车	5%
	3．超豪华小汽车	加 10%（零售环节）
九、高尔夫球及球具	—	10%
十、高档手表	—	20%
十一、游艇	—	10%
十二、木制一次性筷子	—	5%
十三、实木地板	—	5%
十四、电池	—	4%
十五、涂料	—	4%

在进行账务处理时，其具体的会计分录有以下两种情况。

（1）计提消费税时的会计分录为：

借：税金及附加

  贷：应交税费——应交消费税

(2) 上缴税金时的会计分录为:

借: 应交税费——应交消费税

　贷: 银行存款

注意: 由于太平洋公司所生产销售的商品中不涉及此类商品, 所以在计算时省略了这一步。

7.4.4　附加税

城市维护建设税和教育费附加是增值税、消费税的附加税, 只要缴纳了增值税、消费税, 就要同时缴纳城市维护建设税和教育费附加。

城市维护建设税根据地区不同税率分为 7% (市区)、5% (县城、镇) 和 1% (其他地区), 教育费附加税率为 3%, 这两个附加税是用缴纳的增值税、消费税作为基数乘以相应的税率, 计算出应缴纳的附加税金额的。

注意: 对增值税、消费税加收的滞纳金和罚款不作为城市维护建设税的计税依据。

例 7.8　太平洋公司 2019 年 10 月应缴纳的增值税为 19426.5 元, 未涉及消费税, 城市维护建设税 (以下简称城建税) 适用 7%的税率。

本月应纳城建税=19426.5×7%=1359.86 (元)

本月应纳教育费附加=19426.5×3% = 582.8 (元)

提取附加税时的会计分录为:

借: 税金及附加　　　　　　　1942.66

　贷: 应交税费——城建税　　　　　1359.86

　　　　　　——教育费附加　　　　582.80

根据会计分录填制的提取附加税的转账凭证, 如表 7.15 所示。

表 7.15　提取附加税的转账凭证

转　账　凭　证

总号	
分号	转41号

2019 年 10 月 30 日　　　　附件　　　张

摘要	一级科目	二级科目	过账	借方金额										贷方金额									
				千	百	十	万	千	百	十	元	角	分	千	百	十	万	千	百	十	元	角	分
提取附加税	税金及附加							1	9	4	2	6	6										
	应交税费	城建税																1	3	5	9	8	6
		教育费附加																	5	8	2	8	0
合计							¥	1	9	4	2	6	6				¥	1	9	4	2	6	6

财会主管:　　记账:　　出纳:　　复核:　　制单: 王文

7.4.5 印花税

印花税是以经济活动和经济交往中，书立、领受应税凭证的行为为征税对象征收的一种税。印花税因其采用在应税凭证上粘贴印花税票的方法缴纳税款而得名。

印花税是一个小的税种，而且在账务处理上不一定按月计算，应当在业务发生时随时进行计算与缴纳。印花税是通过“税金及附加”科目来进行核算的。

注意：不通过“应交税费”科目核算的税种包括印花税、车辆购置税、契税、耕地占用税。

印花税应纳税额的计算根据不同的书立有不同的计算方法，具体的税目税率表，如表 7.16 所示。

表 7.16 印花税税目税率表

税目	范围	税率	纳税人	说明
购销合同	包括供应、预购、采购、购销、结合及协作、调剂、补偿、易货等合同	按购销金额的 0.3‰贴花	立合同人	
加工承揽合同	包括加工、定做、修缮、修理、印刷广告、测绘、测试等合同	按加工或承揽收入的 0.5‰贴花	立合同人	
建设工程勘察设计合同	包括勘察、设计合同	按收取费用的 0.5‰贴花	立合同人	
建筑安装工程承包合同	包括建筑、安装工程承包合同	按承包金额的 0.3‰贴花	立合同人	
财产租赁合同	包括租赁房屋、船舶、飞机、机动车辆、机械、器具、设备等合同	按租赁金额的 1‰贴花。税额不足 1 元的，按 1 元贴花	立合同人	
货物运输合同	包括民用航空运输、铁路运输、海上运输、内河运输、公路运输和联运合同	按运输费用的 0.5‰贴花	立合同人	单据作为合同使用的，按合同贴花
仓储保管合同	包括仓储、保管合同	按仓储保管费用的 1‰贴花	立合同人	仓单或栈单作为合同使用的，按合同贴花
借款合同	银行及其他金融组织和借款人（不包括银行同业拆借）所签订的借款合同	按借款金额的 0.05‰贴花	立合同人	单据作为合同使用的，按合同贴花
财产保险合同	包括财产、责任、保证、信用等保险合同	按保险费收入的 1‰贴花	立合同人	单据作为合同使用的，按合同贴花

续表

税目	范围	税率	纳税人	说明
技术合同	包括技术开发、转让、咨询、服务等合同	按所载金额的 0.3‰贴花	立合同人	
产权转移书据	包括财产所有权和版权、商标专用权、专利权、专有技术使用权等转移书据	按所载金额的 0.5‰贴花	立据人	
营业账簿	生产、经营用账册	记载资金的账簿，按实收资本和资本公积合计金额的 0.25‰贴花。其他账簿按件贴花 5 元	立账簿人	
权利、许可证照	包括政府部门发给的房屋产权证、工商营业执照、商标注册证、专利证、土地使用证	按件贴花 5 元	领受人	

注意：印花税是由纳税人自行计算、自行购买、自行贴花、自行划销的。虽然印花税的税负较低，但是不能遗忘，在平时的业务处理中就要随时计算进行贴花。

提取印花税的会计分录为：

借：税金及附加

　　贷：银行存款或库存现金

注意：企业在缴纳房产税、土地使用税、车船使用税时的账务处理，与缴纳印花税时的账务处理基本一致，对应的会计分录为：

借：税金及附加（房产税、土地使用税、车船使用税）

　　贷：银行存款或库存现金

7.4.6　代扣代缴个人所得税

个人所得税以所得人为纳税义务人，以支付所得的单位或者个人为扣缴义务人。

例 7.9　太平洋公司个人所得税具体的账务处理有以下两种情况。

(1) 支付工资时，按计算出的应付个人所得税提取，对应的会计分录为：

借：应付职工薪酬　　　　　　　　25436.77

　　贷：应交税费——个人所得税　　　　　　25436.77

根据会计分录填制的提取个人所得税的转账凭证，如表 7.17 所示。

表 7.17　提取个人所得税的转账凭证

转　账　凭　证

总　号	
分　号	转42号

2019 年 10 月 30 日　　附件　　张

摘要	一级科目	二级科目	过账	借方金额										贷方金额									
				千	百	十	万	千	百	十	元	角	分	千	百	十	万	千	百	十	元	角	分
提取个人所得税	应付职工薪酬						2	5	4	3	6	7	7										
	应交税费	个人所得税															2	5	4	3	6	7	7
合计						¥	2	5	4	3	6	7	7			¥	2	5	4	3	6	7	7

财会主管：　记账：　出纳：　复核：　制单：王文

（2）上缴个人所得税时，对应的会计分录为：

借：应交税费——个人所得税　　25436.77

　贷：银行存款　　25436.77

根据会计分录填制的缴纳个人所得税的付款凭证，如表 7.18 所示。

表 7.18　缴纳个人所得税的付款凭证

付　款　凭　证

总　号	
分　号	银付5号

贷方科目 银行存款　　2019 年 11 月 08 日　　附件　1　张

摘要	应借科目		过账	金额										
	一级科目	二级科目		亿	千	百	十	万	千	百	十	元	角	分
缴纳个人所得税	应交税费	个人所得税						2	5	4	3	6	7	7
合计							¥	2	5	4	3	6	7	7

财会主管：　记账：　出纳：　复核：　制单：王文

7.5　结转利润

在对各项税金计提完成后，就到了编制财务报表之前最重要的一步——月末结转。月末结转就是把收入类结转至本年利润的贷方，费用类结转至本年利润的借方，具体可分为以下四步，如图 7.3 所示。

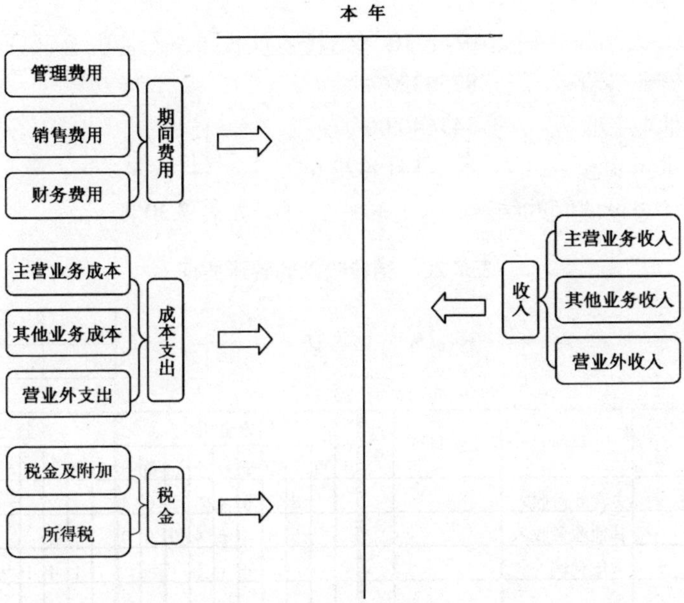

图 7.3　月末结转

注意：在进行月末结转前，要先对相关的账簿记录进行计算与加总，然后对所涉及的账户进行结转，这些账户在结转后的期末余额为零。

经过整理和计算，太平洋公司各科目的发生额，如表 7.19 所示。

表 7.19　太平洋公司各科目的发生额

科目名称	发生额
主营业务收入	875432.64
其他业务收入	543640.00
营业外收入	—
管理费用	265928.76
销售费用	174386.77
财务费用	23498.35
主营业务成本	519464.82
其他业务成本	240316.75
营业外支出	—
税金及附加	57546.28
所得税	16543.96

7.5.1 各项收入的结转

例 7.10 太平洋公司 2019 年 10 月结转各项收入，对应的会计分录为:

借：主营业务收入　　875432.64

　　其他业务收入　　543640.00

　贷：本年利润　　　　1419072.64

根据会计分录填制的结转收入的转账凭证，如表 7.20 所示。

表 7.20 结转收入的转账凭证

总号	
分号	转43号

转　账　凭　证

2019 年 10 月 30 日　　　　附件　　　张

摘要	一级科目	二级科目	过账	借方金额										贷方金额									
				千	百	十	万	千	百	十	元	角	分	千	百	十	万	千	百	十	元	角	分
结转收入	主营业务收入					8	7	5	4	3	2	6	4										
	其他业务收入					5	4	3	6	4	0	0	0										
	本年利润														1	4	1	9	0	7	2	6	4
合计				¥	1	4	1	9	0	7	2	6	4	¥	1	4	1	9	0	7	2	6	4

财会主管：　　记账：　　出纳：　　复核：　　制单：王文

7.5.2 期间费用的结转

例 7.11 太平洋公司 2019 年 10 月结转期间费用，对应的会计分录为:

借：本年利润　　463813.88

　贷：管理费用　　　265928.76

　　　销售费用　　　174386.77

　　　财务费用　　　23498.35

根据会计分录填制的结转期间费用的转账凭证，如表 7.21 所示。

表 7.21　结转期间费用的转账凭证

转　账　凭　证

总　号	
分　号	转44号

2019 年 10 月 30 日　　　　附件　　　张

摘要	一级科目	二级科目	过账	借方金额										贷方金额									
				千	百	十	万	千	百	十	元	角	分	千	百	十	万	千	百	十	元	角	分
给转期间费用	本年利润					4	6	3	8	1	3	8	8										
	管理费用															2	6	5	9	2	8	7	6
	销售费用															1	7	4	3	8	6	7	7
	财务费用																2	3	4	9	8	3	5
合计					¥	4	6	3	8	1	3	8	8		¥	4	6	3	8	1	3	8	8

财会主管：　　记账：　　出纳：　　复核：　　制单：王文

7.5.3　成本支出的结转

例 7.12　太平洋公司 2019 年 10 月结转成本支出，对应的会计分录为：

借：本年利润　　　　759781.57

　贷：主营业务成本　　　519464.82

　　　其他业务成本　　　240316.75

根据会计分录填制的结转成本支出的转账凭证，如表 7.22 所示。

表 7.22　结转成本支出的转账凭证

转　账　凭　证

总　号	
分　号	转45号

2019 年 10 月 30 日　　　　附件　　　张

摘要	一级科目	二级科目	过账	借方金额										贷方金额									
				千	百	十	万	千	百	十	元	角	分	千	百	十	万	千	百	十	元	角	分
结转成本支出	本年利润					7	5	9	7	8	1	5	7										
	主营业务成本															5	1	9	4	6	4	8	2
	其他业务成本															2	4	0	3	1	6	7	5
合计					¥	7	5	9	7	8	1	5	7		¥	7	5	9	7	8	1	5	7

财会主管：　　记账：　　出纳：　　复核：　　制单：王文

7.5.4 税金的结转

例 7.13 太平洋公司 2019 年 10 月结转税金，对应的会计分录为：

借：本年利润　　　　　　74090.24

　贷：税金及附加　　　　　57546.28

　　　所得税费用　　　　　16543.96

根据会计分录填写的结转税金的转账凭证，如表 7.23 所示。

表 7.23　结转税金的转账凭证

转　账　凭　证

总　号

分　号　　转46号

2019 年 10 月 30 日　　　　附件　　　张

摘要	一级科目	二级科目	过账	借方金额										贷方金额									
				千	百	十	万	千	百	十	元	角	分	千	百	十	万	千	百	十	元	角	分
结转税金	本年利润						7	4	0	9	0	2	4										
	税金及附加																5	7	5	4	6	2	8
	所得税费用																1	6	5	4	3	9	6
合计						¥	7	4	0	9	0	2	4			¥	7	4	0	9	0	2	4

财会主管：　　记账：　　出纳：　　复核：　　制单：王文

注意：会计年度终了后，应将本年所有收入和费用项目相抵后的本年利润的余额，结转到“利润分配——未分配利润”科目中。

本年实现净利润，即本年利润有贷方余额，对应的会计分录为：

借：本年利润

　贷：利润分配——未分配利润

本年为净亏损，即本年利润有借方余额，对应的会计分录为：

借：利润分配——未分配利润

　贷：本年利润

7.6 部分账簿登记示例

本章案例中涉及的相关账簿记录大多比较简单，这里不再举例。由于应交增值税的记录比较特殊，而且本年利润又是一个总括性的科目，所以我们将给出这两个科目的明细账格式，如表 7.24、表 7.25 所示。

表 7.24　应交税费——应交增值税明细账

2019年		凭证		摘要	借方				贷方				借或贷	余额
月	日	种类	号数		合计	进项税额	已交税金	出口抵减内销产品应纳税额	合计	销项税额	出口退税	进项税额转出		
10	15	转	1	销售					3668314	3668314				
10	18	转	23	购入	1725664	1725664							贷	1942650
11	8	银付	3	缴纳	1942650		1942650						平	000

表 7.25 本年利润明细账

本年利润明细账

本账页数	
本户页数	

科目

2019年		凭证	摘要	对方科目	页数	借方											贷方											借或贷	余额										
月	日	号数				亿	千	百	十	万	千	百	十	元	角	分	亿	千	百	十	万	千	百	十	元	角	分		亿	千	百	十	万	千	百	十	元	角	分
10	30	转43	结转收入																1	4	1	9	0	7	2	6	4												
10	30	转44	结转费用						4	6	3	8	1	3	8	8																							
10	30	转45	结转成本						7	5	9	7	8	1	5	7																							
10	30	转46	结转税金							7	4	0	9	0	2	4												贷				1	2	1	3	8	6	9	5
			本月合计					1	4	1	9	0	7	2	6	4			1	4	1	9	0	7	2	6	4												

第 8 章 财务报表的编制

财务会计报告是反映企业财务状况和经营成果的书面文件，包括资产负债表、利润表、现金流量表、所有者权益变动表（新的会计准则要求在年报中披露）、财务报表附注和财务情况说明书。

它是会计人员根据日常会计核算资料归集、加工和汇总而形成的结果，是会计核算的最终产品，即企业每一期间的成绩单。

8.1 认识财务报表

财务报表是根据日常会计核算资料定期编制的，是企业财务会计报告的主要部分，是企业向外传递会计信息的主要手段。

8.1.1 什么是财务报表

财务报表是指在日常会记核算资料的基础上，按照规定的格式、内容和方法定期编制的，综合反映企业某一特定日期财务状况和某一特定时期经营成果、现金流量状况的书面文件。财务报表提供的资料与其他核算资料相比，具有更集中、更概括、更系统和更有条理性的特点。

编制财务报表一直是会计工作的重要内容。会计人员整理原始凭证、填制会计凭证、登记会计账簿、按选择好的方式进行账务处理等日常会计核算工作，都是为了编制财务报表。

财务会计报告是会计核算工作的结果，也是财务部门提供财务信息资料的重要手段。会计人员必须了解财务会计报告的相关内容，并能独立完成编制财务报表的工作。财务会计报告包含的内容及其构成，如图 8.1 所示。

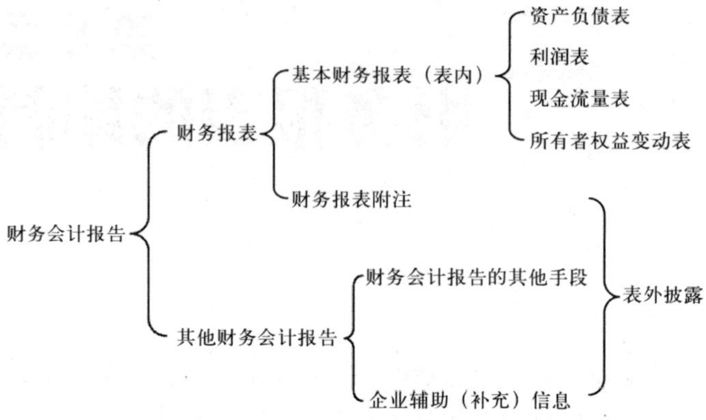

图 8.1　财务会计报告包含的内容及其构成

从图 8.1 中可以看出，财务报表由四张主表和相关附表组成。它是财务会计报告的核心，是企业财务会计报告最重要、最常见的表达形式。出具财务报表，并依据管理者的要求针对报表项目做适当分析，供管理者做决策参考，是会计人员的基本职责。

财务会计的一个重要职能是向与企业有利害关系的各个方面及其他相关的机构提供对决策有用的会计信息。对决策有用的会计信息主要指企业经营成果、财务状况和资金流转等的信息，这些信息是分别通过利润表、资产负债表和现金流量表等财务报表加以反映的。财务报表的重要作用主要有以下几点:

(1) 财务报表是与企业有经济利害关系的外部单位和个人了解企业的财务状况和经营成果，并据以做出决策的重要依据。

(2) 财务报表是国家经济管理部门进行宏观调控和管理的信息源。

(3) 财务报表提供的经济信息是企业内部加强和改善经营管理的重要依据。

8.1.2　常用三大财务报表

财务报表是会计主体对外提供的反映会计主体财务状况和经营成果的报表。基本的财务报表有四个，但是在企业日常经济业务核算过程中常用的有三个，包括资产负债表、利润表、现金流量表。

1. 资产负债表

资产负债表是反映企业在某一特定日期的财务状况的报表。资产负债表主要反映资产、负债和所有者权益三方面的内容，并满足“资产=负债+所有者权益”平衡公式。

（1）资产应当按照流动资产和非流动资产两大类别在资产负债表中列示，在流动资产和非流动资产类别下进一步按性质分项列示。

（2）负债应当按照流动负债和非流动负债在资产负债表中进行列示，在流动负债和非流动负债类别下再进一步按性质分项列示。

（3）所有者权益一般按照实收资本、资本公积、盈余公积和未分配利润分项列示。

2. 利润表

利润表是反映企业在一定会计期间的经营成果的报表。

我国企业的利润表采用多步式格式，主要编制步骤和内容如下：

（1）以营业收入为基础，减去营业成本、税金及附加、销售费用、管理费用、财务费用、资产减值损失，加上公允价值变动收益（减去公允价值变动损失）和投资收益（减去投资损失），计算出营业利润。

（2）以营业利润为基础，加上营业外收入，减去营业外支出，计算出利润总额。

（3）以利润总额为基础，减去所得税费用，计算出净利润（或亏损）。

3. 现金流量表

现金流量表是反映企业在一定会计期间现金及现金等价物流入和流出情况的报表。我国企业的现金流量表采用报告式结构，分类反映经营活动产生的现金流量、投资活动产生的现金流量和筹资活动产生的现金流量，最后汇总反映企业某一期间现金及现金等价物的净增加额。

（1）经营活动产生的现金流量

经营活动，是指企业投资活动和筹资活动以外的所有交易或事项。经营活动产生的现金流量主要包括销售商品、提供劳务、购买商品、接受劳务、支付工资及缴纳税款等流入和流出的现金及现金等价物。

（2）投资活动产生的现金流量

投资活动，是指企业长期资产的购建和不包括在现金等价物范围内的投资及其处置活动。投资活动产生的现金流量主要包括购建固定资产、处置子公司及其他营业单位等流入和流出的现金及现金等价物。

（3）筹资活动产生的现金流量

筹资活动，是指导致企业资本及债务规模和构成发生变化的活动。筹资活动产生的现金流量主要包括吸收投资、发行股票、分配利润、发行债券、偿还债务等流入和流出的现金及现金等价物。偿付应付账款、应付票据等商业应付款等属于经营活动，不属于筹资活动。

8.1.3 编制财务报表的基本要求

不同行业的企业，其经营模式、经营规模等也有所不同；但是，它们所编制的财务报表的格式却是相同的。要实现这种“求同存异”，就要对财务报表的编制有一些基本的要求，具体包括：

（1）所有企业必须按照《企业会计准则》的规定，定期编制财务会计报告，其对编制财务会计报告的内容也有明确规定。《企业会计准则》第四十四条规定，财务会计报告包括财务报表及其附注和其他应当在财务会计报告中披露的相关信息和资料。财务报表至少应当包括资产负债表、利润表、现金流量表等报表。

（2）所有企业对外报送的财务会计报告应当根据国家统一会计制度规定的格式和要求编制，企业内部使用的财务会计报告，其格式和要求由各单位自行规定。

（3）财务报表应当根据真实的交易或事项，登记完整、核对无误的会计账簿记录和其他有关资料编制，并须按照国家统一会计制度规定的编制基础、编制依据、编制原则和方法编制，做到数字真实、计算准确、内容完整、说明清楚、编制及时、报送及时。任何人不得篡改或者授意、指使、强令他人篡改财务报表的有关数字。

（4）企业应当按照《企业会计准则》和国家相关法令的规定，对财务报表中各项会计要素进行合理的确认和计量，不得随意改变会计要素的确认和计量。

（5）企业应当依照有关法律、行政法规和《企业会计准则》规定的结账日进行结账，不得提前或迟延。年底结账日为 12 月 31 日，其余分别为公历年度每半年、每季、每月的最后一天。

（6）财务报表之间、财务报表各项目之间，凡有对应关系的数字，应当相互一致。本期财务报表与上期财务报表之间有关的数字应当相互衔接。不同会计年度财务报表中各项目的内容和核算方法有变更的，应当在年度财务报表中加以说明。

（7）所有企业应当按照《企业会计准则》和国家相关法令的规定，认真编写财务报表附注及其说明，做到项目齐全、内容完整。

（8）各单位应当按照国家规定的期限对外报送财务会计报告。

对外报送财务报表，应当依次编定页码，加具封面，装订成册，加盖公章。

封面上应当注明单位名称，单位地址，财务报告所属年度、季度、月份，送出日期，并由企业负责人、会计部门负责人、会计主管人员签名或者盖章。

（9）根据法律和国家有关规定应当对财务会计报告进行审计的，财务会计报告编制单位应当先行委托注册会计师进行审计，并将注册会计师出具的审计报告随同财务会计报告按照规定的期限报送有关部门。

（10）如果发现对外报送的财务报表有错误，应当及时办理更正手续。除更正本企业留存的财务报表外，应同时通知接受财务报表的部门或企业更正。错误较多的，应当重新编报。

8.2　资产负债表

资产负债表利用会计平衡原则，将合乎会计原则的资产、负债、所有者权益交易科目分为“资产”和“负债及所有者权益”两部分，在经过分录、转账、分类账、试算、调整等会计程序后，以企业特定日期的静态情况为基准，浓缩成一张报表。

资产负债表的功用除了企业内部除错、明确经营方向、防止弊端，还可以让所有使用者在最短的时间内了解企业的经营状况。本节我们就来介绍如何核算与编制资产负债表。

8.2.1　资产负债表基本知识

资产负债表是反映和揭示企业在某一特定日期（如月末、季末、年末）财务状况的报表，是静态报表。通过资产负债表的数据，企业管理者、投资者、债权人等可以直接获取关于企业财务状况的重要信息。

1．资产负债表编制的理论依据

资产负债表是用来反映企业一定日期资产构成和资产来源的报表，其编制的理论依据是会计恒等式：资产=负债+所有者权益。

2．资产负债表的格式

在编制资产负债表时，首先要按照编表的目的，把所有的资产、负债和所有者权益项目按照一定标准和顺序进行适当的编制和排列，常见的基本格式一般有两种，即报告式（垂直式）和账户式（对开式）。

（1）报告式资产负债表

报告式资产负债表又称垂直式资产负债表。它分为上、中、下三部分：上部分为资产类项目，按照资产流动性大小排列；中间部分为负债类项目，按照偿还期的长短，先排列流动负债项目，后排列长期负债项目；下部分为所有者权益类项目。

上部分资产类项目合计等于中间部分负债类项目和下部分所有者权益类项目的合计。它是依照“资产=负债+所有者权益”的会计恒等式来编制的。

（2）账户式资产负债表

账户式资产负债表又称对开式资产负债表。它分为左右两方：左方为资产类项目；右方为负债和所有者权益类项目。左方资产类项目按照资产的流动性大小顺序排列，流动性大的排列在前，流动性小的排列在后，即按流动资产、长期投资、固定资产、无形资产、递延资产和其他资产的顺序排列。右方上半部分排列负债类项目，按照偿还期的长短顺序，先排列流动负债项目，后排列长期负债项目；下半部分排列所有者权益类项目。

左方资产类项目合计等于右方负债类项目和所有者权益类项目的合计。它也是依照“资产=负债+所有者权益”的会计恒等式来编制的。

目前，我国采用账户式资产负债表，其具体格式我们将在后面进行详细介绍。

3．资产负债表的作用

通过阅读和分析资产负债表，报表使用者可以实现:

（1）了解企业在某一日期的资产总额及其结构。通过资产负债表，可以了解企业在特定时点拥有和控制的经济资源，如企业拥有的资产总量有多少，其中流动资产、固定资产、长期投资、无形资产等各占多少。

（2）了解企业所承担的债务及其偿还时间。通过资产负债表，可以了解企业在特定时点所承担的债务、偿还时间及偿还对象。如果是流动负债，则必须在一年内偿还；如果是长期负债，则偿还期限可以超过一年。简而言之，从资产负债表的负债类项目中我们可以清楚地知道，在特定时点上企业欠了谁多少钱、该何时偿还等。

（3）了解企业的所有者权益情况。通过资产负债表，可以了解企业在特定时点时，其投资人所拥有的净资产及其形成的原因。

注意：可以说资产等于负债加所有者权益，但绝不能说资产等于所有者权益加负债，此处的加法不适用“交换原则”，因为这两种提法有着本质的区别。会计规则特别强调“先人后己”，也就是说，企业的资产首先要用来偿还债务，剩下的不管多少，才能归投资人所有。如果先讲所有者权益，就是“先己后人”，这在会计规则中是不允许的。

（4）了解企业的财务状况及发展趋势。资产负债表可以提供进行财务分析的基本资料，如通过资产负债表可以计算流动比率、速动比率，了解企业的短期偿债能力等。

8.2.2 资产负债表的结构

资产负债表由表首、正表两部分组成，其结构如表 8.1 所示。

表 8.1　资产负债表的结构

编制单位：　　　　　　　　　　　　年　月　日　　　　　　　　　　　　单位：元

资产	期末余额	期初余额	负债和所有者权益	期末余额	期初余额
流动资产：			流动负债：		
货币资金			短期借款		
交易性金融资产			交易性金融负债		
衍生金融资产			衍生金融负债		
应收票据			应付票据		
应收账款			应付账款		
预付款项			预收款项		
其他应收款			合同负债		
存货			应付职工薪酬		
合同资产			应交税费		
持有待售资产			其他应付款		
一年内到期的非流动资产			持有待售负债		
其他流动资产			一年内到期的非流动负债		
流动资产合计			其他流动负债		
非流动资产：			流动负债合计		
债权投资			非流动负债：		
其他债权投资			长期借款		
长期应收款			应付债券		
长期股权投资			其中：优先股		
其他权益工具投资			永续债		
其他非流动金融资产			长期应付款		
投资性房地产			预计负债		
固定资产			递延收益		
在建工程			递延所得税负债		
生产性生物资产			其他非流动负债		
油气资产			非流动负债合计		
无形资产			负债合计		
开发支出			所有者权益：		
商誉			实收资本		
长期待摊费用			其他权益工具		
递延所得税资产			其中：优先股		
其他非流动资产			永续债		
非流动资产合计			资本公积		

续表

资产	期末余额	期初余额	负债和所有者权益	期末余额	期初余额
			减：库存股		
			其他综合收益		
			盈余公积		
			未分配利润		
			所有者权益合计		
资产总计			负债和所有者权益总计		

从表 8.1 中可以看出，资产负债表对资产、负债和所有者权益的所有项目进行了详细分类，在遵循会计恒等式原理的基础上，保持了报表左右两边的平衡，而且进行了期初与期末的比较。

8.2.3　资产负债表的编制

资产负债表的编制是建立在所有会计账户借贷平衡基础上的，即只有所有账户满足“资产=负债+所有者权益”的会计恒等式时，才能编制资产负债表。

资产负债表各项目分为“期初余额”和“期末余额”两栏，主要是通过对日常会计记录的数据加以归集和整理形成的。其中，“期初余额”是根据上年的“期末余额”填列的，而“期末余额”主要通过以下几种方式取得。

（1）有些项目可以根据总账科目余额直接填列，如“交易性金融资产”“其他债权投资”“短期借款”“应付职工薪酬”等项目，可根据它们的总账余额直接填列；有些项目则需要根据几个总账科目的期末余额的合计数填列，如“货币资金”项目，需要根据“库存现金”“银行存款”“其他货币资金”三个总账科目的期末余额的合计数填列。

（2）根据明细账科目余额计算填列。“开发支出”项目，根据“研发支出”科目中所属的“资本化支出”明细科目的期末余额填列；“预付款项”项目，根据“应付账款”和“预付款项”两个科目所属的相关明细科目的期末借方余额合计计算填列。

（3）根据总账科目和明细账科目余额分析计算填列。“长期借款”项目，根据“长期借款”总账科目余额扣除“长期借款”科目所属的明细科目中将在一年内到期，且企业不能单方将清偿义务延期的长期借款后的金额计算填列；“其他流动资产”项目，根据有关总账科目及有关科目的明细科目的期末余额分析填列。

（4）根据科目余额减去其备抵科目余额后的净额填列。“固定资产”项目，根据“固定资产”科目的期末余额减去“累计折旧”“固定资产减值准备”备抵科目余额后的净额填列；“持有待售资产”“债权投资”项目，根据相关科目的期末余额填列，已计提减值准备的，还应当扣减其对应的减值准备。

(5) 综合运用上述填列方法分析填列。“存货”项目，根据“原材料”“委托加工物资”“材料采购”“在途物资”“发出商品”“材料成本差异”等总账科目期末余额的分析汇总数，减去“存货跌价准备”科目余额后的净额填列。

注意：如果当年资产负债表各个项目的名称和内容与上个年度不一致，应对上个年度资产负债表各个项目的名称和内容按照本年的规定进行调整后，填入本表“期初余额”栏内，从而实现数据的可比性。

8.3　利润表

会计部门应定期（一般按月份）核算企业的经营成果，并将核算结果编制成利润表。编制利润表的主要目的是将企业经营成果的信息提供给各种报表使用者，以供他们作为决策的依据或参考。

利润表信息的质量取决于企业在收入确认、费用确认，以及其他利润表项目确认时所采用的方法。

8.3.1　利润表基本知识

利润表又称损益表，是反映企业在一定会计期间经营成果的报表。

1. 利润表编制的理论依据

由于利润表核算的是企业一定时期利润（亏损）的实际情况，而利润（亏损）的实际情况又是通过收入与费用的对比体现出来的，因此，会计等式“收入−费用=利润”即为利润表编制的理论依据。

按最新《企业会计准则》公布的利润表的格式，可以把基本会计等式细分为:

利润总额=销售利润+投资净收益+营业外收支净额

它能够区分企业通过不同的途径取得的收入和获利情况，有利于企业确认自身正常经营产业的经营状况和通过投资与其他途径取得企业利得的状态。

2. 利润表的格式

利润表有单步式和多步式两种格式，我国最新《企业会计准则》规定，利润表采用多步式的格式。下文我们将介绍多步式利润表的编制方式。

3. 利润表的作用

通过阅读和分析利润表，报表使用者可以实现:

（1）了解企业的经营成果。通过利润表的“利润总额”和“净利润”项目在不同期间的数据的统计，可以了解企业一定期间的经营成果。

（2）了解企业收入和利得情况。直接通过利润表的“营业收入”和“营业外收入”项目，可以了解企业的收入和利得情况。

（3）了解企业成本和费用的构成情况。直接通过利润表的各成本和费用项目，可以了解企业的成本费用构成情况。

（4）分析企业的盈利能力。通过利润表净利润和资产负债表项目的对比分析，可以对企业的盈利能力做出分析。

（5）有助于确定应纳税额。企业所得税是在企业收入扣除成本费用后的利润总额的基础上，按一定比例征收的，只有通过编制利润表确认利润总额，才能进一步计算企业所得税。

8.3.2 利润表的结构

利润表一般包括表首、正表两部分，其结构如表 8.2 所示。

表 8.2 利润表的结构

编制单位： 年 月 日 单位：元

行次	项目	本期金额	上期金额
1	一、营业收入		
2	减：营业成本		
3	税金及附加		
4	销售费用		
5	管理费用		
6	财务费用		
7	资产减值损失		
8	加：公允价值变动收益		
9	投资收益		
10	资产处置收益		
11	其他收益		
12	二、营业利润		
13	加：营业外收入		

续表

行次	项目	本期金额	上期金额
14	减：营业外支出		
15	三、利润总额		
16	减：所得税费用		
17	四、净利润		
18	五、每股收益		
19	（一）基本每股收益		
20	（二）稀释每股收益		

从表 8.2 中可以看出，表首提供了编制单位名称、会计期间和所采用的货币计量单位等基本信息，而正表则分步汇总计算企业的利润。

利润表分步计算利润通常分为以下四部分。

（1）反映企业营业利润的构成情况，其计算公式如下:

营业利润=营业收入−营业成本−税金及附加−销售费用−管理费用−财务费用−资产减值损失+公允价值变动收益+投资收益+资产处置收益+其他收益

（2）反映企业的利润总额，其计算公式如下:

利润总额=营业利润+营业外收入−营业外支出

（3）反映企业最终经营成果（税后利润），其计算公式如下:

净利润=利润总额−所得税费用

（4）反映投资者的每股收益，具体包括基本每股收益和稀释每股收益。

8.3.3　利润表的编制

利润表相关项目的编制基本上是直接根据有关科目的本期发生业务量填列的。由于有些科目并不是在日常的会计核算中就可以按部就班地汇总出数据的，必须经过汇总、分配、归集和结转才能得到，所以利润表的编制可以分为编制前的准备工作和实际编制两个步骤。

1．利润表编制前的准备工作

虽然利润表各个项目从会计账簿中基本上都能找到对应的账页，但是在编制利润表前，还需要做期末账项结转和调整工作，具体内容和步骤如下:

（1）计算材料的采购成本，结转入库材料的采购成本。

（2）计算并分配本月发出材料的材料费用。

（3）计算并分配本月工资费用。

（4）计提并分配本月应付福利费。

（5）计提并分配本月固定资产折旧费。

（6）计算并分配本月制造费用。

（7）计算产品的生产成本，结转完工入库产品的生产成本。

（8）计算并结转本月已售产品的生产成本，即营业成本。

（9）预提应由本月负担，但尚未支付的费用。

（10）摊销应由本月负担，但已经支付的费用。

（11）按规定的税率计算本月应缴纳的税费。

（12）结转本月各项收入。

（13）结转本月各项费用、成本、支出。

（14）计提法定盈余公积。

（15）计算分配给投资者的利润。

2. 利润表的实际编制

（1）营业收入，包括主营业务收入和其他业务收入本期发生额的合计数。

“主营业务收入”项目反映企业在一定会计期间因对外销售商品、提供劳务或让渡资产使用权而取得的收入，应根据“主营业务收入”科目的本期发生额（贷方减去借方后的余额）填列。

“其他业务收入”项目反映企业根据收入准则确认的除主营业务以外的其他经营活动实现的收入，包括出租固定资产、出租无形资产、出租包装物和商品、销售材料等实现的收入，应根据“其他业务收入”科目的本期发生额（贷方减去借方后的余额）填列。

（2）营业成本，包括主营业务成本和其他业务成本本期发生额的合计数。

“营业成本”项目反映企业在一定会计期间为销售商品、提供劳务或让渡资产使用权，以及其他企业支出而发生的成本，应根据“主营业务成本”和“其他业务成本”科目的发生额合计数填列。

（3）税金及附加，包括企业经营活动应负担的消费税、城市维护建设税、资源税、土地增值税和教育费附加等，应根据“税金及附加”科目的本期发生额填列。

（4）销售费用，反映企业在销售商品和商品流通企业在购入商品等过程中发生的费用，应根据“销售费用”科目的本期发生额合计数填列。

（5）管理费用，反映企业行政管理部门为组织和管理生产经营活动而发生的费用，应根据“管理费用”科目的本期发生额合计数填列。

（6）财务费用，反映企业在筹集资金等财务活动中所发生的费用，应根据“财务费用”科目的本期发生额合计数填列。

（7）资产减值损失，反映企业根据资产减值等准则计提各项资产减值准备所形成的损失，应根据“资产减值损失”科目的本期余额填列。

由于资产减值损失项目涉及的内容较多，在对该项目进行核对时，应根据“坏账准备”“存货跌价准备”“长期股权投资减值准备”“持有至到期投资减值准备”“固定资产减值准备”“在建工减值准备”“工程物资减值准备”“生产性生物资产减值准备”“无形资产减值准备”“商誉减值准备”等科目的期末贷方余额合计数经分析后确认。

（8）投资收益，反映企业对外投资所取得的收益，应根据“投资收益”科目的发生额经分析后填列；如为投资损失，以“-”号填列。

（9）资产处置收益，反映企业出售划分为持有待售的非流动资产或处置组时确认的处置利得或损失，以及处置未划分为持有待售的固定资产、在建工程、生产性生物资产及无形资产而产生的处置利得或损失，债务重组中因处置非流动资产产生的利得或损失和非货币性资产交换产生的利得或损失也包括在本项目内。本项目应根据“资产处置损益”科目的发生额分析填列；如为处置损失，以“-”填列。

（10）其他收益，反映计入其他收益的政府补助等，应根据“其他收益”科目的发生额分析填列。

（11）营业外收入和营业外支出，反映与企业生产经营活动没有直接关系的各项收入和支出，应根据“营业外收入”和“营业外支出”科目的本期发生额填列。

（11）利润总额，反映企业实现的利润总额；如为亏损额，以“-”号填列。

（12）所得税费用，反映企业按规定从本期损益中减去的所得税，应根据“所得税”科目的本期发生额填列。

（13）净利润，反映企业实现的净利润；如为净亏损，以“-”号填列。

8.4　现金流量表

现金流量表通过显示经营中产生的现金流量的不足和不得不用借款来支付无法永久支撑的股利水平，从而揭示公司内在的发展问题。

“企业在日常经营中收到了多少现金，支出了多少现金？”“企业手里的现金是否能够保证交出进货的定金？”我们在本节中将为大家解答这些疑问。

8.4.1　现金流量表基本知识

现金流量表是反映企业在一定会计期间内，从事各项经营活动、投资活动、筹资活动所产生的现金流入、现金流出和现金净变动额的财务报表。它是一张动态报表，一般按年编制。

注意：现金流量表中所指的现金，不单纯是指我们所说的货币，而是指企业库存现金，以及可以随时用于支付的银行存款和其他货币资金的合计。

1. 现金流量表的编制基础和理论依据

现金流量表的编制基础是收付实现制，即只记录当期现金收支情况，而不考虑这些现金流入或流出是否归属于当期损益，甚至不考虑是否归企业所有。现金流量表编制的理论依据为：当期现金净增加额=经营现金净流量+投资现金净流量+筹资现金净流量。

2. 现金流量表的编制方法

现金流量表的编制方法主要有以下四种：

（1）分析填列法。分析填列法是指直接根据资产负债表、利润表和有关账户的记录，经过分析计算现金流量各项目的金额，并据以编制现金流量表的方法。

（2）工作底稿法。工作底稿法是指通过一个特定的表格，以利润表和资产负债表的数据为基础，对每一项目进行分析并编制调整分录，从而编制现金流量表的方法。

（3）丁字账户法。丁字账户法是指通过开设一个“现金及现金等价物”的丁字账户，以利润表和资产负债表的数据为基础，对每一项目进行分析并编制调整分录，从而编制现金流量表的方法。

（4）简捷法。简捷法是指在期末编制现金流量表时，对各个科目发生额进行辨别，从中检索出与现金相关的业务，归入现金流量各项目中，或在日常核算的同时，对各现金项目加以记录，到期末根据这些记录编制现金流量表的方法。

在这四种方法中，工作底稿法和丁字账户法比较常用。

3. 现金流量表的作用

现金流量表作为关于企业现金流入和流出的信息表，与利润表、资产负债表的作用形成互补，具体表现在：

（1）它可以体现出企业的现金净流量信息，从而使管理者能够对企业整体财务状况做出客观的评价。

（2）它能够说明企业在一定期间内现金流入和流出的原因，体现出现金的来源和去向，从而全面说明公司的偿债能力和支付能力。

（3）由于它区分了不同经济活动的现金净流量，从而使管理者能够分析和评价企业经济活动是否有效，并对其效率做出评价。它还可以帮助管理者分析出企业未来获取现金的能力，从而预测企业未来财务状况的发展情况。

4．现金流量表的内容和格式

现金流量表包括正表和补充资料两部分。

(1) 现金流量表正表。正表采用报告式的结构，分类反映经营活动产生的现金流量、投资活动产生的现金流量和筹资活动产生的现金流量，最后汇总反映企业现金及现金等价物的净增加额。

(2) 现金流量表补充资料。补充资料包括三部分内容，分别是:

- 将净利润调节为经营活动的现金流量。
- 不涉及现金收支的投资和筹资活动。
- 现金及现金等价物的净增加情况。

8.4.2　现金流量表的结构

现金流量表把企业现金按来源的不同，划分成经营活动产生的现金流量、投资活动产生的现金流量和筹资活动产生的现金流量，其结构如表 8.3 所示。

表 8.3　现金流量表的结构

编制单位:　　　　年　月　日　　　　单位：元

行次	项目	本期金额	上期金额
1	**一、经营活动产生的现金流量**		
2	销售商品、提供劳务收到的现金		
3	收到的税费返还		
4	收到其他与经营活动有关的现金		
5	**经营活动现金流入小计**		
6	购买商品、接受劳务支付的现金		
7	支付给职工及为职工支付的现金		
8	支付的各项税费		
9	支付其他与经营活动有关的现金		
10	**经营活动现金流出小计**		
11	**经营活动产生的现金流量净额**		
12	**二、投资活动产生的现金流量**		
13	收回投资收到的现金		
14	取得投资收益收到的现金		
15	处置固定资产、无形资产和其他长期资产收回的现金净额		
16	处置子公司及其他营业单位收到的现金净额		

续表

行次	项目	本期金额	上期金额
17	收到其他与投资活动有关的现金		
18	**投资活动现金流入小计**		
19	购建固定资产、无形资产和其他长期资产支付的现金		
20	投资支付的现金		
21	取得子公司及其他营业单位支付的现金净额		
22	支付其他与投资活动有关的现金		
23	**投资活动现金流出小计**		
24	**投资活动产生的现金流量净额**		
25	**三、筹资活动产生的现金流量**		
26	吸收投资收到的现金		
27	取得借款收到的现金		
28	收到其他与筹资活动有关的现金		
29	**筹资活动现金流入小计**		
30	偿还债务支付的现金		
31	分配股利、利润或偿付利息支付的现金		
32	支付其他与筹资活动有关的现金		
33	**筹资活动现金流出小计**		
34	**筹资活动产生的现金流量净额**		
35	**四、汇率变动对现金及现金等价物的影响**		
36	**五、现金及现金等价物净增加额**		
37	加：期初现金及现金等价物余额		
38	**六、期末现金及现金等价物余额**		

除了主表，现金流量表还附有补充资料，其结构如表 8.4 所示。

表 8.4　现金流量表补充资料的结构

单位：元

行次	补充资料项目	本期金额	上期金额
1	**一、将净利润调节为经营活动现金流量**		
2	净利润		
3	加：资产减值准备		
4	固定资产折旧（油气资产折耗、生产性生物资产折旧）		

续表

行次	补充资料项目	本期金额	上期金额
5	无形资产摊销		
6	长期待摊费用摊销		
7	处置固定资产、无形资产和其他长期资产的损失（收益以“-”号填列）		
8	固定资产报废损失（收益以“-”号填列）		
9	公允价值变动损失（收益以“-”号填列）		
10	财务费用（收益以“-”号填列）		
11	投资损失（收益以“-”号填列）		
12	递延所得税资产减少（增加以“-”号填列）		
13	递延所得税负债增加（减少以“-”号填列）		
14	存货的减少（增加以“-”号填列）		
15	经营性应收项目的减少（增加以“-”号填列）		
16	经营性应付项目的增加（减少以“-”号填列）		
17	其他		
18	经营活动产生的现金流量净额		
19	**二、不涉及现金收支的重大投资和筹资活动**		
20	债务转为资本		
21	一年内到期的可转换公司债券		
22	融资租入固定资产		
23	**三、现金及现金等价物净变动情况**		
24	现金的期末余额		
25	减：现金的期初余额		
26	加：现金等价物的期末余额		
27	减：现金等价物的期初余额		
28	现金及现金等价物净增加额		

从表 8.4 中可以看出，现金流量表补充资料即以间接法编制现金流量表的过程，就是将企业本期的净利润调整为经营活动现金流量的信息披露过程。

8.4.3　现金流量表的编制

企业可根据自身业务量的大小及复杂程度等，选择采用工作底稿法、丁字账户法或直接根据有关科目的记录分析填列现金流量表。

下面我们来介绍现金流量表各项目的内容及填列方法。

1. 经营活动产生的现金流量

（1）“销售商品、提供劳务收到的现金”项目，反映企业销售商品、提供劳务实际收到的现金（包括销售收入和向购买者收取的增值税税额），包括本期、前期销售商品、提供劳务收到的现金和预收账款，减去本期和前期销售退回的商品支付的现金。企业销售材料和代购、代销业务收到的现金也包括在本项目内。本项目应根据“现金、银行存款、应收账款、应收票据、预收账款、主营业务收入、其他业务收入”等科目的记录，经分析后填列。

（2）“收到的税费返还”项目，反映企业收到的各种税费的返还款，如收到的增值税、消费税、所得税、教育费附加返还等。本项目应根据“现金、银行存款、税金及附加、补贴收入、应收补贴款”等科目的记录，经分析后填列。

（3）“收到其他与经营活动有关的现金”项目，反映企业除上述各项目外，收到的与其他经营活动有关的现金流入，如罚款收入、流动资产损失中由个人赔偿的现金收入等。本项目应根据“现金、银行存款、营业外收入”等科目的记录，经分析后填列。

（4）“购买商品、接受劳务支付的现金”项目，反映企业购买原物料、商品、接受劳务实际支付的现金，包括本期购入原物料、商品接受劳务支付的现金（包括增值税进项税额），以及本期支付前期购入原物料、商品接受劳务支付的现金（包括增值税进项税额）。本期发生的购货退回收到的现金应从本项目中减去。本项目应根据“现金、银行存款、应付账款、应付票据、主营业务成本、其他业务成本”等科目的记录，经分析后填列。

（5）“支付给职工及为职工支付的现金”项目，反映企业实际支付给职工及为职工支付的现金，包括职工工资、奖金、各种津贴和补贴等，以及为职工支付的其他费用。本项目应根据“应付职工薪酬、现金、银行存款”等科目的记录，经分析后填列。

注意：本项目不包括支付给离退休人员的各项费用和支付给在建工程人员的工资等。支付给离退休人员的各项费用（包括支付的统筹退休金及未参加统筹的离退休人员的费用），在“支付其他与经营活动有关的现金”项目中反映。支付给在建工程人员的工资，在“购建固定资产、无形资产和其他长期资产支付的现金”项目中反映。

企业为职工支付的养老、失业等社会保险基金、补充养老保险、住房公积金、住房困难补助，以及支付给职工或为职工支付的其他福利费用等，应按职工的性质和服务对象，分别在本项目或在“购建固定资产、无形资产和其他长期资产支付的现金”项目中反映。

（6）“支付的各项税费”项目，反映企业按规定支付的各项税费，包括本期发生并支付的，以及本期支付以前各期发生的税费和预交的税金，如支付的教育费附加、矿产资源补偿费、印花税、房产税、土地增值税、车船使用税等，不包括计入固定资产价值、实际支付的耕地占用税等，也不包括本期退回的增值税、所得税（在“收到的税费返还”项目中反映）。本项目应根据“应交税费、现金、银行存款、税金及附加、管理费用”等科目的记录，经分析后填列。

（7）“支付其他与经营活动有关的现金”项目，反映企业除上述各项目外，支付的其他与经营活动有关的现金流出，如罚款支出、差旅费、业务招待费、保险费等。本项目应根据“其他应收款、管理费用”等科目的记录，经分析后填列。

2．投资活动产生的现金流量

（1）“收回投资收到的现金”项目，反映企业出售、转让或到期收回的除现金等价物以外的短期投资、长期股权投资、长期债权投资的本金而收到的现金，不包括长期债权投资收回的利息，以及收回的非现金资产。本项目应根据“短期投资、长期股权投资、长期债权投资、现金、银行存款”等科目的记录，经分析后填列。

（2）“取得投资收益收到的现金”项目，反映企业因股权、债权投资而取得的现金股利、利息，以及从子公司、联营企业和合营企业分回利润收到的现金，不包括股票股利。本项目应根据“现金、银行存款、投资收益”等科目的记录，经分析后填列。

（3）“处置固定资产、无形资产和其他长期资产收回的现金净额”项目，反映企业处置固定资产、无形资产和其他长期资产取得的现金，减去为处置这些资产而支付的有关费用后的净额。由于自然灾害造成的固定资产等长期资产损失而收到的保险赔偿收入，也在本项目中反映。本项目应根据“固定资产清理、现金、银行存款”等科目的记录，经分析后填列。

（4）“处置子公司及其他营业单位收到的现金净额”项目，反映企业处置子公司或其他有投资的企业或单位取得的现金，减去为处置这些资产而支付的有关费用后的净额。本项目应根据“长期股权投资、现金、银行存款”等科目的记录，经分析后填列。

（5）“收到其他与投资活动有关的现金”项目，反映企业除上述各项目外，收到的其他与投资活动有关的现金流入。本项目应根据有关科目的记录，经分析后填列。

（6）“购建固定资产、无形资产和其他长期资产支付的现金”项目，反映企业购买、建造固定资产、无形资产和其他长期资产支付的现金。本项目应根据“固定资产、无形资产、在建工程、现金、银行存款”等科目的记录，经分析后填列。

注意：企业购建固定资产而发生的借款利息资本化部分，以及融资租入固定资产支付的租赁费等，不包括在本项目内，应该在“筹资活动产生的现金流量”项目中反映。

（7）“投资支付的现金”项目，反映企业进行权益性投资和债权性投资支付的现金，包括企业取得除现金等价物以外的短期股票投资、短期债券投资、长期股权投资、长期债权投资支付的现金、佣金、手续费等附加费用。本项目应根据“短期股票投资、短期债券投资、长期股权投资、长期债权投资、现金、银行存款”等科目的记录，经分析后填列。

注意：企业购买股票和债券时，实际支付的价款中包含的已宣告但尚未领取的现金股利或已到付息期但尚未领取的债券利息，应在投资活动的“支付其他与投资活动有关的现金”项目中反映；收回购买股票和债券时支付的已宣告但尚未领取的现金股利或已到付息期但尚未领取的债券利息，应在投资活动的“收到其他与投资活动有关的现金”项目中反映。

（8）“取得子公司及其他营业单位支付的现金净额”项目，反映企业投资子公司或其他企业支付的现金。本项目应根据“长期股权投资、现金、银行存款”等科目的记录，经分析后填列。

（9）“支付其他与投资活动有关的现金”项目，反映企业除上述各项目外，支付的其他与投资活动有关的现金流出。本项目应根据有关科目的记录，经分析后填列。

3. 筹资活动产生的现金流量

（1）“吸收投资收到的现金”项目，反映企业收到的投资者投入的现金，包括以发行股票、债券等方式筹集资金收到款项的净额（发行收入减去支付的佣金等发行费用后的净额）。本项目应根据“实收资本（或股本）、现金、银行存款”等科目的记录，经分析后填列。

注意：以发行股票、债券等方式筹集的资金而由企业直接支付的审计、咨询等费用，应在“支付其他与筹资活动有关的现金”项目中反映。

（2）“取得借款收到的现金”项目，反映企业举借的各种短期、长期借款收到的现金。本项目应根据“短期借款、长期借款、现金、银行存款”等科目的记录，经分析后填列。

（3）“收到其他与筹资活动有关的现金”项目，反映企业除上述各项目外，收到的其他与筹资活动有关的现金流入。本项目应根据有关科目的记录，经分析后填列。

（4）“偿还债务支付的现金”项目，反映企业以现金偿还债务的本金，包括偿还金融企业的借款本金、偿还债务本金等。本项目应根据“短期借款、长期借款、现金、银行存款”等科目的记录，经分析后填列。

注意：企业偿还的借款利息、债券利息，应在“分配股利、利润或偿付利息支付的现金”项目中反映。

（5）“分配股利、利润或偿付利息支付的现金”项目，反映企业实际支付的现金股利、支付给其他投资单位的利润及支付的借款利息、债券利息等。本项目应根据“应付股利、财务费用、长期借款、现金、银行存款”等科目的记录，经分析后填列。

（6）“支付其他与筹资活动有关的现金”项目，反映企业除上述各项目外，支付的其他与筹资活动有关的现金流出，如捐赠支出、融资租入固定资产支付的租赁费等。本项目应根据有关科目的记录，经分析后填列。

（7）“汇率变动对现金及现金等价物的影响”项目，是那些有外币现金流量及有境外子公司的企业需要填列的项目。它反映企业外币现金流量及境外子公司的现金流量在折算为人民币时，所采用的现金流量发生日的汇率或平均汇率折算的人民币金额与“现金及现金等价物净增加额”项目中外币现金净增加额按期末汇率折算的人民币金额之间的差额。

4．补充资料中“将净利润调节为经营活动现金流量”各项目的填列方法

（1）“净利润”项目，取自利润表中的“净利润”项目。

（2）“资产减值准备”项目，反映企业计提的各项资产的减值准备。本项目应根据“管理费用、投资收益、营业外支出”等科目的发生额，经分析后填列。

（3）“固定资产折旧”项目，反映企业本期累计提取的折旧。本项目应根据“累计折旧”的贷方发生额，经分析后填列。

（4）“无形资产摊销”和“长期待摊费用摊销”两个项目，分别反映企业本期累计摊入成本费用的无形资产价值及长期待摊费用。本项目应根据“无形资产、长期待摊费用”科目的贷方发生额，经分析后填列。

（5）“处置固定资产、无形资产和其他长期资产的损失”项目，反映企业本期处置固定资产、无形资产和其他长期资产发生的净损失。本项目应根据“营业外支出、营业外收入、其他业务支出、其他业务收入”科目所属的明细科目的记录，经分析后填列；如果为净收益，以“-”号填列。

（6）“固定资产报废损失”项目，反映企业本期固定资产盘亏（盘盈以“-”号填列）后的净损失。本项目应根据“营业外支出、营业外收入”所属的明细科目中，固定资产盘亏损失减去固定资产盘盈收益后的差额填列；如果为净收益，以“-”号填列。

（7）“公允价值变动损失”项目，反映企业本期公允价值变动净损失。本项目应根据利润表“公允价值变动收益”项目中的数据填列；如果为净收益，以“−”号填列。

（8）“财务费用”项目，反映企业本期发生的应属于投资活动或筹资活动的财务费用。本项目应根据“财务费用”科目本期借方发生额，经分析后填列；如果为收益，以“−”号填列。

（9）“投资损失”项目，反映企业本期投资发生的损失减去收益后的净损失。本项目应根据利润表“投资收益”项目中的数据填列；如果为净收益，以“−”号填列。

（10）“递延所得税资产减少”和“递延所得税负债增加”项目，反映企业本期递延税款的净增加或净减少。这两个项目应根据资产负债表“递延税款借项”和“递延税款贷项”项目的期初、期末余额的差额填列。当“递延税款借项”的期末数小于期初数的差额时，在“递延所得税资产减少”项目中以正数填列；反之，以负数填列。同理，当“递延税款贷项”的期末数大于期初数的差额时，在“递延所得税负债增加”项目中以正数填列；反之，以负数填列。

（11）“存货的减少”项目，反映企业本期存货的减少（增加以“−”号填列）。本项目应根据资产负债表“存货”项目的期末、期初余额的差额填列，期末数大于期初数时，其差额以“−”号填列。

（12）“经营性应收项目的减少”项目，反映企业本期经营性应收项目（包括应收账款、应收票据、其他应收款中与经营活动有关的部分，以及应收的增值税销项税额等）的减少（或增加）。

（13）“经营性应付项目的增加”项目，反映企业本期经营性应付项目（包括应付账款、应付票据、应付福利费、应交税费、其他应付款中与经营活动有关的部分，以及应付的增值税进项税额等）的增加（或减少）。

5. 补充资料中“不涉及现金收支的重大投资和筹资活动”各项目的填列方法

“不涉及现金收支的重大投资和筹资活动”项目，反映企业一定期间内影响资产或负债，但不影响该期现金收支的所有投资和筹资活动的信息。“不涉及现金收支的重大投资和筹资活动”各项目的具体内容如下:

（1）“债务转为资本”项目，反映企业本期转为资本的债务金额。

（2）“一年内到期的可转换公司债券”项目，反映企业一年内到期的可转换公司债券的本息。

（3）“融资租入固定资产”项目，反映企业本期融资租入固定资产记入“长期应付款”科目的金额。

总之，通过上述第 4、5 两项关于现金流量表补充资料项目的填列，最终实现了表 8.4 中的“现金及现金等价物净增加额”与表 8.3 中的“五、现金及现金等价物净增加额”的金额相等。至此，整个现金流量表编制完成。

通过现金流量表编制方法的介绍可以看出，现金流量表各个项目的数据不是简单地从科目明细账发生总额或本期余额中就能获得的，而是需要对会计记录进行分析才能确认记入哪个项目。比如，企业收到一笔银行存款 3000 元。如果收到的是货款，则经分析后应该记入“销售商品、提供劳务收到的现金”项目；如果这笔银行存款是出售短期投资后的回款，则经分析后应该记入“收回投资收到的现金”项目。也就是说，现金本身并没有“经营活动”“投资活动”“筹资活动”的区别，只有依据具体的经济业务内容，才能对不同来源的现金进行分类，这就是为什么现金流量表所有项目都需要“经分析后填列”的原因。

注意：现金流量表主表中的项目是分析各笔记录、确认与现金相关后才填列的；而现金流量表补充资料由于要将利润表调整为收付实现制，剔除的是与现金有关的项目，所以其项目是经分析与现金无关后才填列的。

8.5　所有者权益变动表

在新颁布的《企业会计准则第 30 号——财务报表列报》中，所有者权益变动表成为主要财务报表之一（以前只说利润表、资产负债表和现金流量表），其原因是，所有者权益变动表本身就是联系资产负债表和利润表的纽带，是对投资者的尊重和充分关注。

所有者权益变动表解释在某一特定时间内，股东权益如何因企业经营的盈亏及现金股利的发放而发生的变化。它是说明管理阶层是否公平对待股东的最重要的信息。

8.5.1　所有者权益变动表基本知识

所有者权益（或股东权益）变动表是反映企业在一定会计期间内所有者权益构成及增减变化情况的报表。

1．所有者权益变动表的作用

（1）通过所有者权益变动表，可以清楚地了解企业当期损益、直接计入所有者权益的利得和损失。

（2）通过所有者权益变动表，可以一目了然地看到所有者权益各组成部分增减变动的结构性变化情况。

（3）通过所有者权益变动表，可以直观地了解企业利润的分配情况。

（4）通过所有者权益变动表，可以揭示企业使用留存收益和公积金的情况。

2. 所有者权益变动表的格式

所有者权益变动表采用“棋盘式”格式，横向按所有者权益构成项目划分为实收资本（或股本）、资本公积、盈余公积、未分配利润，而且包括“本期金额”和“上期金额”两栏。纵向反映的是上年年末余额、本年年初余额、本年增减变动金额、本年年末余额等。

8.5.2 所有者权益变动表的结构

所有者权益变动表包括表首、正表两部分：表首说明编制单位、编制日期、货币名称、计量单位等；正表是所有者权益变动表的主体，具体说明所有者权益增减变动的各项内容。所有者权益变动表的结构，如表 8.5 所示。

表 8.5 所有者权益变动表的结构

编制单位： 年 月 单位：元

项目	本年金额					上年金额				
	实收资本（或股本）	资本公积	盈余公积	未分配利润	所有者权益合计	实收资本（或股本）	资本公积	盈余公积	未分配利润	所有者权益合计
一、上年年末余额										
加：会计政策变更										
前期差错更正										
二、本年年初余额										
三、本年增减变动金额（减少以“-”号填列）										
（一）净利润										
（二）直接计入所有者权益的利得和损失										
1．可供出售金融资产公允价值变动净额										

续表

项目	本年金额					上年金额				
	实收资本（或股本）	资本公积	盈余公积	未分配利润	所有者权益合计	实收资本（或股本）	资本公积	盈余公积	未分配利润	所有者权益合计
2．权益法下被投资单位其他所有者权益变动的影响										
3．与计入所有者权益项目相关的所得税影响										
4．其他										
上述（一）和（二）小计										
（三）所有者投入和减少资本										
1．所有者投入资本										
2．股份支付计入所有者权益的金额										
3．其他										
（四）利润分配										
1．提取盈余公积										
2．对所有者（或股东）的分配										
3．其他										
（五）所有者权益内部结转										
1. 资本公积转增资本（或股本）										
2. 盈余公积转增资本（或股本）										
3．盈余公积弥补亏损										
4．其他										
四、本年年末余额										

从表 8.5 中可以看出，所有者权益变动表主要反映企业当期直接计入所有者权益的利得和损失、所有者投入和减少资本，以及利润分配导致的所有者权益发生内部结转等情况，补充了对某些绕过利润表而直接计入所有者权益的利得和损失

项目的披露。

8.5.3 所有者权益变动表的编制

所有者权益变动表各项目应当根据当期净利润、直接计入所有者权益的利得和损失、所有者投入资本和提取盈余公积、向所有者分配利润等情况分析填列。下面我们来介绍所有权益变动表的具体编制方法。

1. “上年金额”栏的编制方法

“上年金额”栏涉及上年的“实收资本（或股本）、资本公积、盈余公积、未分配利润”四个项目，均取自上一年度所有者权益变动表的期末数。

2. “本年金额”栏的编制方法

“本年金额”栏涉及本年的“实收资本（或股本）、资本公积、盈余公积、未分配利润”四个项目，应根据“实收资本（或股本）、资本公积、盈余公积、利润分配”科目的发生额，经分析后填列，具体方法为:

（1）“上年年末余额”行的“实收资本（或股本）、资本公积、盈余公积、未分配利润”项目，来自上一年所有者权益变动表的期末数。

（2）“会计政策变更”和“前期差错更正”行的“实收资本（或股本）、资本公积、盈余公积、未分配利润”项目，其中“实收资本（或股本）”项目一般不会变化，另外三个项目通常根据“资本公积、盈余公积、未分配利润”三个科目的上期期末发生额，经分析后填列。

（3）“本年增减变动金额——净利润”行的填列。当本年净利润增加时，相应数据填入“未分配利润”项目（净亏损时以“–”号填列），同时按加减逻辑关系增减“所有者权益合计”项目。

（4）“本年增减变动金额——直接计入所有者权益的利得和损失”行，按其下属的三项明细填列。该行一般只改变“资本公积”项目，并同时按加减逻辑关系增减“所有者权益合计”项目。

（5）“提取盈余公积”行，表示增加盈余公积，减少未分配利润，但不影响所有者权益合计。

（6）“对所有者（或股东）的分配”行，表示减少未分配利润，同时调整所有者权益合计。

（7）“资本公积转增资本（或股本）”行，表示减少资本公积，同时增加实收资本，但不影响所有者权益合计。

（8）“盈余公积转增资本（或股本）”行，表示增加实收资本或资本公积，同时减少盈余公积，但不影响所有者权益合计。

（9）“盈余公积弥补亏损”行，表示减少盈余公积，同时增加未分配利润，但不影响所有者权益合计。

（10）“本年年末余额”行，是将上述各项目数据累计下来的结果。

8.6　财务报表附注

财务报表附注是财务报表的重要组成部分，是对财务报表本身无法或难以充分表达的内容和项目所做的补充说明和详细解释。

之所以要编制财务报表附注，首先是因为它拓展了企业财务信息的内容，打破了四张主要报表内容必须符合会计要素的定义，又必须同时满足相关性和可靠性的限制；其次，它突破了揭示项目必须用货币加以计量的局限性；再次，它充分满足了企业财务会计报告是为其使用者提供有助于经济决策的信息的要求，增进了会计信息的可理解性；最后，它能够提高会计信息的可比性。

通过揭示会计政策的变更原因及事后的影响，可以使不同行业或同一行业不同企业的会计信息的差异更具可比性，从而便于报表使用者进行对比分析。

作为报表使用者，必须全面了解企业的信息，时刻关注企业的动向。想了解主要财务报表不能提供的信息，可以通过会计部门编制的财务报表附注来实现。

8.6.1　财务报表附注基本知识

财务报表附注是对资产负债表、利润表、现金流量表和所有者权益变动表等报表中列示项目的文字性描述或明细资料说明，以及对未能在这些报表中列示项目的说明等。为了方便报表使用者理解财务报表的内容，财务报表附注对财务报表的编制基础、编制依据、编制原则和方法及主要项目等进行了解释。

1．财务报表附注的作用

财务报表附注作为对财务报表的补充说明，其作用主要体现在：

（1）财务报表附注有助于报表使用者更好地阅读财务报表，为报表使用者提供充分、翔实的企业财务信息。

（2）财务报表附注不仅可以披露会计信息，还可以披露与企业会计信息密切相关的非会计信息，如企业所处的行业、主要业务范围等。

（3）财务报表附注能够帮助报表使用者对企业做出适当的分析。比如财务报表附注中对一些重要事项的说明，能够帮助报表使用者分析企业过去、预测将来，弥补了财务报表只能反映过去的、“既成事实”的缺点。

（4）财务报表附注的披露方式较为灵活，受既定会计原则限制较少，因此，其披露的信息远比财务报表披露的信息范围要广泛。

2. 财务报表附注的编制形式

财务报表附注的编制形式灵活多样，常见的有以下几种:

（1）尾注说明方式。这是财务报表附注的主要编制形式，即在报表之外单独成段、成文，详细说明企业所有财务信息细节，一般适用于说明内容较多的企业。表8.4 其实就是一个简化了的标准格式的财务报表附注（正常情况下，它不以表格的形式反映。我们为了后面介绍方便，加入了“行次”和边框）。

（2）括号说明方式。这种方式常用于为财务报表主体内容提供补充信息。因为它把对应的补充信息直接纳入财务报表主体，所以比起其他形式来，显得更加直观，不易被人忽视；但是这种方式为了使财务报表不过于累赘，其内容一般比较简单，不能充分说明所有细节。

（3）备抵与附加账户方式。它是一种设立备抵与附加账户、在财务报表之后单独列示的方式，以便为报表使用者提供更多有意义的信息。这种方式目前主要用于对坏账准备等账户的解释说明。

（4）脚注说明方式。它是在财务报表下端进行的说明。很多企业在说明“汇票”项目时，会用脚注说明的方式来表明已贴现的商业承兑汇票有多少；在列示 “固定资产”项目时，也会用脚注说明的方式表明已包括在固定资产原值内的融资租入的固定资产原值有多少，以便使报表使用者全面理解企业固定资产的内涵等。这些内容本身不是财务报表主表要求说明的，它们属于财务报表附注性质的财务信息披露。

（5）补充说明方式。有些无法列入财务报表主体中的具体数据、分析资料等，可用单独的补充表进行说明。比如，可利用补充表的形式来揭示关联方关系和交易等内容。

形式是为内容服务的，财务报表附注无论采用什么编制形式，其目的都是为了给报表使用者提供更加具体和充分的财务信息，便于报表使用者了解企业财务信息。

8.6.2 财务报表附注的内容

作为对在资产负债表、利润表、现金流量表和所有者权益变动表等报表中列示项目的文字描述或明细资料，按照新颁布的《企业会计准则第 30 号——财务

报表列报》应用指南的规定，一般企业财务报表附注主要包括下列内容:

（1）企业的基本情况。

（2）财务报表的编制基础，如会计年度、记账本位币、会计计量基础等。

（3）遵循《企业会计准则》的说明。

（4）重要会计政策和会计估计。

（5）会计政策和会计估计变更及差错更正的说明。

（6）报表重要项目的说明。

（7）其他重要说明的事项，如或有事项等。

（8）资产负债表日后事项。

（9）关联方关系及其交易的说明。

（10）重要资产转让及其出售的说明。

（11）企业合并、分立等重组事项的说明。

（12）合并财务报表的编制方法。

（13）财务报表项目注释和母公司主要财务报表项目注释。

（14）非货币性交易和债务重组的说明。

（15）财务报表的批准。

从应用指南规定的内容可以看出，财务报表附注包含的内容非常丰富。它改变了过去单一数字式财务报表的概念，使财务报表对企业整个经营状态和财务状态的披露更加充分、详细。

附录A
常用会计科目表

顺序号	编码	会计科目名称	顺序号	编码	会计科目名称
一、资产类			33	1502	累计折旧
1	1001	库存现金	34	1505	固定资产减值准备
2	1002	银行存款	35	1601	工程物资
3	1009	其他货币资金	36	1603	在建工程
4	1101	短期借款	37	1605	在建工程减值准备
5	1102	短期投资跌价准备	38	1701	固定资产清理
6	1111	应收票据	39	1801	无形资产
7	1121	应收股利	40	1805	无形资产减值准备
8	1122	应收利息	41	1815	未确认融资费用
9	1131	应收账款	42	1901	长期待摊费用
10	1133	其他应收款	43	1911	待处理财产损益
11	1141	坏账准备	二、负债类		
12	1151	预付账款	44	2101	短期借款
13	1161	应收补贴款	45	2111	应付票据
14	1201	物资采购	46	2121	应付账款
15	1211	原材料	47	2131	预收账款
16	1221	包装物	48	2141	代销商品款
17	1231	低值易耗品	49	2151	应付职工薪酬
18	1232	材料成本差异	50	2153	合同负债
19	1241	自制半成品	51	2161	应付股利
20	1243	库存商品	52	2171	应交税费
21	1244	商品进销差价	53	2231	应付利息
22	1251	委托加工物资	54	2181	其他应付款
23	1261	委托代销商品	55	2401	递延收益
24	1271	受托代销商品	56	2245	持有待售负债
25	1281	存货跌价准备	57	2211	预计负债
26	1291	分期收款发出商品	58	2301	长期借款
27	1165	合同资产	59	2311	应付债券
28	1401	长期股权投资	60	2321	长期应付款
29	1505	债权投资	61	2331	专项应付款
30	1421	长期投资减值准备	62	2901	递延所得税负债
31	1431	委托贷款	三、所有者权益类		
32	1501	固定资产	63	4001	实收资本（或股本）

续表

64	4002	资本公积	74	6111	投资收益
65	4003	其他综合收益	75	6115	资产处置损益
66	4101	盈余公积	76	6301	营业外收入
67	4103	本年利润	77	6401	主营业务成本
68	4104	利润分配	78	6403	税金及附加
四、成本类			79	6402	其他业务成本
69	5001	生产成本	80	6601	销售费用
70	5101	制造费用	81	6602	管理费用
71	5201	劳务成本	82	6603	财务费用
五、损益类			83	6711	营业外支出
72	6001	主营业务收入	84	6801	所得税费用
73	6051	其他业务收入	85	6901	以前年度损益调整

附录 B
会计基础工作规范

第一章　总则

第一条　为了加强会计基础工作，建立规范的会计工作秩序，提高会计工作水平，根据《中华人民共和国会计法》的有关规定，制定本规范。

第二条　国家机关、社会团体、企业、事业单位、个体工商户和其他组织的会计基础工作，应当符合本规范的规定。

第三条　各单位应当依据有关法规、法规和本规范的规定，加强会计基础工作，严格执行会计法规制度，保证会计工作依法有序地进行。

第四条　单位领导人对本单位的会计基础工作负有领导责任。

第五条　各省、自治区、直辖市财政厅（局）要加强对会计基础工作的管理和指导，通过政策引导、经验交流、监督检查等措施，促进基层单位加强会计基础工作，不断提高会计工作水平。

国务院各业务主管部门根据职责权限管理本部门的会计基础工作。

第二章　会计机构和会计人员

第一节　会计机构设置和会计人员配备

第六条 各单位应当根据会计业务的需要设置会计机构；不具备单独设置会计机构条件的，应当在有关机构中配备专职会计人员。

事业行政单位会计机构的设置和会计人员的配备，应当符合国家统一事业行政单位会计制度的规定。

设置会计机构，应当配备会计机构负责人；在有关机构中配备专职会计人员，应当在专职会计人员中指定会计主管人员。

会计机构负责人、会计主管人员的任免，应当符合《中华人民共和国会计法》和有关法律的规定。

第七条 会计机构负责人、会计主管人员应当具备下列基本条件:

（一）坚持原则，廉洁奉公;

（二）具备会计师以上专业技术职务资格或者从事会计工作不少于三年;

（三）熟悉国家财经法律、法规、规章和方针、政策，掌握本行业业务管理的有关知识;

（四）有较强的组织能力;

（五）身体状况能够适应本职工作的要求。

第八条　没有设置会计机构或者配备会计人员的单位，应当根据《代理记账管理办法》的规定，委托会计师事务所或者持有代理记账许可证书的代理记账机构进行代理记账。

第九条　大、中型企业、事业单位、业务主管部门应当根据法律和国家有关规定设置总会计师。总会计师由具有会计师以上专业技术资格的人员担任。

总会计师行使《总会计师条例》规定的职责、权限。

总会计师的任命（聘任）、免职（解聘）依照《总会计师条例》和有关法律的规定办理。

第十条　各单位应当根据会计业务需要配备会计人员，督促其遵守职业道德和国家统一的会计制度。

第十一条　各单位应当根据会计业务需要设置会计工作岗位。

会计工作岗位一般可分为：会计机构负责人或者会计主管人员，出纳，财产物资核算，工资核算，成本费用核算，财务成果核算，资金核算，往来结算，总账报表，稽核，档案管理等。开展会计电算化和管理会计的单位，可以根据需要设置相应工作岗位，也可以与其他工作岗位相结合。

第十二条　会计工作岗位，可以一人一岗、一人多岗或者一岗多人。但出纳人员不得兼管稽核、会计档案保管和收入、费用、债权债务账目的登记工作。

第十三条　会计人员的工作岗位应当有计划地进行轮换。

第十四条　会计人员应当具备必要的专业知识和专业技能，熟悉国家有关法律、法规、规章和国家统一会计制度，遵守职业道德。

会计人员应当按照国家有关规定参加会计业务的培训。各单位应当合理安排会计人员的培训，保证会计人员每年有一定时间用于学习和参加培训。

第十五条　各单位领导人应当支持会计机构、会计人员依法行使职权；对忠于职守，坚持原则，做出显著成绩的会计机构、会计人员，应当给予精神的和物质的奖励。

第十六条　国家机关、国有企业、事业单位任用会计人员应当实行回避制度。

单位领导人的直系亲属不得担任本单位的会计机构负责人、会计主管人员。会计机构负责人、会计主管人员的直系亲属不得在本单位会计机构中担任出纳工作。

需要回避的直系亲属为：夫妻关系、直系血亲关系、三代以内旁系血亲以及配偶亲关系。

第二节　会计人员职业道德

第十七条　会计人员在会计工作中应当遵守职业道德，树立良好的职业品质、严谨的工作作风，严守工作纪律，努力提高工作效率和工作质量。

第十八条　会计人员应当热爱本职工作，努力钻研业务，使自己的知识和技能适应所从事工作的要求。

第十九条　会计人员应当熟悉财经法律、法规、规章和国家统一会计制度，并结合会计工作进行广泛宣传。

第二十条　会计人员应当按照会计法规、法规和国家统一会计制度规定的程序和要求进行会计工作，保证所提供的会计信息合法、真实、准确、及时、完整。

第二十一条　会计人员办理会计事务应当实事求是、客观公正。

第二十二条　会计人员应当熟悉本单位的生产经营和业务管理情况，运用掌握的会计信息和会计方法，为改善单位内部管理、提高经济效益服务。

第二十三条　会计人员应当保守本单位的商业秘密。除法律规定和单位领导人同意外，不能私自向外界提供或者泄露单位的会计信息。

第二十四条　财政部门、业务主管部门和各单位应当定期检查会计人员遵守职业道德的情况，并作为会计人员晋升、晋级、聘任专业职务、表彰奖励的重要考核依据。

会计人员违反职业道德的，由所在单位进行处理。

第三节　会计工作交接

第二十五条　会计人员工作调动或者因故离职，必须将本人所经管的会计工作全部移交给接替人员。没有办清交接手续的，不得调动或者离职。

第二十六条　接替人员应当认真接管移交工作，并继续办理移交的未了事项。

第二十七条　会计人员办理移交手续前，必须及时做好以下工作：

（一）已经受理的经济业务尚未填制会计凭证的，应当填制完毕。

（二）尚未登记的账目，应当登记完毕，并在最后一笔余额后加盖经办人员印章。

（三）整理应该移交的各项资料，对未了事项写出书面材料。

（四）编制移交清册，列明应当移交的会计凭证、会计账簿、会计报表、印章、现金、有价证券、支票簿、发票、文件、其他会计资料和物品等内容；实行会计电算化的单位，从事该项工作的移交人员还应当在移交清册中列明会计软件及密码、会计软件数据磁盘（磁带等）及有关资料、实物等内容。

第二十八条　会计人员办理交接手续，必须有监交人负责监交。一般会计人员交接，由单位会计机构负责人、会计主管人员负责监交；会计机构负责人、会计主管人员交接，由单位领导人负责监交，必要时可由上级主管部门派人会同监交。

第二十九条　移交人员在办理移交时，要按移交清册逐项移交；接替人员要逐项核对点收。

（一）现金、有价证券要根据会计账簿有关记录进行点交。库存现金、有价证券必须与会计账簿记录保持一致。不一致时，移交人员必须限期查清。

（二）会计凭证、会计账簿、会计报表和其他会计资料必须完整无缺。如有短缺，必须查清原因，并在移交清册中注明，由移交人员负责。

（三）银行存款账户余额要与银行对账单核对，如不一致，应当编制银行存款余额调节表调节相符，各种财产物资和债权债务的明细账户余额要与总账有关账户余额核对相符；必要时，要抽查个别账户的余额，与实物核对相符，或者与往来单位、个人核对清楚。

（四）移交人员经管的票据、印章和其他实物等，必须交接清楚；移交人员从事会计电算化工作的，要对有关电子数据在实际操作状态下进行交接。

第三十条　会计机构负责人、会计主管人员移交时，还必须将全部财务会计工作、重大财务收支和会计人员的情况等，向接替人员详细介绍。对需要移交的遗留问题，应当写出书面材料。

第三十一条　交接完毕后，交接双方和监交人员要在移交注册上签名或者盖章。并应在移交注册上注明：单位名称，交接日期，交接双方和监交人员的职务、姓名，移交清册页数以及需要说明的问题和意见等。

移交清册一般应当填制一式三份，交接双方各执一份，存档一份。

第三十二条　接替人员应当继续使用移交的会计账簿，不得自行另立新账，以保持会计记录的连续性。

第三十三条　会计人员临时离职或者因病不能工作且需要接替或者代理的，会计机构负责人、会计主管人员或者单位领导人必须指定有关人员接替或者代理，并办理交接手续。

临时离职或者因病不能工作的会计人员恢复工作的，应当与接替或者代理人员办理交接手续。

移交人员因病或者其他特殊原因不能亲自办理移交的，经单位领导人批准，可由移交人员委托他人代办移交，但委托人应当承担本规范第三十五条规定的责任。

第三十四条 单位撤销时，必须留有必要的会计人员，会同有关人员办理清理工作，编制决算。未移交前，不得离职。接收单位和移交日期由主管部门确定。

单位合并、分立的，其会计工作交接手续比照上述有关规定办理。

第三十五条 移交人员对所移交的会计凭证、会计账簿、会计报表和其他有关资料的合法性、真实性承担法律责任。

第三章 会计核算

第一节 会计核算一般要求

第三十六条 各单位应当按照《中华人民共和国会计法》和国家统一会计制度的规定建立会计账册，进行会计核算，及时提供合法、真实、准确、完整的会计信息。

第三十七条 各单位发生的下列事项，应当及时办理会计手续、进行会计核算：

（一）款项和有价证券的收付；

（二）财物的收发、增减和使用；

（三）债权债务的发生和结算；

（四）资本、基金的增减；

（五）收入、支出、费用、成本的计算；

（六）财务成果的计算和处理；

（七）其他需要办理会计手续、进行会计核算的事项。

第三十八条 各单位的会计核算应当以实际发生的经济业务为依据，按照规定的会计处理方法进行，保证会计指标的口径一致、相互可比和会计处理方法的前后各期相一致。

第三十九条 会计年度自公历 1 月 1 日起至 12 月 31 日止。

第四十条 会计核算以人民币为记账本位币。

收支业务以外国货币为主的单位，也可以选定某种外国货币作为记账本位币，但是编制的会计报表应当折算为人民币反映。

境外单位向国内有关部门编报的会计报表，应当折算为人民币反映。

第四十一条 各单位根据国家统一会计制度的要求，在不影响会计核算要求、会计报表指标汇总和对外统一会计报表的前提下，可以根据实际情况自行设置和使用会计科目。

事业行政单位会计科目的设置和使用，应当符合国家统一事业行政单位会计制度的规定。

第四十二条　会计凭证、会计账簿、会计报表和其他会计资料的内容和要求必须符合国家统一会计制度的规定，不得伪造、变造会计凭证和会计账簿，不得设置账外账，不得报送虚假会计报表。

第四十三条　各单位对外报送的会计报表格式由财政部统一规定。

第四十四条　实行会计电算化的单位，对使用的会计软件及其生成的会计凭证、会计账簿、会计报表和其他会计资料的要求，应当符合财政部关于会计电算化的有关规定。

第四十五条　各单位的会计凭证、会计账簿、会计报表和其他会计资料，应当建立档案，妥善保管。会计档案建档要求、保管期限、销毁办法等依据《会计档案管理办法》的规定进行。

实行会计电算化的单位，有关电子数据、会计软件资料等应当作为会计档案进行管理。

第四十六条　会计记录的文字应当使用中文，少数民族自治地区可以同时使用少数民族文字。中国境内的外商投资企业、外国企业和其他外国经济组织也可以同时使用某种外国文字。

第二节　填制会计凭证

第四十七条　各单位办理本规范第三十七条规定的事项，必须取得或者填制原始凭证，并及时送交会计机构。

第四十八条　原始凭证的基本要求是:

（一）原始凭证的内容必须具备：凭证的名称；填制凭证的日期；填制凭证单位名称或者填制人姓名；经办人员的签名或者盖章；接受凭证单位名称；经济业务内容；数量、单价和金额。

（二）从外单位取得的原始凭证，必须盖有填制单位的公章；从个人取得的原始凭证，必须有填制人员的签名或者盖章。自制原始凭证必须有经办单位领导人或者其指定的人员签名或者盖章。对外开出的原始凭证，必须加盖本单位公章。

（三）凡填有大写和小写金额的原始凭证，大写与小写金额必须相符。购买实物的原始凭证，必须有验收证明。支付款项的原始凭证，必须有收款单位和收款人的收款证明。

（四）一式几联的原始凭证，应当注明各联的用途，只能以一联作为报销凭证。

一式几联的发票和收据，必须用双面复写纸（发票和收据本身具备复写纸功能的除外）套写，并连续编号。作废时应当加盖“作废”戳记，连同存根一起保存，不得撕毁。

（五）发生销货退回的，除填制退货发票外，还必须有退货验收证明；退款时，必须取得对方的收款收据或者汇款银行的凭证，不得以退货发票代替收据。

（六）职工公出借款凭据，必须附在记账凭证之后。收回借款时，应当另开收据或者退还借据副本，不得退还原借款收据。

（七）经上级有关部门批准的经济业务，应当将批准文件作为原始凭证附件。如果批准文件需要单独归档的，应当在凭证上注明批准机关名称、日期和文件字号。

第四十九条　原始凭证不得涂改、挖补。发现原始凭证有错误的，应当由开出单位重开或者更正，更正处应当加盖开出单位的公章。

第五十条　会计机构、会计人员要根据审核无误的原始凭证填制记账凭证。

记账凭证可以分为收款凭证、付款凭证和转账凭证，也可以使用通用记账凭证。

第五十一条　记账凭证的基本要求是：

（一）记账凭证的内容必须具备：填制凭证的日期；凭证编号；经济业务摘要；会计科目；金额；所附原始凭证张数；填制凭证人员、稽核人员、记账人员、会计机构负责人、会计主管人员签名或者盖章。收款和付款记账凭证还应当由出纳人员签名或者盖章。

以自制的原始凭证或者原始凭证汇总表代替记账凭证的，也必须具备记账凭证应有的项目。

（二）填制记账凭证时，应当对记账凭证进行连续编号。一笔经济业务需要填制两张以上记账凭证的，可以采用分数编号法编号。

（三）记账凭证可以根据每一张原始凭证填制，或者根据若干张同类原始凭证汇总填制，也可以根据原始凭证汇总表填制。但不得将不同内容和类别的原始凭证汇总填制在一张记账凭证上。

（四）除结账和更正错误的记账凭证可以不附原始凭证外，其他记账凭证必须附有原始凭证。如果一张原始凭证涉及几张记账凭证，可以把原始凭证附在一张主要的记账凭证后面，并在其他记账凭证上注明附有该原始凭证的记账凭证的编号或者附原始凭证复印机。

一张复始凭证所列支出需要几个单位共同负担的，应当将其他单位负担的部分，开给对方原始凭证分割单，进行结算。原始凭证分割单必须具备原始凭证的基本内容：凭证名称、填制凭证日期、填制凭证单位名称或者填制人姓名、经办人的签名或者盖章、接受凭证单位名称、经济业务内容、数量、单价、金额和费用分摊情况等。

（五）如果在填制记账凭证时发生错误，应当重新填制。

已经登记入账的记账凭证，在当年内发现填写错误时，可以用红字填写一张与原内容相同的记账凭证，在摘要栏注明“注销某月某日某号凭证”字样，同时再用蓝字重新填制一张正确的记账凭证，注明“订正某月某日某号凭证”字样。如果会计科目没有错误，只是金额错误，也可以将正确数字与错误数字之间的差额，另编一张调整的记账凭证，调增金额用蓝字，调减金额用红字。发现以前年度记账凭证有错误的，应当用蓝字填制一张更正的记账凭证。

（六）记账凭证填制完经济业务事项后，如有空行，应当自金额栏最后一笔金额数字下的空行处至合计数上的空行处划线注销。

第五十二条　填制会计凭证，字迹必须清晰、工整，并符合下列要求：

（一）阿拉伯数字应当一个一个地写，不得连笔写。阿拉伯金额数字前面应当书写货币币种符号或者货币名称简写和币种符号。币种符号与阿拉伯金额数字之间不得留有空白。凡阿拉伯数字前写有币种符号的，数字后面不再写货币单位。

（二）所有以元为单位（其他货币种类为货币基本单位，下同）的阿拉伯数字，除表示单价等情况外，一律填写到角分；无角分的，角位和分位可写“00”，或者符号“—”；有角无分的，分位应当写“0”，不得用符号“—”代替。

（三）汉字大写数字金额如零、壹、贰、叁、肆、伍、陆、柒、捌、玖、拾、佰、仟、万、亿等，一律用正楷或者行书体书写，不得用〇、一、二、三、四、五、六、七、八、九、十等简化字代替，不得任意自造简化字。大写金额数字到元或者角为止的，在“元”或者“角”字之后应当写“整”或者“正”字；大写金额数字有分的，分字后面不写“整”或者“正”字。

（四）大写金额数字前未印有货币名称的，应当加填货币名称，货币名称与金额数字之间不得留有空白。

（五）阿拉伯金额数字中间有“0”时，汉字大写金额要写“零”字；阿拉伯数字金额中间连续有几个“0”时，汉字大写金额中可以只写一个“零”字；阿拉伯金额数字元位是“0”，或者数字中间连续有几个“0”、元位也是“0”但角位不是“0”时，汉字大写金额可以只写一个“零”字，也可以不写“零”字。

第五十三条　实行会计电算化的单位，对于机制记账凭证，要认真审核，做到会计科目使用正确，数字准确无误。打印出的机制记账凭证要加盖制单人员、审核人员、记账人员及会计机构负责人、会计主管人员印章或者签字。

第五十四条　各单位会计凭证的传递程序应当科学、合理，具体办法由各单位根据会计业务需要自行规定。

第五十五条　会计机构、会计人员要妥善保管会计凭证。

（一）会计凭证应当及时传递，不得积压。

（二）会计凭证登记完毕后，应当按照分类和编号顺序保管，不得散乱丢失。

（三）记账凭证应当连同所附的原始凭证或者原始凭证汇总表，按照编号顺序，折叠整齐，按期装订成册，并加具封面，注明单位名称、年度、月份和起讫日期、凭证种类、起讫号码，由装订人在装订线封签外签名或者盖章。

对于数量过多的原始凭证，可以单独装订保管，在封面上注明记账凭证日期、编号、种类，同时在记账凭证上注明“附件另订”和原始凭证名称及编号。

各种经济合同、存出保证金收据以及涉外文件等重要原始凭证，应当另编目录，单独登记保管，并在有关的记账凭证和原始凭证上相互注明日期和编号。

（四）原始凭证不得外借，其他单位如因特殊原因需要使用原始凭证时，经本单位会计机构负责人、会计主管人员批准，可以复制。向外单位提供的原始凭证复制件，应当在专设的登记簿上登记，并由提供人员和收取人员共同签名或者盖章。

（五）从外单位取得的原始凭证如有遗失，应当取得原开出单位盖有公章的证明，并注明原来凭证的号码、金额和内容等，由经办单位会计机构负责人、会计主管人员和单位领导人批准后，才能代作原始凭证。如果确实无法取得证明的，如火车、轮船、飞机票等凭证，由当事人写出详细情况，由经办单位会计机构负责人、会计主管人员和单位领导人批准后，代作原始凭证。

第三节　登记会计账簿

第五十六条　各单位应当按照国家统一会计制度的规定和会计业务的需要设置会计账簿。会计账簿包括总账、明细账、日记账和其他辅助性账簿。

第五十七条　现金日记账和银行存款日记账必须采用订本式账簿。不得用银行对账单或者其他方法代替日记账。

第五十八条　实行会计电算化的单位，用计算机打印的会计账簿必须连续编号，经审核无误后装订成册，并由记账人员和会计机构负责人、会计主管人员签字或者盖章。

第五十九条　启用会计账簿时，应当在账簿封面上写明单位名称和账簿名称。在账簿扉页上应当附启用表，内容包括：启用日期、账簿页数、记账人员和会计机构负责人、会计主管人员姓名，并加盖名章和单位公章。记账人员或者会计机构负责人、会计主管人员调动工作时，应当注明交接日期、接办人员或者监交人员姓名，并由交接双方人员签名或者盖章。

启用订本式账簿，应当从第一页到最后一页顺序编定页数，不得跳页、缺号。使用活页式账页，应当按账户顺序编号，并须定期装订成册。装订后再按实际使用的账页顺序编定页码。另加目录，记明每个账户的名称和页次。

第六十条 会计人员应当根据审核无误的会计凭证登记会计账簿。登记账簿的基本要求是:

（一）登记会计账簿时，应当将会计凭证日期、编号、业务内容摘要、金额和其他有关资料逐项记入账内，做到数字准确、摘要清楚、登记及时、字迹工整。

（二）登记完毕后，要在记账凭证上签名或者盖章，并注明已经登账的符号，表示已经记账。

（三）账簿中书写的文字和数字上面要留有适当空格，不要写满格；一般应占格距的二分之一。

（四）登记账簿要用蓝黑墨水或者碳素墨水书写，不得使用圆珠笔（银行的复写账簿除外）或者铅笔书写。

（五）下列情况，可以用红色墨水记账:

1. 按照红字冲账的记账凭证，冲销错误记录;

2. 在不设借贷等栏的多栏式账页中，登记减少数;

3. 在三栏式账户的余额栏前，如未印明余额方向的，在余额栏内登记负数余额;

4. 根据国家统一会计制度的规定可以用红字登记的其他会计记录。

（六）各种账簿按页次顺序连续登记，不得跳行、隔页。如果发生跳行、隔页，应当将空行、空页划线注销，或者注明“此行空白”、“此页空白”字样，并由记账人员签名或者盖章。

（七）凡需要结出余额的账户，结出余额后，应当在“借或贷”等栏内写明“借”或者“贷”等字样。没有余额的账户，应当在“借或贷”等栏内写“平”字，并在余额栏内用“Q”表示。

现金日记账和银行存款日记账必须逐日结出余额。

（八）每一账页登记完毕结转下页时，应当结出本页合计数及余额，写在本页最后一行和下页第一行有关栏内，并在摘要栏内注明“过次页”和“承前页”字样；也可以将本页合计数及金额只写在下页第一行有关栏内，并在摘要栏内注明“承前页”字样。

对需要结计本月发生额的账户，结计“过次页”的本页合计数应当为自本月初起至本页末止的发生额合计数；对需要结计本年累计发生额的账户，结计“过次页”的本页合计数应当为自年初起至本页末止的累计数；对既不需要结计本月发生额也不需要结计本年累计发生额的账户，可以只将每页末的余额结转次页。

第六十一条 账簿记录发生错误，不准涂改、挖补、刮擦或者用药水消除字迹，不准重新抄写，必须按照下列方法进行更正:

（一）登记账簿时发生错误，应当将错误的文字或者数字划红线注销，但必须使原有字迹仍可辨认；然后在划线上方填写正确的文字或者数字，并由记账人员在更正处盖章。对于错误的数字，应当全部划红线更正，不得只更正其中的错误数字。对于文字错误，可只划去错误的部分。

（二）由于记账凭证错误而使账簿记录发生错误，应当按更正的记账凭证登记账簿。

第六十二条　各单位应当定期对会计账簿记录的有关数字与库存实物、货币资金、有价证券、往来单位或者个人等进行相互核对，保证账证相符、账账相符、账实相符。对账工作每年至少进行一次。

（一）账证核对。核对会计账簿记录与原始凭证、记账凭证的时间、凭证字号、内容、金额是否一致，记账方向是否相符。

（二）账账核对。核对不同会计账簿之间的账簿记录是否相符，包括：总账有关账户的余额核对，总账与明细账核对，总账与日记账核对，会计部门的财产物资明细账与财产物资保管和使用部门的有关明细账核对等。

（三）账实核对。核对会计账簿记录与财产等实有数额是否相符。包括：现金日记账账面余额与现金实际库存数相核对；银行存款日记账账面余额定期与银行对账单相核对；各种财物明细账账面余额与财物实存数额相核对；各种应收、应付款明细账账面余额与有关债务、债权单位或者个人核对等。

第六十三条　各单位应当按照规定定期结账。

（一）结账前，必须将本期内所发生的各项经济业务全部登记入账。

（二）结账时，应当结出每个账户的期末余额。需要结出当月发生额的，应当在摘要栏内注明“本月合计”字样，并在下面通栏划单红线。需要结出本年累计发生额的，应当在摘要栏内注明“本年累计”字样，并在下面通栏划单红线；12月末的“本年累计”就是全年累计发生额。全年累计发生额下面应当通栏划双红线。年度终了结账时，所有总账账户都应当结出全年发生额和年末余额。

（三）年度终了，要把各账户的余额结转到下一会计年度，并在摘要栏注明“结转下年”字样；在下一会计年度新建有关会计账簿的第一行余额栏内填写上年结转的余额，并在摘要栏注明“上年结转”字样。

第四节　编制财务报告

第六十四条　各单位必须按照国家统一会计制度的规定，定期编制财务报告。

财务报告包括会计报表及其说明。会计报表包括会计报表主表、会计报表附表、会计报表附注。

第六十五条　各单位对外报送的财务报告应当根据国家统一会计制度规定的

格式和要求编制。

单位内部使用的财务报告，其格式和要求由各单位自行规定。

第六十六条 会计报表应当根据登记完整、核对无误的会计账簿记录和其他有关资料编制，做到数字真实、计算准确、内容完整、说明清楚。

任何人不得篡改或者授意、指使、强令他人篡改会计报表的有关数字。

第六十七条 会计报表之间、会计报表各项目之间，凡有对应关系的数字，应当相互一致。本期会计报表与上期会计报表之间有关的数字应当相互衔接。如果不同会计年度会计报表中各项目的内容和核算方法有变更的，应当在年度会计报表中加以说明。

第六十八条 各单位应当按照国家统一会计制度的规定认真编写会计报表附注及其说明，做到项目齐全，内容完整。

第六十九条 各单位应当按照国家规定的期限对外报送财务报告。

对外报送的财务报告，应当依次编写页码，加具封面，装订成册，加盖公章。封面上应当注明：单位名称，单位地址，财务报告所属年度、季度、月度，送出日期，并由单位领导人、总会计师、会计机构负责人、会计主管人员签名或者盖章。

单位领导人对财务报告的合法性、真实性负法律责任。

第七十条 根据法律和国家有关规定应当对财务报告进行审计的，财务报告编制单位应当先行委托注册会计师进行审计，并将注册会计师出具的审计报告随同财务报告按照规定的期限报送有关部门。

第七十一条 如果发现对外报送的财务报告有错误，应当及时办理更正手续。除更正本单位留存的财务报告外，并应同时通知接受财务报告的单位更正。错误较多的，应当重新编报。

第四章 会计监督

第七十二条 各单位的会计机构、会计人员对本单位的经济活动进行会计监督。

第七十三条 会计机构、会计人员进行会计监督的依据是：

（一）财经法律、法规、规章；

（二）会计法律、法规和国家统一会计制度；

（三）各省、自治区、直辖市财政厅（局）和国务院业务主管部门根据《中华人民共和国会计法》和国家统一会计制度制定的具体实施办法或者补充规定；

（四）各单位根据《中华人民共和国会计法》和国家统一会计制度制定的单位

内部会计管理制度；

（五）各单位内部的预算、财务计划、经济计划、业务计划等。

第七十四条　会计机构、会计人员应当对原始凭证进行审核和监督。

对不真实、不合法的原始凭证，不予受理。对弄虚作假、严重违法的原始凭证，在不予受理的同时，应当予以扣留，并及时向单位领导人报告，请求查明原因，追究当事人的责任。

对记载不准确、不完整的原始凭证，予以退回，要求经办人员更正、补充。

第七十五条　会计机构、会计人员对伪造、变造、故意毁灭会计账簿或者账外设账行为，应当制止和纠正；制止和纠正无效的，应当向上级主管单位报告，请求作出处理。

第七十六条　会计机构、会计人员应当对实物、款项进行监督，督促建立并严格执行财产清查制度。发现账簿记录与实物、款项不符时，应当按照国家有关规定进行处理。超出会计机构、会计人员职权范围的，应当立即向本单位领导报告，请求查明原因，作出处理。

第七十七条　会计机构、会计人员对指使、强令编造、篡改财务报告行为，应当制止和纠正；制止和纠正无效的，应当向上级主管单位报告，请求处理。

第七十八条　会计机构、会计人员应当对财务收支进行监督。

（一）对审批手续不全的财务收支，应当退回，要求补充、更正。

（二）对违反规定不纳入单位统一会计核算的财务收支，应当制止和纠正。

（三）对违反国家统一的财政、财务、会计制度规定的财务收支，不予办理。

（四）对认为是违反国家统一的财政、财务、会计制度规定的财务收支，应当制止和纠正；制止和纠正无效的，应当向单位领导人提出书面意见请求处理。

单位领导人应当在接到书面意见起十日内作出书面决定，并对决定承担责任。

（五）对违反国家统一的财政、财务、会计制度规定的财务收支，不予制止和纠正，又不向单位领导人提出书面意见的，也应当承担责任。

（六）对严重违反国家利益和社会公众利益的财务收支，应当向主管单位或者财政、审计、税务机关报告。

第七十九条　会计机构、会计人员对违反单位内部会计管理制度的经济活动，应当制止和纠正；制止和纠正无效的，向单位领导人报告，请求处理。

第八十条　会计机构、会计人员应当对单位制定的预算、财务计划、经济计划、业务计划的执行情况进行监督。

第八十一条　各单位必须依照法律和国家有关规定接受财政、审计、税务等机关的监督，如实提供会计凭证、会计账簿、会计报表和其他会计资料以及有关情况、不得拒绝、隐匿、谎报。

第八十二条 按照法律规定应当委托注册会计师进行审计的单位，应当委托注册会计师进行审计，并配合注册会计师的工作，如实提供会计凭证、会计账簿、会计报表和其他会计资料以及有关情况，不得拒绝、隐匿、谎报，不得示意注册会计师出具不当的审计报告。

第五章 内部会计管理制度

第八十三条 各单位应当根据《中华人民共和国会计法》和国家统一会计制度的规定，结合单位类型和内容管理的需要，建立健全相应的内部会计管理制度。

第八十四条 各单位制定内部会计管理制度应当遵循下列原则:

（一）应当执行法律、法规和国家统一的财务会计制度。

（二）应当体现本单位的生产经营、业务管理的特点和要求。

（三）应当全面规范本单位的各项会计工作，建立健全会计基础，保证会计工作的有序进行。

（四）应当科学、合理，便于操作和执行。

（五）应当定期检查执行情况。

（六）应当根据管理需要和执行中的问题不断完善。

第八十五条 各单位应当建立内部会计管理体系。主要内容包括: 单位领导人、总会计师对会计工作的领导职责；会计部门及其会计机构负责人、会计主管人员的职责、权限；会计部门与其他职能部门的关系；会计核算的组织形式等。

第八十六条 各单位应当建立会计人员岗位责任制度。主要内容包括: 会计人员的工作岗位设置；各会计工作岗位的职责和标准；各会计工作岗位的人员和具体分工；会计工作岗位轮换办法；对各会计工作岗位的考核办法。

第八十七条 各单位应当建立账务处理程序制度。主要内容包括: 会计科目及其明细科目的设置和使用；会计凭证的格式、审核要求和传递程序；会计核算方法；会计账簿的设置；编制会计报表的种类和要求；单位会计指标体系。

第八十八条 各单位应当建立内部牵制制度。主要内容包括: 内部牵制制度的原则；组织分工；出纳岗位的职责和限制条件；有关岗位的职责和权限。

第八十九条 各单位应当建立稽核制度。主要内容包括: 稽核工作的组织形式和具体分工；稽核工作的职责、权限；审核会计凭证和复核会计账簿、会计报表的方法。

第九十条 各单位应当建立原始记录管理制度。主要内容包括: 原始记录的内容和填制方法；原始记录的格式；原始记录的审核；原始记录填制人的责任；原始记录签署、传递、汇集要求。

第九十一条　各单位应当建立定额管理制度。主要内容包括：定额管理的范围；制定和修订定额的依据、程序和方法；定额的执行；定额考核和奖惩办法等。

第九十二条　各单位应当建立计量验收制度。主要内容包括：计量检测手段和方法；计量验收管理的要求；计量验收人员的责任和奖惩办法。

第九十三条　各单位应当建立财产清查制度。主要内容包括：财产清查的范围；财产清查的组织；财产清查的期限和方法；对财产清查中发现问题的处理办法；对财产管理人员的奖惩办法。

第九十四条　各单位应当建立财务收支审批制度。主要内容包括：财务收支审批人员和审批权限；财务收支审批程序；财务收支审批人员的责任。

第九十五条　实行成本核算的单位应当建立成本核算制度。主要内容包括：成本核算的对象；成本核算的方法和程序；成本分析等。

第九十六条　各单位应当建立财务会计分析制度。主要内容包括：财务会计分析的主要内容；财务会计分析的基本要求和组织程序；财务会计分析的具体方法；财务会计分析报告的编写要求等。

第六章　附则

第九十七条　本规范所称国家统一会计制度，是指由财政部制定，或者财政部与国务院有关部门联合制定，或者经财政部审核批准的在全国范围内统一执行的会计规章、准则、办法等规范性文件。

本规范所称会计主管人员，是指不设置会计机构、只在其他机构中设置专职会计人员的单位行使会计机构负责人职权的人员。

本规范第三章第二节和第三节关于填制会计凭证、登记会计账簿的规定，除特别指出外，一般适用于手工记账。实行会计电算化的单位，填制会计凭证和登记会计账簿的有关要求，应当符合财政部关于会计电算化的有关规定。

第九十八条　各省、自治区、直辖市财政厅（局）、国务院各业务主管部门可以根据本规范的原则，结合本地区、本部门的具体情况，制定具体实施办法，报财政部备案。

第九十九条　本规范由财政部负责解释、修改。

第一百条　本规范自公布之日起实施。1984 年 4 月 24 日财政部发布的《会计人员工作规则》同时废止。